独裁者は30日で生まれた

ヒトラー政権誕生の真相

Hitler's Thirty Days to Power:
January 1933

Henry Ashby Turner, Jr.

H・A・ターナー・ジュニア
関口宏道 訳

白水社

独裁者は30日で生まれた——ヒトラー政権誕生の真相

目次

装幀＝小林剛　組版＝鈴木さゆみ

パトリック・ハーブストに

序

ヒトラーについて何も知らない、という者はいない。彼が第二次世界大戦を引き起こしたドイツの独裁者であり、数百万のユダヤ人を虐殺した人物である、ということはたいていの人が知っている。だが、ヒトラーがどのようにして権力を獲得したのか、となると話は別だ。彼の独裁はいかにして成立したのか？　その過程を理解している人はほとんどいないのである。ヒトラーが首相になった時点でドイツは共和国だったために、彼がドイツ国民の大多数により民主的な手続きを経て首相に選ばれたと思い込んでいる人は多い。だが、実際にはそうではなかった。彼が権力を握ることができたのは、一般に考えられているよりもはるかに複雑な事情があったし、なによりもその経緯は波乱に満ちたものだったのである。事実、ヒトラーの権力掌握は、様々な局面で阻止されていたとしても不思議ではなく、極めて危うい均衡の上に成立したものだった。ヒトラーの物語に関しては、これまで出版されてきた書物の中で十分詳しく述べられてきている。しかし、その後の歴史に決定的な意味を持つことになる一九三三年一月に起きた劇的な出来事――この月末にヒトラーはドイツの首相となる――を誰も徹底的に検証してきていない。その間の経緯を語ることが本書の課題である。

この研究は多くの人たちから惜しみない援助と多大の恩恵を受けた。心から彼らに感謝している。ウイリアム・シェリダン＝アレン、ピーター・ゲイ、リチャード・F・ハミルトン、そしてピーター・ヘイズは、草稿を読んで貴重な提案をしてくれた。ウイリアム・L・パッチ・ジュニアは、原稿についてコメントするばかりでなく、彼自身の研究の重要な記録を利用させてくれたし、同様にラリー・ユージン・ジョーンズとハーゲン・シュルツェ、ペルッティ・アホネンは、裏付けに有益なその他の史料のコピーを入手してくれた。レナーテ・ケーネ＝リンデンラウプが、クルップ文書館の記録のコピーを提供してくれたので、数千マイルの旅行をせずに済んだ。メアリー・E・サロッテは何枚かの写真の入手に尽力してくれた。ジョージ・O・ケントとメアリー・R・ハベックは、付録に記述されている「モスクワ・ドキュメント」のコピーを探し出し、手に入れ、貴重な協力を惜しまなかった。編集者のヘニング・P・グットマンは有益な助言と変わることのない励ましを与えてくれた。そしてリン・リードは原稿をきちんと印刷に回す手配をしてくれた。

第一章　陸軍元帥、伍長、そして将軍

一九三三年一月一日、苦境に立たされていたドイツ・ヴァイマール共和国の擁護者たちから安堵と歓喜の合唱が起こった。この若い国家は三年のあいだ反民主主義諸勢力の激しい攻勢にさらされてきたが、とりわけ最大かつ最強の脅威となっていた勢力が、アドルフ・ヒトラーの民族社会主義ドイツ労働者党だった。しかし、その時流もいまや変化したように思われた。有力なフランクフルト新聞の新年の社説は「民主的国家に対するナチ党の強烈な攻撃は撃退された」[1]と宣言し、由緒あるベルリンの日刊紙、フォス新聞の主筆は「共和国は救われた」[2]と謳い上げた。十四年前の共和国の成立にあたって重責を担った社会民主党の機関紙、前進《フォアヴェルツ》は、その論説の見出しを「ヒトラーの台頭と没落」[3]とした。ケルンで重きをなすカトリック系のケルン国民新聞は、一年前に同紙が予測した「ヒトラーが権力に達することは決してないだろう」という当時は大胆に思われた見解もいまでは陳腐なものになったと指摘した。[4]自分の生きた時代について、将来の孫たちに何を語るべきか思いをめぐらせたある作家は、ベルリン日刊新聞にこう語った。「世界中どこでもある男の話でもちきりだった。その男の名前？　そうアダルベルト・ヒトラーとかいったかな。で、その後その男はどうなったって？　姿を消してしまったよ！」[5]

それから一ヵ月もしないうちに、ヒトラーが合法的にドイツ首相に就任したということを考えれば、これら共和主義者たちの楽観的な見解は、いまから振り返ると集団妄想のように思われる。しかし、それ以前の出来事を検証して見ると、ナチズムの敵対者たちの期待が、当時は決して根拠のないものではなかったことが判明するのだ。

一九一九年にヴァイマールで樹立されたドイツ最初の共和国は、その混乱の十四年のあいだずっと、厳しい条件と戦わねばならなかった。(6) というのも、数百万に上るドイツ人は、当初からこの共和国を軽蔑していたからだ。極左はそれを単なるブルジョア民主主義として拒否し、プロレタリア革命による共和国の転覆を要求した。極右の頑固な君主主義者たちは、第一次世界大戦の敗戦の影響を受けて、プロイセンのホーエンツォレルン王朝――この王朝の下でドイツは一八七一年に帝国として統合された――を転覆させた革命を裏切りと見なした。彼らは他の反民主主義勢力とともに、共和国を非ドイツ的であるとして認めなかった。その諸制度が普通選挙を基盤とした自由選挙による議会によってつくられたからである。国家を戦争に導いた軍国主義者たちは、軍隊は戦場では敗北しておらず、むしろ共和国を樹立した政治家たちが国内戦線で「背後からの一突き」を浴びせたために敗れたと偽証して共和国の敵対者たちを援護した。こうして新たな政体は、多くのドイツ人にとって、裏切りと国民的屈辱という烙印を帯びたものとなった。さらに戦勝国である西側の民主主義諸国も、懲罰的な講和条約の受諾を強要したことによって、ヴァイマール共和国の不人気を助長した。ヴェルサイユ条約は、ドイツの戦前の領土の大部分を分断し、ドイツに戦争の単独責任を負わせ、また共和国に戦勝国に対する過酷な賠償責任を課すなど、様々な方法でその主権を制限したが、そこには厳しい軍事力の制限も含まれていた。

　これらの重荷、すなわち通貨を破壊したハイパーインフレーション、左右の急進主義者たちによる激しい共和国転覆の試み、そして第一次世界大戦の戦勝国による国土の一部占領にもかかわらず、新政府がその成立直後の数年間を乗り切ったのは、ドイツ共和主義者たちの努力の賜物である。一九二〇年代中頃までには、民主主義はドイツに根付いたように思われた。そしてその国は安定と繁栄に近づくかに見えた五年間を享受した。だが、他のヨーロッパ諸国よりも厳しくドイツ経済を襲った大不況が始まるとともに、ヴァイマール共和国は困難な時代を迎えた。一九三〇年、急増する失業者のための失業保険給付金の調達をめぐって穏健な諸政党の交渉が行き詰まりを見せたとき、議会主義のルールはその機能を停止した。その危機の結果、決定的な政治権力が議会から大統領に移行し、共和国はもはやその創設者たちが意図したようには機能しなくなった。

パウル・フォン・ヒンデンブルク（BAK）

　いまやその手中に絶大な権力が集中することになった大統領は、第一次世界大戦中に元帥としてドイツ軍を指揮したパウル・フォン・ヒンデンブルクである。[7] 彼は一九二五年に大統領に選出された後、一九三二年に八十五歳で再選され、任期七年の二期目に入った。戦時中の功績によって伝説的な人物となったヒンデンブルク老閣下は、数百万のドイツ人にとって、自分たちの過去の最も輝かしい一時期を体現した人物だった。彼はユンカー、すなわち数世紀前にドイツ東部の辺境に移り住んできた貴族の出である。プロイセン軍の若き将校として統一戦争に参加し、一八七一年の帝国樹立宣言に立ち会い、将校としては異例の経歴を残した後、一九一一年に引退したが、三年後の開戦と同時に再び軍務に就くよう要請された。彼の指揮下にあった軍隊が、ロシア軍によるドイツ領侵攻を阻止して、彼はあっという間に国民的英雄となった――もっともその勝利への彼の個人的貢献は、国内戦線の宣伝目的のために誇張されたものだった。彼は後に軍の最高司令官に登り詰めたが、自らの英雄像についてはなんとか無傷のままドイツの敗戦を切り抜けることができた。それはかなりの程度、彼自身がその宣伝において中心的な役割を果たした匕首伝説（「背後からの一突き」）のおかげである。

ヒンデンブルクは背が高くがっちりとした堂々たる体軀の持ち主だった。九十歳になんなんとするまで、彼はプロイセン将校の直立不動の姿勢を保持した。礼儀正しく慇懃な態度で、彼は前世紀への郷愁を呼び起こした。短く刈り上げた軍隊式の髪形と、長いわずかばかりの口髭が特徴の広く角張った顔立ちは、物思いに沈んだ悲しみの表情の際には、凍りついたように見えた。この顔立ちは、多くのドイツ人にとって、厳粛さと困難な義務に決然と立ち向かう姿勢を伝えるものだった。彼に対する一般のイメージは、冷静沈着な力強さというようなものであったが、ヒンデンブルクには強靭な独立不羈の精神が欠如しており、自分からは滅多なことでは主導権を握らなかった。その全生涯を通して、彼は周囲の助言に大いに依存し、その特徴は加齢とともに一層顕著になった。

無感動に見えるその外見とは裏腹に、ヒンデンブルクはストレスがかかると感情の爆発に負け、口ごもり、とめどなく涙を流した。彼は政治問題を戦友関係の観点から見る傾向があった。そして他の何よりも忠誠心を重視すると公言した。もっとも彼自身は、生涯忠実に仕えた友にも繰り返し背を向けたのではあるけれど。彼は軍事問題以外には知的関心を全く持たず、政治を含めた他の問題については、極度に単純化された見解以上のものをめったに持ち合わせなかった。しかし、信頼できるあらゆる報告が伝えるところによれば、ヒンデンブルクは絶えず老衰を噂されたにもかかわらず、どっしりとして動きは鈍かったものの、ヒトラーの独裁的支配によって名ばかりの指導者になる羽目に陥ってからもなお、一九三四年に八十七歳の生涯を全うする直前に病気に罹るまで、十分正気だった。堂々たる体軀、超然とした威厳、そして過去の栄光に連なる輝かしい一時期をもたらしたことによって、ヒンデンブルクは最後の最後まで、ほとんどの同時代人たちに畏敬の念を起こさせた後光に包まれていた。

大統領フォン・ヒンデンブルクは国家元首として、一見ヨーロッパの立憲君主国の国王に近い地位に就いたが、共和国憲法は、現存する君主たちのそれよりもはるかに大きな権力を彼の職務に与えた。大統領は軍隊に対する最終的権限と非常大権（憲法第四八条）を自由に行使することができたのである。非常大権は、彼がもし必要な措置であると見なした場合には、市民権を剝奪し、緊急令を発令する権限を彼に与えていた。また大統領のみが政府のトップ、すなわち首相その他の閣僚たちを任命することができた。他のヨーロッパの民主主義諸国におけるのと同様に、首相には国民議会、すなわち国会多数派の支持の確保が求められ、多数による不信任案が可決された場合には、辞職しなければならなかった。しかし、大統領は首相と内閣をいつでも辞職させることができた。彼はまた通常の四年の国会任期満了に先立って、国会を解散させ、新たな選挙の日程を決めることができた。一九三三年一月の出来事が示しているように、これらの権限によって彼は、政治的に不安定な時期に極めて重要な人物となり、事態の推移に決定的な影響力を行使することができた。

当初、ヒンデンブルクは保守的かつ反動的右翼の候補として出馬したが、彼はしばらくのあいだ、共和国の擁護者たちに嬉しい驚きをもたらした——もっとも自らの君主主義的感情を決して否定することはなかった。当選して五年のあいだ、彼は国家の憲法上の元首として義務に忠実に共和国を統治した。彼は、諸政党の多数派連合が指名した首相を任命するか、あるいは連合が形成されなかった場合には、多数派に受け入れられる首相と内閣を任命した。だが、老元帥は、共和国の最初の十一年間で、九人の首相、一七の内閣が次から次に交代した諸政党間の取引と策謀に、次第に苛立ちを覚えるようになった。とりわけ彼は、最大の共和主義政党である社会民主党中道左派——陣営には多くの平和主義者たちがいた——が軍事支出に抵抗していることに苛立っていた。また根っから保守的な考えの持ち主だった彼にとっては、社会民主党が、かつてマルクス主義的イデオロギーに賛同したことも不愉快だった。もっとも社会民主党は、実際にはプラグマティックな改革を優先しており、そのイデオロギーを無視して久しかった。

一九三〇年の政治的な行き詰まりによって、社会民主党首班の内閣〔ヘルマン・ミュラー内閣〕が倒壊し、国会が後継内閣に関して合意にいたらなかったとき、ヒンデンブルクの最も信頼の厚い陸軍の高級将校たちが、彼を説得して議会主義体制と決別させ、左翼を権力からはじき出した。[8] 政府を議会よりも重視するという方針を掲げて、ヒンデンブルクは個人的な好みで、議会多数派に所属しない人物を首相に任命する慣行を始め、大統領内閣による統治体制なるものを導入した。これらの内閣を主宰した首相たちが、国会の持つ立法上の権限を巧みに回避できるよう、彼はヴァイマール憲法によって大統領職に付与されている非常大権を自由に使用させた。一九三〇年以降、実質上すべての国家レベルの法律――様々な租税と政府歳出の認可を含めて――は議会によってではなく、むしろ首相と内閣の要請に応じて発令された大統領令によって制定されたのである。しかし、大統領の権限は絶対的なものではなかった。というのも、国会は多数決によってその緊急令を無効にするか、首相と内閣に対する不信任案を通過させることができたからである。議会特権があるというそうした主張を打破するために、大統領は首相に国会解散命令書を与えることができた。こうした大統領の権限によって、諸政党は新たな国会選挙で有権者と向かい合わざるを得なかった。

大統領内閣の初代の首相はハインリヒ・ブリューニングである。彼は共和主義的内閣の防波堤のひとつだったカトリック中央党の人望厚い議員だった。ブリューニングは一九三〇年五月から二年間、彼の内閣から排除されていた共和国に忠実な社会民主党の暗黙の了解の下に政権を担当した。ブリューニングに反対すれば一層の右翼内閣をもたらすことになるのではないかと憂慮して、社会民主党は不信任投票を回避し、左翼は首相の要請に基づく大統領令に挑戦するようなことはなかった。こうして社会民主党はブリューニングと一蓮托生の関係に入ったが、これは共和主義の大義名分を掲げる党にとって不幸な結果を招くこととなった。なぜなら、首相のデフレ政策は異常に厳しく、かつ長引く不景気の影響をさらに悪化させたからである。一九三二年初頭までに三人に一人の賃金労働者が

クルト・フォン・シュライヒャー（UB）

職を失い、ブリューニングは数百万のドイツ人の「飢餓宰相」となっていた。その年の春、ブリューニングはヒンデンブルク再選の運動で重要な役割を果たし、また第一次世界大戦の戦勝国に対するドイツの賠償そのものを終結させるため交渉を重ね、その交渉は成功目前だった。にもかかわらず、大統領は保守派の助言者たちに説得されて、右翼の支持を獲得するため首相が社会民主党を無視することに乗り気でなかったことが不満だった。一九三二年五月末、ヒンデンブルクはあっさりブリューニングを罷免した。

ブリューニング失脚のきっかけになったのは、一九三二年春には大統領の最も信頼の厚い側近となっていた人物、クルト・フォン・シュライヒャー将軍である。[9] シュライヒャーは、将校団の上層部を占めていた東部のユンカー貴族ではなく、ドイツ西部の名門とは呼べない貴族階級の出身だったが、キャリア将校として急速に頭角をあらわした。年若くして軍のエリート集団である参謀本部入りを認められ、第一次世界大戦の大半の期間は補給・輸送問題に関わり、民間と接触を持つことになった。戦後彼は、国防省から共和国政府と軍の連絡係として勤務するよう要請された。共和主義的な革命だったにもかかわらず、陸軍は実質的に改編されることがなかったため、文民統制の埒外におかれた大幅な自治を保持することができたので、これは無視できない重要な任務だった。

シュライヒャーは二〇年代終わりまでに、ドイツ政界において暗躍する重要人物としての地歩を固めていた。彼はスピード出世で将軍となり、国防相にのみ服属する国防省大臣官房を統括した。彼はその立場のおかげで、階級ではかなり上位にあった将軍たちの監督の及ばない地位に就いた。そのため、大統領フォン・ヒンデンブルクがますます軍指導者たちの政治的助言を頼りにするようになっていた状況の中で、その小グループの一員となることができた。シュライヒャーは一九三〇年、ヒンデンブルクに議会主義体制との決別を勧めたひとりである。彼は、ブリューニングを大統領内閣の最初の首相に抜擢し、それから二年後、彼を罷免するために暗躍した。

フランツ・フォン・パーペン（BAK）

シュライヒャーの勧めでヒンデンブルクはブリューニングの後継にフランツ・フォン・パーペンを任命した。[10] 彼はカトリック中央党の最右翼に属していた、政治的には無名の五十二歳の貴族だった。一九三二年六月初頭、パーペンはすぐに「男爵内閣」として知られることになる内閣の首相となった。彼の内閣では保守的な貴族が圧倒的であったためそう呼ばれたのである。パーペンの首相としての資質には問題があった。[11] というのも、彼には内政の経験がなかったのである。共和国時代の大半の期間、彼はプロイセン州議会のカトリック中央党の議員だったが、あまり議会には出席せず、審議に加わることはなかった。しかし、彼はシュライヒャーの旧友で、シュライヒャーも彼を下級将校の時代から知っていた。シュライヒャー将軍はパーペンに、彼の指図通りに動く上品な名ばかりの指導者であることを期待した。新内閣において自らの影響力を発揮するため、シュライヒャーは国防相を引き受けた。名目上にすぎなかったが、彼は将軍職を辞して、国防相という地位を引き受けるに相応しい民間人となった。

パーペンは首相職を引き受けるや、各政党から支持を取り付けなければならないという問題に直面した。ブリューニングと同様、彼は大統領内閣の首相として任命されたので、ヒンデンブルクの緊急令によって統治することは可能だったが、それでもなお、国会での不信任案を回避するためには、議会での十分な支持が必要だった。この点に関しては、彼の立場は当初よりブリューニングのそれよりもはるかに不安定だった。実は彼は首相になった直後、自党の支持を失っていた。カトリック中央党の指導者たちは、彼が同僚ブリューニングの失脚に加担したと見ていて、首相職を引き受けるにあたって、彼が党の了承を得なかったことを苦々しく思っていたのである。彼は党籍を離れることによってからくも党からの追放を免れた。いまやカトリック中央党が、彼との関係を絶ち反対の立場に回ると、パーペンは左翼との絶縁を望む大統領の願望に沿って、前任者の社会民主党への依存政策を右翼への支持に切り替えた。これは急速に躍進していたアドルフ・ヒトラーの率いるナチ運動の支持を獲得することを意味していた。

公式には一九二〇年初頭から民族社会主義ドイツ労働者党として知られたが、ヒトラーが直後にその運動の指導権を獲得した。(12) この運動は、帝政時代の帝国政府と新しい民主的共和国の双方を軽蔑する社会の周縁にいた人種主義的民族主義者たちに、第一次世界大戦後の政治的故郷を提供した。共和国を転覆させるというヒトラーの一九二三年の試み、いわゆるミュンヘンのビアホール一揆は失敗に終わったが、共和国転覆を企てたという評判によって、翌年ナチ党は同様の諸集団と提携して、国会に議席を獲得することができた。しかし、それ以前党はバイエルンの取るに足らない周辺集団にすぎなかった。共和国が繁栄と安定を見せた期間、ナチ党は政治的に無意味な存在となり、一九二八年〔の選挙では〕、得票率二・六％、国会の総議席四九一のうち一二議席を獲得したにすぎなかった。しかも共和国の比例代表制という選挙制度の恩恵に浴しての数字である。しかし、大恐慌がドイツに広範囲に及ぶ困窮と失業をもたらしたとき、ナチスは数百万人の困窮と不安を利用し始めた。

政権運営の責任を負わずに済んでいたナチスは、共和主義者たちをこの国の病巣の根源として非難し、履行の必要性など全く考慮せずに空手形を連発して、国家救済のための決定的な手段を講じるという展望を示して人気を博した。彼らは、ユダヤ人少数派への激しい中傷活動を行なうことによって、反ユダヤ主義者たちの支持を獲得した。ドイツの街頭で、突撃隊がその好戦性を示し、社会民主党と共産党との流血の市街戦に参加して——これらの政党もそれぞれ半軍事組織を保持していた——暴力沙汰を日常茶飯事とするような政治的雰囲気を醸成した。これは多くの一般市民の不安を引き起こし、その不安を背景に、ナチスは秩序回復を請け合うことによって、かなりの有権者を獲得することができたのである。まさに経済危機の影響が深刻になった時点で行なわれた一九三〇年の選挙で、彼らの得票は前回の八倍になった。議席は国会の総議席五七七のうち一〇七議席となった。一九三二年春、ヒトラーは大統領選でヒンデンブルクに挑戦した。結局敗れたとはいえ、彼は決選投票を余儀なくさせるほどの強さを示した。彼は決戦投票で強烈な印象を与える三六・一％の得票を記録した。

一九三二年夏には、ヒトラーはドイツで最も成功した政治家となっていた。[13] これは、十九年前にオーストリアからドイツにやって来た人間、正規の教育はわずかしか受けていない挫折した芸術家、数年間生活せざるを得なかったウィーンで路上生活者用宿泊施設から逃げ出した人間にとっては大成功である。ドイツ軍の伍長として西部戦線に従軍した後の一九一九年、駆け出しのナチ運動に参加したそのときから、二十五年後にベルリンの廃墟で自殺するまで、政治が彼の生活の中心を占め続けた。彼はすぐにナチ党指導者——総統——として地歩を固め、党内で絶対的な権威を獲得した。また彼は党員に対して救世主のごとく振る舞い、急進主義者と反動家、インテリとならず者、挫折した専門家と苛立ちを募らせる退役軍人などの寄せ集めを、カリスマ的リーダーシップと官僚主義的規律を効果的に融合させた恐怖の組織に鍛え直したのである。

ナチスは通常の意味での政党ではなかった。むしろそれは、ヒトラーが繰り返し主張したように、党員に党への全面的かつ無条件の献身を要求する運動だった。〔ビアホール〕一揆が失敗に終わったため一年以上も監獄生活を余儀なくされたが、彼は逆境をものともせず這い上がり、壊滅的な影響を受けた党を再建した。彼は武力で共和国を制圧するという希望を放棄し、合法的に、すなわち選挙によって権力を奪取しようとした。二〇年代後半、四面楚歌の状況にあった共和国が経済的に安定し、穏やかな政治的雰囲気の中で安定する兆しを見せた期間、ヒトラーは国内政治で周縁的地位にあった党を完全に自分好みに仕上げていた。大恐慌が数百万人の不安と絶望を引き起こしたとき、彼は見境のない扇動と計算し尽くした嘘八百を並べ立てて多くの支持者を獲得したのである。

将来の独裁者の成功の鍵は、彼自身のペルソナにあった。彼の訴えからなんの影響も受けなかった人たちの目には、彼は体格からして典型的な理髪師か給仕人のように見えた。一般人のイメージを巧みに操作することによって──熟練の写真家に自分を実物以上の、ひたすら自らの大義に殉ずる人物として撮影してもらうことによって──深遠な思想を伝え、無私の精神で困窮した数百万のドイツ人のために尽力するという自身のイメージを作り上げた。彼は政治家として行動する中で──とくに不安定な時代に──多くの人たちが抵抗しがたいような、異常と思われるほど揺らぐことのない確たる信念を持ち続けた。演説家としての才能によって、彼はその時代で最も影響力の大きな扇動家となった。彼は、同時代人の大部分が遭遇したことのないような精神力を持って、また不安感と偏見を巧みに利用した長広舌の情熱的な演説によって、影響を受けやすい聴衆を大衆ヒステリーに近い状態に投げ込んだ。それは党員との対話においてもほとんど同様の効果を発揮し、自己懐疑の素振りなど微塵も見せず、彼らを言葉の奔流で圧倒し、翻弄した。

しかし、ヒトラーは、それが自分の目的に役立つときはいつでも、自らの野蛮な狂信主義を慣習尊重という建前の背後に隠すことのできる能力によって、最終的に恐ろしい政治的脅威となったのである。有力者の好意にすがることが有利であると見れば、丁重に慇懃に振る舞い、卑屈と思われる態度すら取ることができた。自らの極端な見解とは相容れないと思われる人たちを獲得しようとする際には、本音を隠した。ヒトラーはこれらの才能によって、たとえ閣僚にはならなかったにしても、一九三二年までにドイツ政界の有力者となっていた。

ナチスの支持を期待して、フォン・パーペンは首相就任に際し、シュライヒャーの同意を得た上で、一九三二年六月――彼は交渉だと思っていたが――ヒトラーと交渉に入った。[14] 新内閣への協力を問われたナチ党指導者は、二つの条件が満たされれば協力する用意のあることを示唆した。その二つの条件とは、ブリューニング内閣時代の突撃隊禁止令を解除することと、議会の任期はまだ二年残されていたが、新たな選挙への道を開くために一九三〇年に選出された国会を解散することである。この二つの要請に関して、パーペンはすぐに大統領フォン・ヒンデンブルクの合意を得た。さらにパーペンは、ナチスと共産党との間で流血を伴う暴力事件が頻発している問題を取り上げたが、それは大統領緊急令によってプロイセン政府を罷免する口実だった。共和国一七州の中で突出して大きな州であるプロイセンは政治的要衝だった。実際、プロイセンは領土と人口の両面においてドイツの五分の三を占めていた。パーペン内閣によるプロイセン政府の罷免は、右翼の側、とくにナチスにすれば、長いあいだ目障りな存在だったプロイセンの親共和主義的な社会民主党=カトリック中央党内閣の無力化を意味していた。

一九三二年七月末に行なわれた新たな国会選挙は、穏健な諸政党にとっては破局となった。その破局は不況がまさにどん底にあったときに起きたのである。このとき絶望と怒りがない交ぜになり、数百万の有権者は左右の急進主義者の扇動に影響を受けやすい状態になっていた。共産党は、社会民主党に深く食い込み、他方ナチスは、一九三〇年の選挙結果を二倍以上も上回った。ヒトラーの党は得票率三七・四％を記録し、二三〇議席を獲得して、いまや社会民主党に代わり国会で最大の党となった。

七月の選挙後、ヒトラーはパーペン内閣に協力する約束を撤回し、自ら首相職を要求した。選挙での勝利に勇気づけられて、いまや民主主義の不倶戴天の敵は、民主主義原理を引き合いに出して、議会で最強の政党の指導者が首相になる権利を持つと主張した。[15]それに対してパーペンは、ヒトラーに自らの内閣の副首相の地位を、また他のナチス幹部にも大臣の椅子を提案した。しかし、ヒトラーは副首相が憲法上いかなる権限も持たない名目上の地位にすぎないことを知っており、憤激してその提案を蹴った。大統領フォン・ヒンデンブルクが八月中旬、個人的にヒトラーと接見し、彼と他のメンバーがパーペン内閣に入閣する意志があるかどうか尋ねたとき、このナチ党指導者は首相職への要求を繰り返した。ヒンデンブルクはヒトラーを非公式に「伍長」と呼んだが、この人物との前二回の会談で、深い不信感を抱いており、ヒトラーの要求をきっぱりと拒絶した。[16]さらに大統領府はこの会談に関する見解を新聞に発表した。その見解は、ナチ党指導者が全面的権力を要求したという印象を与え、ヒトラーはパーペン内閣に協力するとした大統領への約束を反故にしたと仄めかして、公然とヒトラーに非難を浴びせかけた。公式声明によれば、ヒンデンブルクの良心と彼の国家への義務からしても、大統領は権力を党派的目的に利用しようとする意図を持つナチ運動へ権力を引き渡すことには同意しないということであった。[17]怒り狂ったヒトラーは、パーペン内閣に対して全面的な反対に回ると宣言した。

ヒンデンブルクがヒトラーの権力要求を拒絶したことは、ドイツの共和主義者たちに安堵感を与えた。たいていの人は春に行なわれた老元帥の大統領再選を支持していた。だが、それはヒトラーに勝てる候補者が他にいなかったからにすぎない。彼らは懸念を抱きながらも大統領を支持したのである。なぜなら、議会の立法府としての権限を巧みに回避するヒンデンブルクの大統領緊急令の使用は憲法に抵触するのではないかと憂慮されたからである。共和主義者たちはブリューニング前首相を尊敬していたので、ヒンデンブルクが実際に国会になんの支持基盤も持たない反動内閣の首相にパーペンを任命したことに仰天した。選挙後ヒンデンブルクが、ヒトラーとその他のナチスに内閣のあまり重要でない地位であれば、これを与えることに同意する用意がある旨を表明したことは、彼らの憂慮の念を強めさせた。しかし、いまやナチスが選挙で勝利したにもかかわらず、ヒンデンブルクはヒトラーが首相になる可能性を論外とした。両者は政治的に敵対したままで別れた。そのため、共和主義者たちは、ヒンデンブルクがどれほど憲法を拡大解釈しても、少なくともヒトラーを首相に指名して、憲法に背くような真似は決してないと考えて安堵したのである。

ヒトラーを拒絶したわずか二週間後に大統領が非公式とはいえ承諾した内容を共和主義者たちが知ったとしたら、彼らのヒンデンブルクへの信頼はひどく揺らいだに違いない。(18) ナチ党指導者が反対に回ると表明したので、パーペン内閣は新たに国会が召集された場合、間違いなく不信任案に直面せざるを得なかった。同内閣は、唯一の重要な政党として反動的なドイツ国家国民党の支持を得るに留まった。同党は過去にナチスと時折連携はしたものの、大統領選挙その他の問題ではナチスと厳しく対決した。議会勢力全体の一〇%足らずがパーペン内閣支持だった。ナチスとカトリック中央党とのあいだで進行中の交渉――両党を合わせると新たな国会で多数派を占めた――は議会に権威を取り戻させ、カトリック＝ナチ連合内閣を成立させるだけでなく、パーペンを追放する可能性さえあった。それでも、ヒンデンブルクはパーペンと別れるつもりはなかった。したがって、彼は八月末に首相が要請する緊急令を発令し、パーペンが自分の裁量で国会を解散することを承認した。再度選挙をしても議会の構成が刷新するとは期待できなかったので――憲法は明確に国会解散後六十日以内に選挙を行なわなければならないと規定していた――パーペン内閣はさらに新たな選挙の期日を未定とするようヒンデンブルクに要請し、同意を得ていた。そうなれば、国会がその大統領令を無効にしたり不信任案を可決したりすることを心配することもなく、内閣は大統領令によって独裁的に統治することが可能になる。要するにヒンデンブルクは、自ら選んだ内閣を権力の座に居座り続けさせるために、彼が擁護すると誓った憲法への違反に同意したのである。

九月に新たな議会が招集されたとき、憲法条項を巧みに回避するという首相フォン・パーペンのもくろみは、予期せぬ事態の展開によって頓挫した。[19] パーペンは、国会が不信任案を提出する前に解散し、選挙期日を未定とするための正当化の手段として、大統領に国家非常事態を宣言してもらうつもりだった。だが、パーペンが共産党の不信任案の提案を国会解散命令書の提出によって阻止しようとしたとき、新たに選出されたナチ党の国会議長ヘルマン・ゲーリングは、首相を無視して提案の採決を行なった。結果は、ドイツの内閣がこれまで議会で蒙ったことのなかったような屈辱的な敗北だった。不信任案に賛成した有効投票数は五一二票、パーペン内閣を支持したのは四二票にすぎなかった。その後ゲーリングの抗議を押し切って、大統領フォン・ヒンデンブルクは、議会は不信任案の採決が行なわれる前に合法的に解散していたと裁定したが、内閣の体面は傷つけられた。いまやパーペン内閣の脆弱性があますところなく明らかになったので、首相その他の多くの大臣は、目下のところ憲法違反という波乱含みの計画を実行する時期ではないと判断した。その代わり、一九三二年二度目の国

ヘルマン・ゲーリング（BPKb）

会選挙の期日は十一月初旬と定められた。もちろん、それは憲法に規定された六十日以内だった。

十一月の選挙はヒトラーと彼の党にとって痛撃となった。これまでの三年以上にわたる勝利に次ぐ勝利の後に、ナチという怪物はよろめいた。ナチスがすぐに政権を握り、ドイツの窮状に決定的な救済策を講じてくれると期待して七月に投票した有権者の多くは、ヒトラーが首相就任に失敗したことに不満を抱き、党を離れた。他の人たちは、ナチスがパーペン内閣を反動一派と弾劾し、ドイツ国家国民党の内閣支持の姿勢を非難して、広範な右翼の「国民的反対勢力」結成の希望を打ち砕いたため、ナチスから離れた。さらに他の人たちは、とどまることを知らないナチ突撃隊の暴力行為に仰天した。当初からヒトラーの党が議会主義共和国を激しく断罪したため魅力的だと考えていた人たちは、ナチスが国会で多数派の強みを生かすため民主的原理を引き合いに出し始めたとき、尻込みした。七月にナチスに投票した多くの保守的ドイツ人は、ナチスがパーペンのみならず大統領フォン・ヒンデンブルクに対して痛烈な扇動を行なったことに憤慨していた。ナチスに投票した有権者は、七月より二百万以上も少なかった。党は三四議席を失い、五八四議席のうち一九六議席となって新しい国会に姿を見せた。それでも党は議会で最強の党だったが、実際にヒトラーが首相に任命される以前に行なわれた最後の国会選挙で明らかになったのは、投票所に向かった三分の二以上のドイツ人がナチズムを拒否したということだった。

一九三二年十一月の国会選挙の結果、ナチ党＝カトリック中央党による国会多数派形成の可能性はなくなったが、それ以外の点では、議会の勢力配置状況は基本的には同じだった。ヒトラーの党を見捨てた人たちの大半は、選挙当日、別の政党に鞍替えするよりも棄権を選んだ。共産党のみが明らかにその勢力を増大させ、一〇〇議席を擁して第三党となった。同党の増加は、主として共和主義の大義にもっとも忠実だった第二党、すなわち社会民主党を犠牲にしたものだった。党員数ではなお最大の党である社会民主党は、議席を一二一に減らした。二つの左翼政党を合わせれば、強い影響力を持っていただろうが、両党は和解できないほど相互に対立していた。ソヴィエト連邦の方向を向いていた共産党は、社会民主党を「社会的ファシスト」と非難し、労働者の利害にとってナチス以上に有害であるとして、自党よりはるかに多くの支持者を抱える社会民主党の支持者を獲得することを最大の優先事項としていた。

二つのカトリック政党、中央党とバイエルン国民党は十一月の選挙でわずかに損失を蒙ったが、両党を合わせればなお九〇議席の勢力を有していた。これまでの三年間に甚大な損失を蒙り、政治的には意味のない存在に成り下がっていた二つの自由主義政党〔民主党と国民党〕は、両党でなんとか一三議席を確保した。一方、共和国の比例代表制によって生み出された群小諸政党も、一二議席を保持した。パーペンの主要な支持母体だったドイツ国家国民党は、得票を伸ばし、五二議席を獲得した。同党は主に有権者がナチスに幻滅したことから利益を得たのである。しかし、これらは十一月に投票所に足を運んだ人たちの九〇％近くが、パーペン内閣には反対票を投じたという事実を変えるものではなかった。パーペンは他党の指導者たちと会談した後、内閣への十分な支持が見込めないということが確認されたので、大統領に辞職を申し出たが、事務管理内閣の首相として留まることに同意した。

十一月の選挙後、ヒンデンブルクがヒトラーに入閣の可能性を打診したとき、ナチ党指導者は、大統領が自分に首相として組閣を委任すれば、他党の支持を求める用意があることを示唆した。[20] ヒンデンブルクは、ヒトラー内閣による国会多数派の形成は不可能と見て、ナチ党指導者を公衆の面前で侮辱するという彼の側近たちが計画した策謀に加担した。ヒトラーのお手並み拝見とばかりに、ヒンデンブルクはヒトラーに、議会主義に基づく内閣の首相として、彼を支持する用意のある現実的な国会多数派形成が可能であるかどうか三日以内に報告するよう要請した。さらにヒンデンブルクは、その提案に国防相と外相は自分の意向にしたがって選ぶなどの多くの条件を付け加えた。

予想通りヒトラーはヒンデンブルクの提案を拒否した。ヒトラーは、これらの条件について大臣の選任は首相の専権事項であるとする共和国憲法に違反するものであると抗議した。代わりにヒトラーは対案として、もし自分がすぐに満足のゆく統治計画と、大統領が受け入れることのできる閣僚名簿を提出したら、ヒンデンブルクが自分を首相にすることに同意し、自分に大統領の緊急令行使権を与えるよう要求した。さらに閣僚にはパーペン内閣の保守的な外相［コンスタンティン・フォン・ノイラート］と、国防相としてシュライヒャーを受け入れることを保証した。この提案が明らかにしているように、ヒトラーの真の狙いは、議会主義に基づく内閣の首相というより、大統領内閣の首相となることだった。そうした首相であれば、彼はブリューニングとパーペンが行なったように、他党との連合に依存する必要がなく、大統領緊急令によって統治できる。だが、ヒトラーの提案はヒンデンブルクやその他の側近から無視されたため、彼は首相への立候補を取りやめた。

この二度目のヒンデンブルクによるヒトラーの拒絶によって、ドイツの共和主義者たちは、老閣下はヒトラーに決して首相職を委ねることはないという信念を強めた。とくに彼らを元気づけたのは、十一月の交渉を終結させるためナチ党指導者へ送られた大統領府の公開状である。[21] 公開状は、議会主義に基づく内閣と大統領内閣との相違を明確にした後で、「独裁権を繰り返し強調し、個人的にも余に反対し、また政治的にも経済的にも、余が必要であると見なしてきた措置に反対している党の指導者に権力を渡しては、ドイツ国民への責任を果たせないと信じる。余はこうした状況の中では、貴殿を首班とする大統領内閣は必然的に一党独裁に発展し、ドイツ国民の対立を煽る結果になると憂慮せざるを得ない。それは余の宣誓と良心には決して合致しないものであると確信する」という大統領の言葉を公表した。二ヵ月後にヒトラー首相任命の可能性が再燃したとき、共和主義の大義の擁護者たちはこの言葉を思い出して気を取り直したに違いない。

ヒトラーが依然として強力に首相職を要求し続けるということが十一月末までに確認されたので、パーペンは首相の座に居座るつもりでいた。もっとも、彼の政治的不人気は増すばかりだった。閣僚のひとりは、内閣のモットーは「宣戦布告? 受けて立とうじゃないか」だったと皮肉混じりに言ったという。[22] パーペンが誇ることができた唯一の成功は、第一次世界大戦の戦勝国に対して、ドイツの賠償を帳消しにすることに合意させたことである。しかし、見識ある人間は、その功績の大部分は前任者であるブリューニング首相に認められるべきものであると承知していた。パーペンの経済政策は、国内では組合労働者を完全に離反させてしまった。彼の内閣は、失業補償金を減額し、失業保険申請者を厳密に審査することで、不況によって最も打撃を被った人びとを一層の苦境に追い込んでいた。対照的に企業は免税措置を受け、より多くの労働者を雇う刺激策として、労働協約によって以前設定された賃金の引き下げが公認された。パーペンによるプロイセン州政府の罷免は、共和国憲法を擁護しようとした二つの政党、社会民主党とカトリック中央党を激怒させた。両党は、これらの動きを憲法に違反した中央政府の権限の拡大と見なし、規模の大きなプロイセンの官僚機構の人事権を失ったことに憤慨していた。

さらにパーペンは、独裁が自分の目標であると公然と宣言し、憲法の民主的性格を変更するために、憲法改正の提案を支持すると述べ、その不人気に一層の拍車をかけた。その結果、パーペンがもし首相に留まる場合には、新たに議会が開かれた際、さらにもう一度不面目な不信任案に直面することになった筈である。しかし、十一月の最終週にパーペンが閣僚たちに伝えたように、こうしたことはどれも重要ではなかった。大統領フォン・ヒンデンブルクが、彼を擁護するのに「必要なあらゆる手段を断固として講じることを決心していた」からである。[23] ヒンデンブルクはパーペンに新たな国会選挙の日程を未定のままにして国会を解散する権限を準備していた。実際にこうした手段が取られれば、パーペンは大統領令による独裁的な方法で、議会に責任を負うことなく統治することができただろう。

パーペンは大統領の信任は得ていたが、その保護者にして国防相でもあるクルト・フォン・シュライヒャーの信任は失っていた。パーペンを首相に選んだ際、シュライヒャーは自分の思うように彼を操縦できると考えていた。彼は「私は内閣の中心人物ではないが、おそらく内閣の意志そのものである」と自慢したという。[24] したがって、この将軍は自分が後見人である人物が首相になって、次第に自己主張を強めたことに驚きを禁じ得ず、不愉快になった。シュライヒャーは困惑したが、すぐにパーペンは彼から離れ、大統領フォン・ヒンデンブルクに取り入った。シュライヒャーはパーペン内閣の政策に大部分は賛成していたのだが、十一月末までに、このようにひどく軽蔑された首相を、憲法条項を回避してまで現職に置くことの危険性により敏感になっていった。シュライヒャーは、国会解散後選挙を無視すれば多数の組合労働者を含めて、国中の全政治勢力を政府への過激な反対運動に結集させることになると憂慮した。ほんの数週間前に起きたナチスと共産党によるベルリン交通ストライキの際の共同行動は、国会選挙の前夜に首都を麻痺寸前に追いやるのに十分だった。

パーペンを再任させれば内乱になるかもしれないと憂慮して、シュライヒャーは自分がほんの六ヵ月前に首相にした男の失脚を画策し始めた。[25] 同時に彼は、政界指導者や労働組合指導者との話し合いの中で、パーペン内閣の最も不人気な政策と縁を切ることによって、自ら首相の座を狙う候補者となった。それでもヒンデンブルクが、憲法違反を犯してまでもパーペンを首相に留める考えに固執したので、シュライヒャーの努力はほとんど失敗といってよかった。だが彼は、共産党とナチスの両党が政府に敵対的な内乱を引き起こした場合、軍は対抗できないという国防省の研究結果の結論を示して、最終的に閣僚全員を反パーペンとすることに成功した。一九三二年十二月二日、憤慨したパーペンはヒンデンブルクに辞職を申し出て、大統領は不承不承それを受け入れた。翌日、シュライヒャーが首相として宣誓を行ない、大統領から全面的な支持の保証を取り付けた。二人の例外〔新任ブラハトとズィルプ」を除いて、閣僚はパーペン時代の大臣たちの留任だった。彼自身は国防相を兼任し、そしてまたプロイセン全権委員としてパーペンの後を継いだが、プロイセン全権委員という地位は、プロイセン州政府が七月にその権限を奪われたときに設けられたものだった。

首相就任時五十歳だったクルト・フォン・シュライヒャーは、魅力的な容姿ではなかったが、ほとんど必ずといっていいくらい会った人に強烈な印象を与えた。[26] 彼は中肉中背で、顔は青白く、中年にもかかわらず早くも頭は禿げ上がり肥満気味だった。快活な座談の達人で、一対一の対話では他人を説得する術に長けていた。それは彼が好んだ対話形式である。ある記者は「彼は訪問した誰にでも、自分も完全に同意見であるという印象を与えることができる才能を持っている」と語った。[27] 機転の早さと警句をひねる才能によって、シュライヒャーはまた機知に富んだ言葉を口にした。彼は軽妙な雑談の名手で、演説をベルリン子の粋な方言で味付けして、ユーモラスな効果を生み出した。その振舞いは陽気かつ楽天的、そして正真正銘の楽観主義者で、一見して冷静な彼は、ドイツ人将校たちのあいだで賞賛された物に動じない態度と勇み肌の資質をかなりの程度持ち合わせていた。

誹謗中傷をこととする人たちは、シュライヒャーを横柄で傲慢、自己利益しか追求しない皮肉屋で、陰謀の達人であると見ていた。舞台裏で暗躍する性向のため、家名も槍玉に挙げられた。その苗字は英語にすれば「卑劣漢」という意味である。苦境に際しては自らの立場を守るため親しい同僚を何度も裏切り、信頼に値しない人物という非難を受けた。誰もが疑わなかったものは将軍の自尊心である。一九三二年春、ベルリンの洒落たレストランでの晩餐で、彼は「いまドイツに必要なのは、強い男である」とよく通る鼻にかかった声で叫んだという。[28] 誰がその役に最適であるかはっきり分かるように、彼は自分の胸をポンと叩いた。

饒舌でもあり無口でもあったシュライヒャーは、首相になっても政治的には依然として謎の人物だった。共和主義支持のある記者は、彼を「軍服を着たスフィンクス」[29]、ロシアの反体制ボルシェヴィキだったトロツキーは「将軍の肩章をつけた得体の知れない人物」と評した。[30] 左翼やナチスの多くも、彼を反動的な人物と非難したが、そのレッテルは必ずしも当たっていなかった。同僚将校の大半と異なり、シュライヒャーは帝国の崩壊を嘆きもしなかったし、王国の復活を期待もしなかった。現実主義的な理由から、彼は旧体制の崩壊とそれが共和国によって取って代わられたという現実を受け入れた。政体をめぐる議論は、ドイツを分裂させ弱体化させるだけであると認識していたから、彼は二〇年代中頃には「現在の問題は共和国か君主国かではなく、むしろこの共和国がどのようにあるべきかである」という結論に達していた。[31] しかし、ほとんどの軍指導者に当てはまることだったが、彼の忠誠心は共和国とともにあるよりはむしろ、彼が個々の政権を超越したところにあるドイツ国家の永続的な利害と見なすものとともにあった。彼にとって、軍は独立した勢力で、政治の上にあり、その機能は平衡を保つ勢力として国家を安定させ、国際関係におけるドイツの安全保障上の利益を保証することにあった。

一九三二年十二月、シュライヒャーは首相就任後最初の数週間を、パーペンの辞職によって国中に広がった安堵感の結果、政治的ハネムーンらしきものとして享受することができた。[32] 彼は前任者の憲法改正計画を続行する意志はないと宣言して、共和国支持者たちを安堵させた。[33] 二つのカトリック政党は、彼の内閣に対して融和的な態度を取った。失業者を仕事に復帰させる断固たる措置を講ずるというシュライヒャー側の公約に元気づけられて、キリスト教労働組合総同盟の指導者たちも同様の態度を取った。[34] 社会民主党は軍指導者との協力関係に入った場合、支持者を共産党に奪われることを恐れて反対の姿勢を保持した。その対決姿勢は、社会民主党員〔オットー・ブラウン〕首班のプロイセン州政府をパーペン内閣が罷免した際、シュライヒャーがこれに加担したという事実によって強められた。しかし、国内最大の社会民主党系のドイツ労働組合総同盟の指導者たちは、シュライヒャーをパーペンより害悪は少ないと見なし、失業対策を講じるという彼の公約に好意的に反応した。組合労働者側の協力的な反応に勇気づけられ、新首相は安堵して、パーペン政権下で生じた広範な一般大衆の叛乱の危険を一掃できたと判断した。[35] だが、いかにして国会の不信任案を回避するかという問題は依然として未解決のままだった。

シュライヒャーは、ナチスの支持を獲得することで議会との衝突を回避しようとした。一九六人のナチ党の国会議員が彼を支持するか、あるいは少なくとも反対しなければ、それは敵対的多数派を阻止するための重要な一歩となる。ほとんどの軍将校と同じく、シュライヒャーもまたヒトラーによる運動の好戦的愛国主義を賞賛していた。しかしながら、彼は他方ではその扇動的な民衆迎合主義を軽蔑さえしていた。彼の目にはナチスは手に負えない連中だとしても、左翼政党に対する対抗力として有益であると映っていた。一九三二年の初めに友人に打ち明けたところによれば、彼はナチスを「最も用心して付き合うべき厄介なタイプ」と見なしていたという。[36] 元首相ブリューニングを含めて、著名な保守政治家の一部や人望の厚いユダヤ人の多数でさえそうだったが、シュライヒャーも、ナチスを統治責任という鞍につかせれば「御する」ことができると信じていた。[37] だが、残りの人びとは不本意ながらそうした見解を取らざるを得ないと感じていたが、内心ではナチズムの壊滅を望んでいた。しかし、シュライヒャーはナチズムの壊滅という後者の選択を決して深刻には考えなかった。ナチ党が解体したら、最も活動的な分子は共産党に殺到し、大部分が革命的左翼を大いに強化することになる。[38] 彼はそう懸念して、ヒトラーの党を弾圧する措置に反対した。彼は友人〔ヴィルヘルム・グレーナー〕に、「もし彼らが存在しないのであれば、彼らを生み出す必要があろう」と書き送っていた。[39]

シュライヒャーのナチ馴致に関する楽観主義は、部分的には初期の大衆革命運動、すなわち社会民主党の歴史に基づいたものである。[40] 半世紀前、迫害によって同党を抑圧しようとしたドイツ帝国の建国者オットー・フォン・ビスマルク首相の試みが失敗に終わった事実から、シュライヒャーは、抑圧は大衆に依拠した急進的運動の好戦性と人気を高めるだけであると認識した。一九一八年の革命によって権力を担った後、社会民主党は穏健になり人気を後退させたことから、彼はナチスも同じように、統治責任を担わせれば穏健になると判断した。手に負えない経済的現実に直面しなければならないとしたら、彼らは現実的になる筈である。他方、その誇張された公約の履行に失敗すれば、彼らは大衆の支持の多くを失うことになるとシュライヒャーは考えたのである。社会民主党と同じく、もしナチ党が――それはしばしば不可避的なものだった――不人気な政府の措置への責任の一端を担うことになれば、ナチズムは国家を脅かす躍進する好戦的運動であることを急速にやめ、ようやく普通の政党になる。もちろん、これらの期待は、シュライヒャーが共和主義的な社会民主党と全体主義的なナチスとのあいだの大きな相違を認識できなかったために、グロテスクなまでに破綻したのである。
ナチスはまた、国防相の立場にあったシュライヒャーのもくろみに合致していた。[41] 第一次世界大戦の戦勝国との長い交渉の後、ドイツはこれらの国々から軍事同権の原則の承認を受ける直前だったのである。戦勝国がヴェルサイユ条約によって想定された全面的軍縮に参加することはありそうになかったから、同権の実現はドイツ軍が長く目標にしてきた、軍事力の拡大という積年の目標の実現に道を開くと考えられた。それは、長年にわたるシュライヒャーの重要な計画のひとつであり、彼はできるだけ早急に再軍備化を開始しようと決心していた。だが、軍の規模を突然増強して連合国を警戒させる危険を犯すより、多くの市民に軍事的訓練を行なえる民兵組織をつくることによって国民皆兵の実現を目指した。というのも、彼は第一の人的資源として、戦後叢生していた半軍事団体に期待したからである。そうした武装はしていないが統制が取れ厳しく訓練された団体の中で、有名だったのはナチ突撃隊だった。一九三二年までに、この制服を着た四〇万の突撃隊は、ヴェルサイユ条約によって制限された小さなドイツ軍〔一〇万人〕を四対一の割合で上回った。シュライヒャーはナチ突撃隊を彼の計画した民兵組織に円滑に組み入れられるよう、しばらくのあいだ国防省の幹部を通じて突撃隊指導部と極秘裏に接触していた。[42]
シュライヒャーは、ナチスの支持を得る鍵はヒトラーにあると考えていたので、彼と交渉しようとした。彼はそれに先立つ二年間、何度かヒトラーと個人的に会っていたが、ヒトラーがドイツを急進的に変革することに執着する和解しがたい狂人であると見抜くことはできなかった。最初の会談後、シュライヒャーはこのナチ党指導者を「自らの構想のこととなるとすぐに我を忘れる男」、「異常な修辞的能力を持った面白い男」と評した。(43) 他の保守的な支配者層を前にしてヒトラーが見せた熱狂的な反ユダヤ主義の演説の才能や、他の急進主義者たちを煙に巻く能力こそ認めたが、シュライヒャーの評価は、この将来の独裁者を軽薄にも過小評価していたことを示している。前年の夏に行なわれた七月の国会選挙でナチスが大躍進をしたとき、シュライヒャーはヒンデンブルクがそれを論外とするまで、ヒトラーを首相にする覚悟さえしていた。(44) 十一月末、大統領がナチ党指導者に内閣のあまり重要でないポストを提供する用意があることを知って、彼はヒトラーにシュライヒャー内閣で副首相になるつもりがあるかどうか打診した。(45) だが、以前と同様ナチ党指導者は、自らが首相となる内閣にしか参加する意志のないことを明確に言明した。

グレゴール・シュトラッサー（BSV）

ヒトラーが考えを変えなかったので、シュライヒャーはその関心をナチ党の念入りに作り上げられた全国組織のトップであるグレゴール・シュトラッサーに向けた。(46) 彼は、ナチ運動の内部でその人気がヒトラーに次ぐ古参の指導者だったが、党外では多くの人たちから最も理性的なナチ党指導者と見なされていた。彼には薬剤師としての実務経験もあり、ナチスのトップの中では目立った存在だった。変人や狂人の連中と比較して、彼は真面目で思慮分別のあるプラグマティストであるように見え

「思案するシュライヒャー」。これは二人のナチス、ヒトラーとグレゴール・シュトラッサーのどちらにするか決定しようとしている首相を描いている。キャプションには「さて、どちらが勝つかな？」とある。（前進 1933 年 1 月 17 日、#28）

た。シュトラッサーは党名にある「社会主義」という言葉を額面通りに考えていたナチと一般に見なされていたから、組合関係者にも渋々ながらも敬意さえ払われていた。したがって、シュライヒャーは組合労働者を離反させることなく、彼と手を組むことができるのではないかと期待した。当時、何人かの観察者は、シュライヒャーのシュトラッサーへの関心と彼の労働組合への同調的な姿勢から、新首相はシュトラッサーと図ってナチ党の一角を切り崩し、それを組合労働者とともに彼の内閣の後ろ盾として「労働枢軸」（横断戦線）を結成しようとしていると誤った判断を下した。(47) しかし、この見解を裏付ける証拠はない。この見解はそれ以後のシュライヒャー戦術を解釈する上で最も大きな影響を与えることになった。

ヒトラーの「一か八かの戦術」に対してシュトラッサーが疑念を抱いていたことは周知のことだったから、これはシュライヒャーには役に立つ可能性があった。他のほとんどの著名なナチスよりも現実的だったシュトラッサーは、十一月の選挙の結果から、ナチ党が選挙によって多数を占め、単独で権力を握るのは不可能だと判断した。したがって、彼は、ヒトラーが首相以外の地位に甘んずることを拒否したことが、夏の選挙での勝利を背景にナチスの交渉力が最強だったにもかかわらず、パーペン内閣へのナチスの入閣を妨げたのだと嘆いた。シュトラッサーは一般党員の状況を熟知していたので、もしナチ活動家の全党員がすぐにも、少なくとも権力の分け前に与ることができない場合には、党員の士気は低下し、財政難が増大すると予見していた。そうした状況の中で、もし内閣と再度対決して、国会解散、そして新たな選挙となれば、党は甚大な損失を蒙ると彼は憂慮していた。仲介者を介してシュトラッサーの懸念を知ったシュライヒャーは、彼を入閣させたいと考えた。だが、シュライヒャーの狙いは、何人かの観察者が推測したように、ナチ運動を分裂させることではなく、むしろナチ党全体の支持を獲得しようとするものだったのである。

就任翌日の十二月四日、シュライヒャーはベルリンでシュトラッサーと密かに会談した。両者とも会談の記録を残していないが、状況証拠からしてシュライヒャーは綿密な計画を練っていたようである。(48) その中心的な問題はプロイセン州の首相職である。四月に行なわれた州議会選挙において、ナチスと共産党が勝利したことによって、オットー・ブラウン——彼は共和主義の時代を通じてプロイセンの政治を牛耳ってきた著名な社会民主党員だった——を首班とするプロイセン内閣に対して多数派がこれを支持する可能性は失われた。諸政党が後継について合意できなかったので、ブラウン内閣は事務管理内閣として存続したが、七月にシュライヒャーの同意の下、パーペン内閣によってその権限を奪われた。プロイセンの膠着状態は晩秋になってようやく、ナチスとカトリック中央党の多数派に基づく新内閣によって打開されるように思われた。しばしばシュトラッサーの名がその内閣の首相として取り沙汰された。彼はカトリック中央党には受け入れられると考えられていたからである。もし彼がプロイセン州首相になれば、シュライヒャーは、シュトラッサーが中央政府にも入閣するという条件で、プロイセン州首相の権限を復活させる提案ができる。そうした計画は、ブラウン内閣の罷免をもたらすことになったプロイセンと中央政府との軋轢に満ちた関係を解決することになる。そうなれば、党の最も重要な人物のひとりが閣僚である内閣に、ナチ党が反対するのは不可能ではないにしても、非常に難しいことになる。

ヒトラーは素早くこの計画をもみ消した。(49) 彼は、ナチスのプロイセン州首相候補はシュトラッサーよりも自らに忠実な親友であるゲーリングでなければならないと主張した。だが、ゲーリングはカトリック中央党にもシュライヒャーにも受け入れられなかった。次の手を検討するためにナチ党指導者たちは新しい国会の開会式前夜の十二月五日、ベルリンに集まった。その前日、彼らの党はテューリンゲン州の地方議会選挙で再度壊滅的な打撃を蒙っていた。(50) そこでナチ党は、七月の国会選挙で獲得した票の約四〇％、そして十一月に敗北した選挙の約四分の一を失った。このテューリンゲンでの大敗北は、有権者の党への支持が急速に減退していたことを如実に物語るものだった。(51)

十二月五日、ナチスの凋落傾向を考慮して、シュトラッサーはナチ党指導者会議で、シュライヒャー内閣との共同に賛成する議論を展開した。(52) 彼の報告によると、新首相は内閣に敵対する多数派が形成される場合には、成立したばかりの議会を解散すると警告した。それはナチスにとっては、六ヵ月以内に費用のかかる三回の選挙を戦うことを意味し、あらゆる兆候からして一層重大な損失をもたらすことになる。ヒトラーはシュトラッサーの議論にも動じることなく、自分が首相にならない場合には「一か八かの戦術」に固執すると述べた。指導者会議に次いで、ヒトラーは自らの主張をナチ党国会議員の幹部会に持ち込んだ。無表情なシュトラッサーが黙って静観していたので、ヒトラーは妥協するなど党の名誉には相応しくないとしてこれを拒否した。ナチスは民主的手続きを非ドイツ的であると否定していたので、多数決による決定方式を取らなかったが、幹部会の終了までに国会議員の誰ひとりとして党指導者に挑戦しようとする者はいなくなっていた。シュトラッサーに同情的だった党員たちでさえもヒトラーの意に従った。シュライヒャー内閣との直接的な対決を回避し、早急に新しい国会の休会を受け入れて、一時休戦を求めることで合意がなされたが、党の指導的幹部は依然としてヒトラーの非妥協的路線に従ったままだった。

十二月六日に国会が再開されたとき、ナチスの行動はシュライヒャーを勇気づけたが、彼はヒトラーがどの程度シュトラッサーに打撃を与えたのかは知らなかった。[53] 議会の開会にあたって、ナチ党国会議員たちは、共産党の不信任案を第一議題にするという動議を否決するよう協力した。それから彼らは、たった四日間の審議の後、内閣に休暇期間中の休会を認める短縮された議事日程にも同意した。シュライヒャー内閣は議題に上った数少ない法案に反対しなかった。その法案には政治的暴力事件で有罪とされた人物への恩赦、労働者陣営を攻撃したパーペン内閣の緊急令の取り消しが含まれていた。十二月七日、シュライヒャーは閣僚たちにナチスは反対行動を控えると確信を持って述べた。[54] 彼は、大統領緊急令による内閣の統治を黙認するナチス、カトリック二政党、群小諸政党からなる国会多数派という展望を抱いていた。そうした計画は、機能面から見れば元首相ブリューニングが二年のあいだ統治した方式の再現となるだろう。しかし、決定的な違いは、ブリューニングが共和主義的な社会民主党に依存していたのに対して、いまやシュライヒャーはナチスに依存するという提案をしたことだった。

十二月八日、すなわちシュライヒャーが閣僚たちに予言した翌日、ヒトラーはシュトラッサーから党の全国組織のトップを辞任するという趣旨の手紙[55]を受け取って動揺していた。[56]シュトラッサーが述べた辞任の直接的な動機は、ナチスの地方組織に対して管理権限を強化しようとする努力をヒトラーが妨害したというものである。しかし、シュトラッサーはまた、もはや自分は党首の「一か八かの戦術」に追従する意志はないということも明らかにしていた。彼は、その戦術を海の物とも山の物とも分からない物に賭けるようなものだと述べ、党は広範な建設的な国民戦線の一部となり、政権参加に同意すべき時期に来ているとした。しかし、シュトラッサーはヒトラーに対して、自分は忠実な党員に留まり、党内反対派の中心になるつもりはないとも断言した。そうした期待を裏切るように、ベルリンを離れ外国に行くと述べた。にもかかわらず、ヒトラーに手紙を出す前、シュトラッサーが古参ナチ幹部との会談でヒトラーの「一か八かの戦術」を批判し、もしヒトラーの言う条件で首相職を勝ち取るまで待つのであれば、党は崩壊すると述べたことをヒトラーが知ったとき、シュトラッサーの言葉は疑問視された。[57]ヒトラーはまた数時間以内に、同じ内容の手紙をもうひとりの古参ナチスである経済理論家フェーダーからも受け取った。[58]彼はヒトラーの政界入りの道具として利用されていた。ナチズムの成功の鍵と自慢された団結は崩れ始めているように思われた。

こうした展開を前にしていつもそうだったように、ヒトラーはパニック寸前の状態にあった。それ以前にシュトラッサーが密かに首相と会い、副首相の地位を提案されたという報告を受けたヒトラーは、かつて右腕だった人物が入閣する意志を持ち、党員たちを従えて党を分裂させようとしているという流言は本当かもしれないと危惧した。動揺したヒトラーは、将来の宣伝相ヨーゼフ・ゲッベルスに「もし党が分裂したら、自分は三分以内にピストルで片をつける」と打ち明けていた。[59]ヒトラーはその日早々、彼の戦術に反対したシュトラッサーの話を聞いたナチ幹部を集めて、忠誠心に訴える感動的な演説を行なった。[60]彼は、党員たちが自分に忠誠を尽くさなくなったら、自殺すると仄めかした。

このメロドラマ風の演出によって、ヒトラーは、シュトラッサーが古参のナチ幹部のあいだに引き起こしたかもしれない動揺をも完全に沈静化させた。結局、彼らは異口同音にヒトラーへの忠誠を口にしたのである。彼らの支持に後押しされて、十二月八日午後、彼は同じ長広舌によってナチ党国会議員も服従させた。[61]党は分裂寸前ではないかとの思惑を打ち消そうとヒトラーは、シュトラッサーの要請を受け入れて彼に三週間の病気療養のための休暇を与えたことを新聞に発表した。[62]ヒトラーが安堵したことには、それ以上の離反者は出なかった。手紙の中で約束していたように、シュトラッサーは休暇のため北イタリアに出発した。[63]それ以降、彼は公的な場には姿を見せず、政治活動からは身を引くつもりだった。シュトラッサーに見捨てられたフェーダーはすぐに自説を撤回し、仲間に戻ることを再び許可された。[64]ヒトラー自身がシュトラッサーの後継として党機構のトップの座を引き受け、彼に盲従する部下たちをその中心的な地位に就けた。党員の士気を

ヨーゼフ・ゲッベルス（UB）

高めるために、彼は国中を駆け回り、ナチ幹部の集会で演説した。(65)

ヒトラーが最悪のシナリオとして懸念していた事態は起きなかったが、シュトラッサーの離反は、自称独裁者の運命が一九三二年の暮れに近づくにつれて下降気味だったことを如実に示す数多くの兆候のひとつだった。彼は首相就任以外の決着は考えないことによって、党が絶頂期にあった夏よりも権力から遠ざかってしまった。それ以後の選挙における重大な敗北は、投票によって彼を政治的有力者に押し上げたドイツ人の幻滅を表していた。彼が求めた高い地位はひとりの将軍の手中にあった。彼は長いあいだ権力の最終執行者である大統領フォン・ヒンデンブルクの親友だった。ヒトラー自身はといえば、彼をあからさまに嫌悪していた大統領から二度も首相職を拒絶されていたのである。

さらにヒトラーを悩ませたのは、彼を著名人に押し上げた経済的不況が終わりに近づき始めていたことである。春以降、フランクフルト証券取引所で取引される株券と債券の価値が三〇％以上も上昇していた。(66) 一九三二年の年末、ドイツの最も権威あるシンクタンクは「不況は終わり、底を打った。続いて新たな上昇が始まった」と述べ、(67) フランクフルト新聞新年号の経済面の見出しは、「陸地が見えた！」と宣言した。(68) 一九三三年の年頭、ヒトラーは政治的に孤立しているように思われた。彼は一年間、熱狂的な政治活動を行なったが、見るべき成果を挙げることができないままで、有権者の支持基盤も失った。共和主義的な記者の年頭論説には楽観的な見解が表明されたが、その楽観主義ももっともだと思わせる状況の中で、ヒトラーはどん底にあった。ゲッベルスは暗い気持ちで「一九三二年は長い不運の連続だった」と日記に記した。(69)

第二章　陰謀

一九三三年元日の夜、アドルフ・ヒトラーはミュンヘンの宮廷劇場で有名な指揮者ハンス・クナッペルツブッシュの指揮によるリヒャルト・ワーグナーのオペラ《ニュルンベルクのマイスタージンガー》を鑑賞していた。(1)ヒトラーは青年時代にこの作曲家のオペラを心から愛する熱烈なワーグナー崇拝者となっていた。そのため彼は、後になってワーグナー家に関心を抱き、他方、この一家もバイロイトの巨匠の音楽祭における一種の政治的マスコットとして彼を歓迎した。音楽的遺産を誇る国において――それはもっともなことである――その交友関係はナチ党指導者にドイツの政治家にはめったに見られない高い教養の持ち主という独特の雰囲気を与えた。またワーグナーのオペラへのヒトラーの熱狂ぶりは、彼が政治活動を開始した頃、ミュンヘンの裕福で趣味のいい、どちらかといえば反動的なサークルと付き合う上で役に立った。彼が上流階級の社交界においていかに振る舞うべきか、公の場ではいかに着飾るべきかを学んだのは、これらパトロンの家庭での社交的な集まりにおいてである。そして彼が自らを多くのドイツ人の目からして、首相に相応しい候補者であると見せかけるのに十分な上辺だけの上品さを獲得したのは、バイエルンの州都の文化的エリートたちとの交流の賜物だった。彼は貧しい出自で正規の教育はわずかしか受けていなかった。

ヨーゼフ・ゲッベルスとエルンスト・「プッツィ」・ハンフシュテングル（左）。(BAK)

《マイスタージンガー》の上演後、ヒトラーはある裕福なパトロンの新年の祝いに参加した。そのパトロンとは、ミュンヘンの美術商エルンスト・「プッツィ」・ハンフシュテングルであり、彼は活動的なナチスとなったハーヴァード大の卒業生だった。ヒトラーは人気の的だった。その他の客は明らかに彼を喜ばせるために招待されていた。これらの客の中にがさつな男が二人いた。ひとりは、ヒトラーのボディーガード兼雑用係として仕えた、彼の専属写真家ハインリヒ・ホフマンであり、もうひとりは妻を同伴していた党の書記ルドルフ・ヘスである。ハンフシュテングルとその妻が招待した何人かの若い独身女性がその集まりを和ませた。夫妻は、ヒトラーが魅力的でしかも自己主張しない女性に取り巻かれるのがいかに好きか承知していた。その晩の女性のひとりがエヴァ・ブラウンだった。彼女はホフマン写真館の快活な金髪の助手だったが、後にヒトラーが独裁者だった期間——一九四五年四月に自殺する直前、彼らが結婚式を挙げるまで——ヒトラーの愛人だった。ハンフシュテングル家の暖炉の傍らでコーヒーを飲みながら、客たちはラフマニノフのピアノコンチェルトのレコードを聴き、翌日の早朝まで話し込んだ。ヒトラーはその晩のオペラのクナッペルツブッシュの指揮について批評した。

ホテル・カイザーホーフ（BPKb）

後にハンフシュテングルは回想している。ヒトラーは帰り際に来賓名簿に署名をした。そのときナチ党指導者は「私の方を見上げて、興奮を噛み殺すような調子で語った。「今年はわれわれの年だ。そのことを記録に残してくれ。請け合うよ」」(2)。

一九三三年一月には四十三歳になっていたヒトラーは、実に前途有望な人物となっていた(3)。彼はベストセラー『我が闘争』の印税によって十分な収入を得たばかりでなく、その収入は裕福なパトロンたちからの贈り物によって補充された。彼はミュンヘンの上流階級が住む地区にあった広く快適なアパートに住んだ。彼が旧バイエルン軍の無名の伍長として参加したかつては目立たなかったナチ党の本部は、いまやナチスが「運動の首都」と呼んだ都市の中心にある、贅沢な設備を備えた新ルネサンス様式の宮廷を所有していた。

ヴィルヘルム街から見た第三帝国以前の首相府。建物はもともとプロイセンの貴族の邸宅で18世紀のもの。左手奥に見える建物は1920年代後半に建設された別館。権力を握った後、ヒトラーはこの別館の南側に豪勢な首相府を建設した。（LbsB）

ヒトラーの首相府、1946年。（LbsB）

彼は専用の運転手付きの豪華なメルセデス・ベンツを乗り回し、各地を旅行した。しばしば休暇を取ったが、そうした休日をバイエルン・アルプスの絵のように美しい山荘で過ごした。彼はベルリンに滞在した際——それはしばしば延長された——側近たちとともに首都の中心にある華麗なホテル・カイザーホーフに宿泊した。このホテルは首相府から半ブロックの距離にあった。決まった義務もなく、ヒトラーは自堕落で半ボヘミアン的な生活を送った。正午前にはめったに起床せず、粋な喫茶店で卑屈な側近と媚びへつらう崇拝者に囲まれて、午後のコーヒーとケーキを楽しみ、長い時間ぶらぶら過ごすことを習慣とした。夜はしばしばオペラの指定席で、あるいはハンフシュテングルのような裕福な崇拝者の家庭の来賓として過ごした。要するに、彼は当時の不況に苦しめられた時代に、ほとんどのドイツ人が夢想すらできないような気ままで贅沢三昧の生活を送ったのである。

一九三二年の敗北はあったが、それでも年が明けると、ヒトラーはなお潜在的にはかなりの政治的影響力を発揮することができた。十一月の選挙で大きな損失を被ったが、その後もナチ党は国会で最大の議員団を擁し、喧嘩早い突撃隊に支持されていた。ヒトラーが繰り返し説得されていたように、政府部内の重要ポストが彼と他のナチ指導者を待っていた。彼は、首相職への要求を取り下げ、大統領フォン・ヒンデンブルクから国家を任せられている保守政治家たちと権力を分かち合うことに同意しさえすればよかったのである。

しかし、権力の共有はヒトラーにはできなかった。彼は尋常の政治家ではなく、壮大な使命感に燃えた狂信者だった。彼は自らを、新生ドイツの創造者となるべく運命づけられていると見なしていた。その偉大な使命を達成するには、妥協する必要のない絶対的な権力がありさえすれば十分である。

一九一九年に駆け出しのナチ運動に参加したときから二十五年後の自殺にいたるまで、その使命を追求し続けたことがヒトラーを消耗させた。私的生活の内実は空疎だったが、普通の人間が持つ衝動を唯一の目的――彼が「摂理」と呼んだあらかじめ決定された運命――にまで昇華させた。ヒトラーは自分の将来像に合致しないような現実を想像することができなかったので、彼自身が述べたように、「夢遊病者のごとき確信を持って」生涯を送ったのである。(4)

ヒトラーのドイツの未来に関する見通しは、十九世紀の思想の暗い底流から生まれている。(5) ウィーンとミュンヘンでの怠惰な青春時代、新聞と低級な出版物を貪欲に読んだ独学者ではあったが、彼は後にとくに歴史に関して見事なまでの膨大な情報を駆使して、彼よりももっといい教育を受けた多くの人間に感銘を与えた。だが、記憶力を備えた旺盛な精神は、体系的な分析や自己懐疑の精神によって鍛えられることはなかった。そのため、彼は当時流行していた疑似科学的概念を無批判に取り入れ、これらの概念を生涯にわたって彼の思考を導いた世界観へと作り上げた。それは生存競争に関する社会ダーウィニズムの教義と、人類は最終的には相互に敵対的な人種に分かれるという人種主義の見解とを融合させたものだった。彼にとって世界はジャングルだった。そこでは権力が正義となり、人種はあるいは優勢になり一層強大化するか、あるいは弱体化し滅亡するかである。このことから、彼は人種間の死闘は自然の掟であり、人種の進歩を保証する手段であると考えた。したがって、彼の見解からすれば、戦争は不可避であるばかりでなく崇高なものでもあった。

ヒトラーは、どの人種がこの全面的な生存競争において勝利しなければならないかということに関しては何の疑いも持っていなかった。当時中央ヨーロッパで人気のあった偽人種論に嵌り込んでいたヒトラーは、ドイツ人を「アーリア」支配人種であると信じ、ドイツ人は自分たちの高貴な運命を、自分たちを妨害する劣等民族を粉砕することによってのみ実現することができ、その劣等民族の中で最も危険な存在はユダヤ人であると考えていた。同様に彼は、ユダヤ人がドイツ社会に浸透して弱体化させようとしていると確信していた。彼は、もしドイツが異邦人の民主主義という堕落した教義——それはユダヤ人を市民として認め、決定的な政治権力を無知な大衆に容認する——に屈してしまえば、ドイツは悪しき運命に追いやられることになると考えた。その彼にとってもうひとつの堕落の要因はマルクス主義だった。それはドイツ民族を相互に対立する階級に分裂させることによって衰弱させる教義である。したがって、ナチズムの目標は、ヒトラー自身によって指導される新しいエリートによる人種的に純血なドイツ民族の統一である。そのエリートは他のあらゆる政治勢力を粉砕し、民主的共和国を打倒して、全面的権力を掌握する権利を打ち立てる。民族を弱体化させていた要素が除去された暁には、新指導部はこの国から民族的不純物を除去することになる。そしてヨーロッパ支配を確立するための全面戦争を開始し、ロシアの肥沃な土地にある「生存圏」を征服することによって、次の一千年に及ぶドイツの未来の成長を保証する。

一九三〇年初頭まで、ヒトラーはこれらの誇大妄想的な計画を一般には吹聴しなかった。その証拠は『我が闘争』の誇張された頁の中に書かれてはいたが、その本をわざわざ読んで、頭を悩ませたドイツの政治的エリートはほとんどいなかった。一九二三年の一揆が失敗した後、彼は合法的に民主主義体制を破壊するため、共和国の民主的憲法に保障されている広範囲に及ぶ市民的・政治的自由を利用して権力を追求しようとした。これが多くの有権者の注目を引いたので、彼は公的な声明の中では自らの最終目的を隠すことが有利であると判断した。ヒトラーは憲法に則って権力を求めることを約束し、悪意に満ちた反ユダヤ主義の主張を隠すことさえして、ますますその攻撃の矛先を共和主義者たちに向けた。彼は共和主義者たちがドイツ民族をマルクス主義に、そしてヴェルサイユ条約をドイツに課した戦勝国に売り渡したのだと非難した。

ヒトラーは一九三〇年までにあらゆる既存勢力に阻まれ首尾よく事を運べないと痛感していた。そこで彼は、党の暴力的補助団体である突撃隊への個人的支配を強化して、最終的に権力奪取という目標を軍に浸透させるという突撃隊指導者たちの野心を阻み、彼らの影響力を緩和しようとした。彼はまた自らの野望のために共和国に対する右翼の敵意をも利用し始めた。選挙でその勢力が増大するにつれて、ナチスは保守主義者との連合政権に参加することによって、いくつかの州で入閣を果たすようになった。しかし、こうした妥協は、ヒトラーの見解からすれば不十分だった。というのもこうした妥協では、党が連合相手に依存せざるを得なくなるからである。連合相手は、ナチ党の人事と政策への影響力を制限し、その支持を取り下げることで、ナチ党を政府から追い出す可能性もあった。また他の連合相手と組もうとする試みも、もっぱら自らの優位を主張するヒトラーの傲慢な態度のために期待はずれの結果に終わった。

そうした敗北もヒトラーを落胆させることはなかった。一九三二年十二月に右腕だったシュトラッサーが彼を見放したときのように、彼は時折お先真っ暗な時期を経験した。だが、自分はドイツの絶対的支配者となるよう運命づけられているという救世主的確信を決して失うことはなかった。彼の権力への飽くなき衝動——慢性的な心気症から来る——は恐怖、すなわち自らの歴史的使命を果たすまで生きられないかもしれないという恐怖から生じる切迫感によって強められた。彼はある党員にこう語った。「待ってる時間はない！」(6)、「もう一年も無駄に過ごすことはできない。残された時間内に、とてつもなく重大な任務を達成するために、すぐにでも権力を獲得しなければならない。そうしなければならない。断じてそうしなければならないのだ！」。過去に遡ってヒトラーの心を探ろうとする試みの多くは、要領を得ない矛盾したひどく困惑させる様々な診断を生み出してきた。しかし、ヒトラーの心の根源が何であったとしても、彼はその後ずっとその数奇な政治的経歴を通じて、現実は最終的には自分の意志に従うという揺らぐことのない信念に取り憑かれていた。彼は自身の目からすれば運命を支配する人間だったのである。

一九三二年の敗北にもかかわらず、ヒトラーは新年には再び挑発的に「一か八かの戦術」に固執すると決意した。彼は十二月の最後の数日をアルプスの山荘で過ごし、新年の声明を書き取らせた。それからそれを大声でヨーゼフ・ゲッベルスやその他の側近たちに読み聞かせた。彼らの反応を知るために。その主な狙いは、一九三二年末に何の成果ももたらさなかった「一か八かの戦術」を擁護することである。ヒトラーはそれがあったからこそ恐るべき政治的戦術家になったのだが、その抜け目なさによって、もし彼が国会で多数派連合を結成することができれば、首相を任せると十一月大統領フォン・ヒンデンブルクに提案させるにいたった動機を検討していた。「彼らはわれわれに統治の共同責任を取らせ、われわれに責任を押しつけようとしているが、実際には決定的な役割を与えないよう望んでいるのだ。……したがって、われわれの敵が、われわれに政権参加を呼びかけるときは、彼らはゆっくりかつ徐々に権力を与えるという意図ではなく、むしろそれによってわれわれから永久に権力を取り上げることを期待してそうするのである」[7]。

彼の声明は、新年においても従来と同じ路線を取るという決心に何ら変わるところがないことを明らかにしている。彼はこう警告した。「いかなる妥協も、その内部には党破壊と、したがって、ドイツの将来を破壊する芽を孕んでいる。……私は、われわれの運動が権力を掌握する権利があるのに、それを売り渡して中身のない粥を求めるがごとき入閣は容認しないと不退転の決意を固めている」。グレゴール・シュトラッサーを名指しこそしなかったが、彼は権力の単なる共有に甘んじることを是とする人間を「国内戦線における裏切り者」になぞらえた。そうした輩が第一次世界大戦末期、当時ヴェルサイユ条約を課した油断のならない外国の敵どもから公正な講和条約を受け取るとドイツ人に信じ込ませたと主張した。ナチ党指導者の非妥協的戦術を熱狂的に支持していたゲッベルスは、日記にその声明を褒めそやして書いている。「敗北主義者たちに対する容赦のなさ、血戦……極めて急進的」[8]。

ヒトラーの新年の挑発的な「一九三三年に向けての闘争声明」は党機関紙、民族的観察者《フェルキッシャー・ベオーバハター》の第一面を飾ったが、ナチスはシュライヒャー内閣との早期の対決には備えていなかった。このことは、国会の議院運営委員会が議会の再招集の時期を決定するため開かれた一月四日に明らかになった[9]。内閣から会合に出席したシュライヒャーの首相府官房長エルヴィン・プランクは自信ありげな態度を示して、内閣はいつでも政策を説明するため国会に出向く用意があると語った。そしてプランクは、そのときには、議会における政治勢力の配置状況が明らかになっていることを期待し、内閣は不信任動議が投票に付されないなら国会を引き続き休会にすることには反対すると付け加えた。この挑戦に対して、共産党と社会民主党の代表者は、翌週の早い段階での議会再開を求める動議を提案した。両党はすでに不信任案賛成を公に宣言していたから、こうして内閣打倒の決意を示したのである。対照的にナチスの代表者は早急に力比べをすることには興味を示さなかった。彼らは議会再開の時期の決定をナチスの国会議長ヘルマン・ゲーリングに一任することを提案した。予想されたことではあるが、その提案は他のいかなる政党からも支持を取り付けることはなかった。

ナチスが国会再開に熱心でなかった理由は、党外の人間には明白であるように思われた。議会が早期に再開されれば、不信任動議の提出ということになると予想された。ナチスがシュライヒャー内閣を非難していることを考えれば、彼らはその不信任案に賛成せざるを得ない。さもなければ、彼らはあらゆる信用を失うことになる。あらゆる兆候がそうした事例を示唆していたのだが、もし首相がそのとき、十一月に選挙された国会を解散するという態度に出たら、ナチスは次の選挙では一層の損失を蒙るという悲観的な状況に直面することになる。したがって、その可能性を食い止めようと必死になって、ナチ党の代表は議院運営委員会で共産党と社会民主党が提案した動議には棄権した。もっとも、その動議は二案とも失敗に終わっ

エルヴィン・プランク。シュライヒャーの首相府官房長。1944年ヒトラー暗殺計画に参加して死去。(UB)

た。結局、一月二十日に国会再開の問題を再検討するという条件付きで、一月二十四日に議会を再開するとしたカトリック中央党の動議を左翼二党が支持して、この問題は決着した。

同じ一月四日、ヒトラーは他の何人かの著名なナチスを従えて、ミュンヘン発の夜行列車に乗り、早朝ライン川沿いの大学町ボンに到着した。[10] この目的地は党報道担当官オットー・ディートリヒを困惑させた。というのも、ヒトラーの旅行の目的は小さな州リッペで行なわれる州議会選挙の演説をするためだと聞かされていたからである。リッペはボンのかなり北東に位置していたし、別の鉄道ルートを利用すればもっと簡単に到着することができた。一行は、ボン駅でヒトラーの運転手付きの大きなメルセデス・ベンツのリムジンに迎えられ、朝食を取るため彼のお気に入りのホテルのひとつ、バート・ゴーデスベルク近くのホテル・ドレーゼンに向かった。自らの意図については全く語らず、ヒトラーはその後三人の同僚を同伴して、やつれた面持ちで別の車に乗り込んだ。彼の目的地はディートリヒやその他の人間にはなお知らされないままだった。彼らは指示に従って、少し遅れて彼のリムジンでケルン市の北二マイルの国道のある地点に向かい、そこでヒトラーを待たねばならなかった。

その日の午後、ヒトラーと同僚を乗せた車は指定された待ち合わせ場所に到着した。後にオットー・ディートリヒは、リッペに向かうドライブの途上での会話から、何人かの重要な政治家との会談がヒトラーの隠密行動の原因だと想像されたと回想している。事実そこで起きたことは、すぐに国民的なセンセーションを引き起こすことになった。なぜなら、問題の相手の政治家は、ナチスがほんの数ヵ月前標的として最も痛烈に非難していた前首相フランツ・フォン・パーペンだったからである。

パーペンは家柄のおかげで、国政において重大な役割を担う思いも寄らない候補者となった。(11) ドイツ西部のヴェストファーレン出身の由緒ある、しかし目立たないカトリック貴族の家柄の末裔として、彼は祖父や父親と同様、当初軍隊で経歴を積んだ。障害物競争を得意とする熟練の騎手として知られていたが、ベルリン軍事大学校に入学する前、また一九一三年に参謀本部入りする前、騎兵将校として訓練を積んだ。彼はこの軍歴の中で、三歳若い同僚将校クルト・フォン・シュライヒャーと知り合いになった。その後家族関係を通じて、成功を収めた工場主の娘と知り合い結婚した。その財産によって、この若い将校は広く各地を旅することができ、英語とフランス語双方に堪能になった。パーペンは一九一四年の開戦直前には、武官としてワシントンＤＣのドイツ大使館に任命されたが、一年後、イギリスとフランス向けに武器を製造する工場で働いていたドイツ・オーストリア系労働者のストライキを扇動する計画の共犯者として、アメリカ合衆国から追放されて悪名を馳せた。彼は戦時中西部戦線で戦い、その後パレスチナでトルコ側に立ってイギリスと戦ったドイツ軍とともにあった。戦争の末期には大佐に昇進していた。

一九一八～一九年の革命後、パーペンは政治的には、社会民主党との共和主義的連合政府に参加することに反対していたカトリック中央党の反動的な農業利害を代表する少数派の一員だった。一九二一年、彼はヴェストファーレンの選挙区からプロイセン州議会議員となった。一九二四年には再選され、さらに四年のあいだその任にあった。保守的なカトリック貴族の財政支援を受けて、首都にある党機関紙ゲルマーニアの経営権を獲得した。彼はベルリンの貴族の社交クラブに入ったが、一九三二年六月にシュライヒャーが彼を首相に任命するまでは、目立った政治的役割は果たしていなかった。パーペンが党指導部の承認を受けずに首相職を引き受けたので、彼とカトリック中央党との関係は決裂し、彼にとって党の支持は論外となってしまった。

パーペンがドイツ首相に任命されたというニュースに対する反応として、フランス大使アンドレ・フランソワ＝ポンセは回想録で次のように書いている。「誰も信じようとはしなかった。ニュースが事実であると確認されると、誰もが大笑いするかこっそり笑った」[12]。直接パーペンを知る大使は彼のことを印象的に描いている。「特徴的なのは、彼は敵からも味方からも、その言動が全く真面目に受け取られることがないということである。彼の顔は、自分では決して拭い去れない、骨の髄まで染み込んだ軽薄さを示している。その他の点に関しては、彼は第一級の人格者ではない。……見かけ倒しで、人の仲をさき、裏切りやすく、野心的で虚栄心が強くて、ずる賢く、ややもすれば陰謀にふけりがちな人物と考えられている。誰もが認める資質——本人は気づいていない——は図々しさと厚かましさ、それも愛すべき厚かましさである。彼は、敢えて危険な事業を企ててはならない人間のひとりである。というのも、そうした人間はあらゆる挑戦を受けて立ち、賭けに出るからである。成功すれば歓喜の涙を流し、失敗すればくるりと背を向けて逃げ出す」。

一九三二年十一月、ベルリン駐在のスイス大使〔パウル・ディニヒェルト〕はフォン・パーペン首相と初めて会談した後、こう書き記している[13]。「私は実に口達者な人間と会談したものだという印象を受けてパーペン氏の許を去った。彼は、たとえ彼がいることで相手がうんざりしても憎めない人物である。たしかに、これが今日ドイツを統治している人物の主要な特徴であるのかどうかは別問題である」。一九三三年一月のパーペンとの会談後、イギリス大使ホレース・ランボルド卿は「この大国ドイツの運命がたとえ短期間であったとはいえ、このような軽輩に委ねられねばならなかったことを観察できた者の奇跡」について語った。(14) 戦後、西ドイツ連邦共和国の初代首相となったコンラート・アデナウアー――二〇年代初頭に中央党の同僚政治家として初めてパーペンに会った――は後に回想している。(15)「私は彼の非常に大きな欠点を考慮して、絶えず大目に見てきた」。

これらの歯に衣着せぬ評価にもかかわらず、パーペンはベルリンの社交界では花形だった。彼はそこでは、申し分のないマナー、言葉巧みな国際人としての立ち居振る舞い、そして軽妙な会話と話題の豊富さによって売れっ子になった。これらの資質によって、彼はシュライヒャーを含む将校連中と付き合うことができた。その後シュライヒャーが著名人となったとき、二人は休暇の多くをともに過ごした。そのグループ内部では、パーペンはしばしば「フランツちゃん」と呼ばれていたが、それは人を小馬鹿にしたようなふざけた愛称だった。フランソワ＝ポンセ大使は「彼はしばしば彼らの冗談の対象になっていた。彼らは彼をからかったり、いじめたりした。もっとも彼は立腹しなかった」と述べている。(16)

首相の座に登り詰めてから、パーペンはすぐに大統領フォン・ヒンデンブルクに取り入った。このことに気づいた多くの同時代人のひとりにフランソワ＝ポンセ大使がいた。彼は回想録で述べている。「誰よりも目をかけられ、元帥のお気に入りだったのは彼である。彼はその陽気さと冗談で老人を楽しませ、尊敬の念と献身的態度を示して大統領にへつらい、さらにはその大胆さで、大統領を欺く。彼はヒンデンブルクの目からすれば非の打ち所がない紳士だった」。(17) パーペンが首相を辞任するとき、ヒンデンブルクはしぶしぶ、そして涙ながらに別れた。首相が辞任することでこれまで実践してきたことが中断される。ヒンデンブルクはその喪失感をパーペンへの個人的な手紙の中で吐露し、(18)倒れた戦友についてのよく知られる感傷的な兵士の歌の一節を添えて、署名入りの写真を贈った。(19)

シュライヒャーとパーペンの友情は、パーペンが首相だった時期に徐々に緊張したものとなり、彼の後見人だったシュライヒャーが画策したパーペン失脚によって終わった。将軍は、自分が操ることができると信じて、パーペンに首相の座を提案した。パーペンの能力に関する彼の個人的な評価は高くなかった。パーペンの首相任命にあたって、両者を知る者がシュライヒャーに対して、あなたが首相に選んだ人物は賢明な人物ではないと指摘したのに対して、将軍は鸚鵡返しに答えたという。「彼には頭脳は必要ない。彼は帽子なのだ」。(20)したがって、パーペンが首相になってから示し始めた独自の言動は、シュライヒャーを驚かせると同時に悩ませもした。あるとき、国防相として首相フォン・パーペンと電話で話した後、将軍は副官の方を振り返り、浮かぬ様子で皮肉混じりに言った。「あのフランツちゃんが自分の才能に目覚めたなんて、どう思う？」(21)

パーペンを失脚させ、自分が首相になった後、シュライヒャーは自ら辞任させた被保護者をなだめようとした。彼は十二月の国民向けのラジオ演説で、前任者を「勇猛果敢な完璧な騎士」と讃えた。(22)新年の電報では、シュライヒャーは「親愛なるフランツちゃん」に祝辞を捧げ、「前年の決戦の旗手」と持ち上げた。(23)だが、パーペンは表向き感情を丁重さの裏に隠していたものの、彼の側の友情は、自分を一躍脚光を浴びる地位に押し上げた後で切り捨てた人間への怒りに満ちた敵意へと変化していった。

権力の味を占めたパーペンは、もう一度それを手に入れようとした。彼はまた、かつての友人で後見人だったシュライヒャーに復讐しようとした。パーペンは引き続きヒンデンブルクの信頼を当てにして、職務に復帰し、かつて首相になる際、大統領が当初よりパーペンに与えていた使命、すなわち保守派とナチスを統合する内閣を形成するという使命を実現しようとした。その目標を追求する中で、彼は首相としての最後の時期に仲介者を介して、ナチ指導部と連絡を取っていた。彼はナチスにうまい話をちらつかせて、最終的にはヒトラー首相の右翼内閣をも歓迎する用意があると信じ込ませた。ヒンデンブルクのあからさまなヒトラー嫌いを承知していたから、パーペンはヒトラー内閣のようなものは決して実現しないとたかをくくっていた。自分が首相として返り咲くためには、大統領の望むような右翼内閣の実現が必要だったが、そのためにはナチスによる支持が最も可能性のある手段として残される。

十二月中旬、パーペンは政治的復権のためのチャンスを摑んだ。ベルリンの高級な紳士が集うクラブである「紳士クラブ」での演説後[24]——その演説で彼はナチスを含む組閣ができなかったことを嘆いた——彼は聴衆のひとり、ケルンの銀行家でナチス支持者であるクルト・フォン・シュレーダー男爵と会談した。パーペンはシュレーダーにシュライヒャーに対する恨み辛みを吐露した。さらに前首相は、シュライヒャーの秘密裏に事を運ぶ手法がヒンデンブルクの機嫌を損なっているのに対して、自分は大統領の信頼をなお得ていると伝えた。彼の首相在任中、ナチスは彼を攻撃したが、パーペンはその銀行家にヒトラーと会う用意のある旨を伝えた。

これらのパーペンによる暴露話が、一九三三年一月四日のケルンでのパーペン＝ヒトラー会談につながったのである。シュレーダー男爵はすぐにナチスの仲介者にパーペンが自分に語ったことを電話で伝え、その後その仲介者は電話の内容をヒトラーに伝えた。ナチ党指導者はこの思いがけないニュースを、彼が嵌り込んでいた政治的隘路から脱出する好機であると考えた。パーペンと共謀することで、彼は前首相の大統領フォン・ヒンデンブルクへの影響力を利用して、自らの目的に近づけると考えた。ひょっとして、パーペンは大統領の密使であるかもしれないとすら考えられた。しかし、その招待の背後に誰がいようとも、それは魅力的な可能性を開くものである。ヒトラーが利用できる唯一の選択肢は、国会が再開されたとき、シュライヒャー内閣に対する不信任案に加わることである。ナチスから共産党までの多数派が予想通りその不信任案に賛成すれば、議会は解散となる。そして新たな議会選挙となれば、彼は一層の得票減という実に現実味を帯びた状況に直面せざるを得なくなる。だが、もしパーペンの援助を受けて、自分が新たな選挙の前に首相になれば、窮地を脱し、自らの目標に到達することができる。それが実現すれば、もはや再度の国会選挙など恐れる必要はない。たしかに、「ヒンデンブルク＝ヒトラー」というキャッチフレーズを掲げての選挙であれば十分な成果を期待できるだろう。

したがって、ヒトラーは前首相と会うことに同意した。十二月の最終週、二人の仲介者は、ケルンのシュレーダー邸で会談する計画を立てた。その場所は、かつての政治的敵対者たちの旅行計画にぴったりで、ナチスが主張した秘密保持にも適しているように思われた。最初にヒトラーの仲介者が、会談は暗くなってから開くよう提案した。それは発覚の危険性を最小限にするためである。しかし日時はヒトラーの旅行計画に合わせて、最終的には一月四日水曜日の昼に設定された。フォン・シュレーダー男爵の宮殿のような邸宅に到着すると、二人のかつての政治的敵対者は数時間密談した。(25) ホスト

1933年1月4日、ヒトラーはしぼみかけた展望を、銀行家クルト・フォン・シュレーダー（挿入写真）のケルンの邸宅で前首相フランツ・フォン・パーペンと会談することによって復活させた。(DHM,UB)

は会談の大部分に同席したが、会話には参加しなかった。一方、ヒトラーの三人の同僚は邸宅のどこか別の場所で待機していた。

後にシュレーダーが説明したところによれば、ヒトラーはすぐにかつての不平不満をぶちまけて攻勢を取った。とくにヒトラーは、前年七月の国会選挙で勝利したにもかかわらず、彼を大統領フォン・ヒンデンブルクに首相として認めないよう働きかけたとしてパーペンを厳しく非難した。事実は逆だったが、パーペンはヒトラーの首相任命を阻止した責任は自分ではなくシュライヒャーにあり、自分はヒトラー首相任命に賛成していたと主張した。二、三日後にヒトラーがゲッベルスに打ち明けたように、パーペンはヒトラーにシュライヒャーに対する和解し難い敵意を打ち明けていた。[26] ゲッベルスは「彼はシュライヒャーを失脚させようとしている。彼を完全に排除しようとしている」と日記に書き留めている。パーペンはまた、大統領がシュライヒャーを無条件で信頼しているわけではなく、まだ国会解散命令書をシュライヒャーには与えておらず、他方、自分はまだ大統領に影響力を持っていることをヒトラーに信じ込ませようとした。ヒトラーの報告を聞いた後、ゲッベルスは「パーペンはまだ例のご老体には顔がきく」と記している。

話題が将来のことに及んだとき、パーペンとヒトラーは大筋で合意した。[27] 彼らは、すぐにシュライヒャー内閣に代えて、左翼政党を徹底的に鎮圧する、ナチスと国民的保守主義者との同盟に基づく内閣を樹立する必要があるという点で一致した。パーペンは、せいぜいのところ彼自身の不運な内閣を支持したわずかな右翼国会議員しか寄せ集めることができなかったので、そうした連合では議会の多数派形成の見通しは立たなかった。したがって、そうした内閣は大統領内閣としてのみ実現可能だった。その点に関して、パーペンはヒトラーに、自分はそうした調整に大統領の承認を取り付ける自信があると請け合った。

しかし両者は、そうした内閣を誰が首相として主宰するか、という問題を解決できなかった。周知のように、ヒトラーを首相に任命することにヒンデンブルクが反対していることを引き合いに出して、パーペンはヒトラーに首相の座を要求するのを諦めさせ、自分が首相の内閣にヒトラーの信頼できる腹心を入閣させるよう求めた。誘い水として、パーペンは国防省と内務省にナチスの大臣を受け入れる用意があることをヒトラーに伝えた。これら二省は、軍と法執行の管轄権を持っていたから、これらを支配することはナチスを恐るべき立場に置くことになる。にもかかわらず、ヒトラーは、自分の党の大衆支持者は自分を首相にと望んでいると頑固に主張した。ヒトラーとパーペンが権力を共有するという「二頭政治」の形式について議論が及んだとき、シュレーダーが昼食の時間だと知らせた。二人の政治屋たちは、結論の出ないままに意見交換を中断した。彼らは別れる前に、日時は特定しないが、話し合いを続けることで合意した。

ケルンでのヒトラー＝パーペン会談は重大な影響をもたらした。なぜなら、それがヒトラーの孤立を終わらせたからである。偶然の巡り合わせによって、ヒトラーの下降気味だった運命は大きな後押しを受けた。彼は下り坂にあった。その党指導者は急速に台頭したが、権力を共有する好機を逃したと思われたのである。そのためナチ陣営には、不和と意気消沈した雰囲気が充満した。彼には全面的な権力掌握という目標を達成する展望はないように思われた。彼は、自らの条件での首相職に頑迷にこだわる以外いかなる戦術も考えようとしなかった。しかしその計画を大統領はすでに二度も断固として拒否していたのである。ところが、ヒトラーはいまやパーペンと会談したことによって、劇的に変化した政治状況の渦中の人物となった。彼はついに最終的な全権付与者である大統領フォン・ヒンデンブルクをこれまで守っていた側近の防衛網を突破した。ヒトラーはいまや、その在職時の政策が有力な保守陣営から賞賛を受け、国家元首の好意を享受していたかつての首相から提携話を持ち出されるにいたったのである。

ヒトラーは一月四日のパーペンとの会談から非常に重要な情報を得た。いまやヒトラーは、前首相が過去において諍いはあったものの、自分と共同する用意があるということ、同様にパーペンがかつての後見人フォン・シュライヒャー首相を憎み、政治的に破滅させたいと考えていることも知った。

その後パーペンと取引する中で、ヒトラーは古くからの「敵の敵は味方」という格言を当てにすることができた。彼はまた、シュライヒャーの立場は見た目ほど強固なものではないかもしれない、と信じるに足る根拠を見出した。事実、パーペンの情報が正しいということになれば、シュライヒャーの立場は非常に不安定な基盤の上にあることになる。というのも、もしヒンデンブルクが実際にシュライヒャーに国会解散命令書を与えなかったら、首相は国会が再開され、不信任案が提出された場合、重大な危険に陥るからである。ヒトラーにとって何よりも重要だったのは、ヒンデンブルクへの影響力を自慢するパーペンが、自分に対する大統領の拒絶的態度を克服するための方策を見出してくれるのではないかという希望を初めて与えてくれたことだった。この数ヵ月のあいだ、これまで以上に捉えどころがなかった目標の首相職が、もう一度アドルフ・ヒトラーの射程内に入ったように思われたのである。

ケルン会談はまた、フランツ・フォン・パーペンに政治的幸運をもたらした。彼はシュレーダー邸に挫折した前首相としてやって来た。彼にはその短期間の首相職のあいだ、わずかな崇拝者しかいなかったが、それ以上に多くの政治的敵対者がいた。他方、彼は自党の支持も失った。彼はこの会談から、国内で最も活動的な大衆政治運動を利用して、自分を権力の座から追放した男への復讐を遂げることができるのではないかと期待を抱くようになった。たしかに、首相職を諦めようとしないヒトラーの態度は、パーペンが首相職に復帰しようとする野望の障害だった。だが、そのように考えても、大統領フォン・ヒンデンブルクが繰り返しヒトラーの首相任命に反対しているためナチ党指導者が最終的に譲歩すると期待することができた。大統領との個人的絆のために、パーペンは自らの首相再任に関しては問題がないと踏んでいた。ヒンデンブルクは前年、パーペンを首相職に留まらせようとして、結局二度にわたって六十日以内に行なうべき新たな選挙の期日を定めずに国会を解散するという憲法違反に同意していた。大統領はパーペンが辞職した後、フランス大使にパーペンを、というシュライヒャーの提案を拒否するようパーペンを説得し、代わりにベルリンに留まり顧問として働くよう要請した。[28]こうしてパーペンは、願っていた影響力のある首相職に自分を呼び戻してくれるよう、ヒンデンブルクを説得することができると信じる理由には事欠かなかったのである。

ケルン会談は、それを秘密にしておくことができなかったため、全面的な成功とは言えなかった。会談の前日、ベルリンのある新聞は、ヒトラーとパーペンが協議すると前打ちしていた。[29]パーペンはすぐにその記事にきっぱりと反論した。[30]ベルリンのゲッベルスのタブロイド紙、攻撃《アングリッフ》も同様だった。[31]一月四日、前首相がシュレーダー男爵邸の前でタクシーを降りた際、パーペンはひとりのカメラマンが彼を狙ってカメラを構えていたことに驚き、かつ不快感を覚えた。[32]パーペンは、シュライヒャーの指示で軍の諜報機関が電話盗聴を仕掛けていたのではないかと考えた。しかし実際には、そのカメラマンは政治的に幅広い人脈を持つベルリンの歯科医〔ヘルムート・エルプレヒター〕によってケルンに派遣されていた。[33]この歯科医には、元首相ブリューニング、グレゴール・シュトラッサー、そしてシュライヒャーのような様々な患者がいた。[34]

その歯科医は——おそらくブリューニングからであろう——事前にその会談の気配を察知していた。ブリューニングは後にその情報をグレゴール・シュトラッサーから十二月末に入手したと述べた。シュトラッサーとシュライヒャー両者を援護するつもりで、その歯科医はシュトラッサーの忠実な支持者のひとりがパーペンを追いかけて写真を撮ることができるよう手筈を整えた。前首相がヒトラーと会談したことを確認してから、その歯科医はすぐにその情報を、シュライヒャーに同情的な新聞、日刊展望《テークリッヒェ・ルントシャウ》に伝えた。彼はまた、パーペンの写真を首相に送った。そのニュースが新聞社に届いたとき、同紙は一月五日の組版作業を中断し、一面トップを「ヒトラーとパーペン、シュライヒャーに反対」という大見出しの記事に差し替えた。(35)

ケルン会談が行なわれたというニュースは、ドイツ政界が束の間享受した穏やかな休日気分の中に投げ込まれたまるで爆弾だった。その記事は数日間、全国のあらゆる新聞の第一面を飾った。これに対して、陰謀家たちはそこでは当たり障りのないことしか話し合われなかったと取り繕った。一月五日、パーペンは声明を発表して、会談がシュライヒャーに敵対するためのものであるというのは「捏造された」非難だとして簡単に片付けようとした。(36)自分とヒトラーは、前年の前半から懸案だった、いかにしてナチスを広範な右翼内閣に入閣させるかという問題について議論したにすぎないと主張した。一月六日、シュレーダー男爵は二人の政治家を引き合わせたのは自分だけの責任であり、会談の目的は、全民族主義者たち、すなわち右翼勢力間の理解を得るための方策を探ることだったと主張した。(37)また同日、ヒトラーとパーペンは公的な共同声明を出し、「広範な民族主義統一戦線の可能性」について議論したにすぎないと述べた。(38)彼らはシュライヒャー内閣について意見交換したことを明確に否定した。同日、ゲッベルスの攻撃は、政治家間のそうした意見交換は異常なことではないと述べた。(39)しかし、一月六日にはその会談を「過去数週間の政治的出来事についてのざっくばらんな意見交換」(40)としたナチスの全国紙、民族的観察者が翌日、会談はパーペンの首相辞任と後継のシュライヒャーの首相就任に関する「興味深い顛末」をヒトラーと共有したいというパーペン側の要望から出たものだったと暴露した。[41]

　これらの混乱の不器用なもみ消し工作は、メディア側の失策により、一般の人たちから当然受けるべき追及を受けることはなかった。ケルン会談の真意を探るに当たって、ほとんどの新聞は、当時ドイツのインテリのあいだで広まっていた反資本主義的感情の虜になっていた。[42]この時点で、ナチスはドイツの資本家によって資金提供されたという神話は、すでに多くのサークルで不動の定説となっていた。いまやヒトラーとパーペンが銀行家の家に集まったので、共産党や社会民主党支持の記者、ならびに自由主義的新聞への寄稿者、さらにその記事を伝えた独自路線を行く保守的な日刊紙、日刊展望でさえも、すぐに資本家の陰謀が背後にあるに違いないと推測した。社会民主党の全国紙、前進の見出しは、その解釈を要約して「現行犯逮捕！」と伝えた。[43]共産党の機関紙、赤旗《ローテファーネ》の読者には、「ヒトラーはライン゠ヴェストファーレンの多くの工業グループから多大の財政的援助

「金づると一緒」。ヒトラーが大企業から資金を得ているという通俗的な誤解を反映した社会民主党の諷刺。キャプションには「私を見捨てないように、どうか私を見捨てないで」とある。「ヒトラーは水曜日重工業家フリッツ・テュッセンと食事をした」という見出しの下の文言は誤り。1月18日水曜日にヒトラーはパーペンと2回目の会談を行なった。本書98頁参照。(前進1933年1月19日、#32)

「現行犯逮捕！」。1933年1月4日のヒトラー＝パーペン会談を秘密にすることを失敗したと揶揄した共和主義派の嘲笑。キャプションには「ヒトラー、パーペンと同衾！」とある。（前進 1933年1月7日、#12）

を得ていて、そうした資金は慣習的に民間銀行を通じて流されているから、この会談の背景はいずれ明らかになる」と報道された。[44]

その後数日のあいだ、政治的に有力な利害関係者による陰険な舞台裏での陰謀——全く根も葉もないというわけではない——という架空の主張が新聞紙上に溢れた。[45]これらの思惑の中では、ヒトラーもパーペンも、はるかに有力であると見なされている財界の単なる手先として脇役的な意味しか持たないものとされた。さらにいくつかの別の見解が混乱を増幅させた。何人かの記者は関係者たちが否定したのを額面通りに受け取るべきであるとし、[46]残りの記者はパーペンはシュライヒャーの同意を得てヒトラーを現内閣支持に向けて説得するために行動したのだと主張した。[47]ほんのわずかな人たちだけが、最も単純な説明が最もありそうなことであると考えた。[48]すなわち、二人の政治家はクルト・フォン・シュライヒャーへの共通の敵意を理由に、秘密裏に彼に敵対する陰謀をめぐらしたのだと。

明々白々のことを理解できなかった人たちの中には、シュライヒャー自身もいた。ケルンからのニュースに驚いた彼は、パーペンの無遠慮な態度に悩み、大統領フォン・ヒンデンブルクに苦情を述べ、将来独断的な行動を慎むようパーペンに命じて欲しいと要請した。(49)そうであるのにシュライヒャーは、パーペンに陰険な動機がある筈はないとして、パーペンの行動を真剣に受け止めなかった。前首相パーペンへの過小評価は、十二月中旬のパーペンの紳士クラブでの演説に際しての官房長エルヴィン・プランクによる談話にも現れている。聴衆のひとりが、パーペンはシュライヒャーへの敵意を露わにしたし、ヒンデンブルクとの繫がりもあるため危険であると警告したのに対して、プランクは以下のように答えた。「しゃべらせておけばいい。彼は全く取るに足らない存在だ。彼の言うことを真に受ける者など誰もいない。パーペン氏は尊大なだけの愚か者だ。この演説は往生際の悪い人物の辞世の歌なのだ」。(50)

シュライヒャーはケルン会談によって明らかになった危険を認識するどころか、パーペンは自分に対する好意を取り戻そうと、ヒトラーとシュライヒャー内閣の和解を試みるという思慮のない行動に出たのだと考えた。このことは、首相が一月六日午後遅く、お茶を飲みながらフランソワ＝ポンセ大使にこの問題についての見解を打ち明けたときに明らかになった。彼と大使は親密な関係にあった。その理由は部分的には、シュライヒャーがヴェルサイユ条約によってドイツに課された東部国境の最終的修正に対する暗黙の了承を期待して、フランスを宥めておかなければならないとの見解に固執したためである。(51)首相はケルン会談についてフランソワ＝ポンセに説明する際、パーペンはヒトラーと会談するという重大な過ちを犯したと述べた。だが、彼は付け加えて、前首相は自分に打撃を与える意図は持っていないと述べた。シュライヒャーは大使に語った。「彼は軽薄な人間である。彼は見事な腕前でヒトラーを料理してわれわれの大皿に載せてみようとしたのだ。まるでヒトラーが何度も信

フランツ・フォン・パーペン首相（右）と
大統領府官房長オットー・マイスナー
（左）、1932 年。(BAK)

1932 年、ベルリンのティアガルテンで乗馬するフランツ・フォン・パーペン首相
（左）とオットー・マイスナー。(DHM)

頼できない人物であることを見せつけて来なかったかのように！　いまやパーペンは混乱状態にある。彼はわれわれが非難することを恐れている。私は彼をしかるつもりはない。彼には「フランツちゃん、また失策をしでかしたな！」とだけ言うつもりである」[52]。

一月九日月曜日、パーペンはベルリンに戻りシュライヒャーを訪ねた[53]。後に彼は、会談は旧友の再会であって、ヒトラーと会談したことに関する首相の誤解を完全に払拭するものだったと述べた。その主張の裏付けとして、彼は後にシュライヒャーと共同で発表した新聞への声明を引用した。それは、両者のあいだに見解の相違があるとする記事は「全く根拠のないものである」としていた。

シュライヒャーとしては、この一月九日のパーペンとの会談については記録を残していないが、四日後、彼が晩餐会に招待した少数の記者との会見でオフレコで語った説明は、パーペンが語った内容を知る手掛かりを与えてくれる[54]。パーペンは首相に――首相はその内容を一月十三日に記者団に伝えた――ヒトラーは自分が国防相兼内相にならねばならないと言ったと伝えた。これはヒトラーがゲッベルスに語った内容と全く異なっていた。ゲッベルスは日記に、もしヒトラーがパーペンの首相再任に譲歩すれば、パーペンがこの二省をヒトラーが選んだナチスに渡すと提案したと記している[55]。パーペンはヒトラーが自らそれら二省を要求したと言ったが、その内閣の首相として誰が予定されていたかについてシュライヒャーは記者団に明確に語らなかった。しかしながら、ヒトラー自身が首相と二つの重要なポストを要求するというのはほとんどあり得ないことであろう。他方、パーペンはシュライヒャーにヒトラーとの会談の中で第二次パーペン内閣の可能性について議論したことを白状しなかったのは間違いない。唯一残された可能性はシュライヒャー内閣だった。すなわち一月九日、フランツ・フォン・パーペンはシュライヒャーにケルン会談の内容について虚偽の報告をしたのである。彼はケルン会談についての同様の虚偽を第三帝国崩壊後も何度も繰り返すことになった。すなわち、自分は単にヒトラーをシュライヒャー内閣支持にまわらせせようとしただけなのだと。さらにパーペンは、シュライヒャーの手を取り、彼の目をまじまじと見詰めて、かつての友情を引き合いに出し、名誉に懸けて自分の言葉に嘘はないと誓ったが、後になってシュライヒャーは認めた。「彼の言葉を信じたなんて、なんと愚かだったことか」[56]。

一月九日のシュライヒャーとの会談後、パーペンは大統領フォン・ヒンデンブルクを訪ね、ケルンで話し合われたのとは異なる内容を伝えた。大統領府官房長オットー・マイスナーは回想録に書いている。[57] ヒンデンブルクによれば、ヒトラーはもはや緊急令を発令できる大統領内閣の首相の座を要求していないとパーペンは示唆したという。代わりにヒンデンブルクは、ナチ党指導者がいまや保守勢力と連立する用意があるとパーペンから聞かされた。このことからヒンデンブルクは、別の首相を探さなければならないと判断した。なぜなら、ヒトラーにはシュライヒャー内閣の支持を期待できないからである。彼がマイスナーに述べたその役割に相応しい人物とはパーペンのことだろう。またヒンデンブルクはマイスナーに自分もパーペンに引き続き個人的そして秘密裏にヒトラーと交渉することに同意する旨を伝えたと打ち明けた。

パーペンの回想録によれば、一月九日、ヒンデンブルクは彼に以下のように語ったという。[58] シュライヒャーは、パーペンがヒトラーと会談したことを忠誠違反として非難し、大統領にパーペンを再度受け入れないよう要請したと。だが、パーペンが会談について大統領に報告した後、ヒンデンブルクは当初よりシュライヒャーの見解は正しくないと考えていたと自分に語ったという。パーペンは、大統領が彼に保証したように、ケルン会談は彼ら相互の関係には全く影響を与えなかったと回想している。わずか三日前、フォン・シュライヒャー首相は、大統領がパーペンの独断的なヒトラーとの会談に「ひどく気分を害された」とフランソワ゠ポンセ大使に伝えていた。[59] しかし、いまやヒンデンブルクの不興を追い払うには、パーペンはたった一度会話をすれば十分だった。マイスナーによれば、一月九日、大統領はパーペンにヒトラーとの接触を続ける権限を認めたことをシュライヒャーには伝えないようにと語った。[60] 首相任命権と緊急令発令権を持つ国家元首、最高権力を付与された人物は、こうしておそらく故意ではなかっただろうが、わずか五週間前に任命した人物を解任しようとする陰謀の共犯者となったのである。

第三章　勝利

一月四日、ヒトラーはパーペンと会談後、そのまま十五日に予定されていた小さな州リッペの議会選挙に臨んだ。[1]冬の道路状況のため、彼はケルンから一二〇マイルあるその都市に二時間遅れで到着した。その晩、そこでは彼の最初の演説が予定されていた。テントでしか寒さをしのぐことができなかった満員の聴衆は待ち切れずにいた。そしてついに彼が夜の十時に姿を現したとき、聴衆は熱狂的に彼を迎えた。熱心な聴衆を前に一時間以上演説した後、ヒトラーはその州の州都に移動した。そこでも彼は、真夜中だというのに、演説を聴こうと数時間も待っていた聴衆から同じように熱狂的な歓待を受けた。彼はその後の十一日間――ほとんどがリッペの辺鄙な町だった――でさらに一五回の演説を行なった。[2]同じ期間にその州の別の場所では、全国的に名の知れ渡ったナチスが、先例のないほどの激しい選挙運動の一環として、さらに二三回の演説を行なった。

ヒトラーはもう一度選挙で敗北すれば――それは一九三二年末に相次いで起こった――ナチズムが退潮傾向にあるという一般の印象を追認することになると分かっており、リッペで大博打に出る決意を固めた。リッペは一七の連邦州のひとつだったから、そこでの成功は注目されないわけはないと考えたのである。ヒトラーその他の著名なナチスが個人的に選挙運動に関与することによって得票が増加するのであれば、党はなお成長の余地があると見なされる。成功は士気の上がらない党員を励ますためにも大いに必要だった。だが、危険もあった。もし党幹部あげての努力にもかかわらず、ナチスがその強さを示すことができなければ、打撃は大きなものとなる。アドルフ・ヒトラーはここでも——彼の人生でしばしばそうしたことは起きた——失敗という結果には目もくれず、習慣的に一発勝負に賭ける政治家であることを実証したのである。

自分の運動がまだ勢いを失っていないことを示す好機をなんとしても必要としていたまさにそのときに、リッペの選挙が予定されていたということは、ヒトラーの人生に降りかかった数多の幸運のうちのひとつである。この州は彼の目的実現のために多くの利点を提供してくれた。リッペは規模と人口において、ドイツ全体の〇・二五%をわずかに越えるにすぎなかった。このため、国内では二、三の地域でしか行なえなかった規模の大会と宣伝活動によって、この州を覆い尽くすことが可能だった。またリッペは、まさにナチスが有権者に対して最も順調に事を運べる類の地域でもあった。人口の約九五%はプロテスタントだった。住民の六〇%以上が田舎か地方の村に住んでおり、その割合は全国平均の二倍だった。ナチスは通常、高度に工業化された地域では成果を挙げることができなかった。そこではブルーカラーは主に社会民主党か共産党に投票したからである。その点に関しては、リッペはナチスにとって有利だった。そこには重要な鉱山もなく、全国平均をかなり下回る数の工場しかなかった。それほど遠くない西部のルール地方では巨大な工場群が典型的だったが、リッペではセピオライト（海泡石）のたばこのパイプと家具製造の小規模工場が典型的だった。リッペの選挙に賭けて、ヒトラーは勝ちを拾ったのである。

リッペの地形もヒトラーの党に味方した。その州は人口の多い州に囲まれており、ナチスは地方組織に簡単に増援隊を投入することができた。観察眼の鋭い記者は、党大会に参加したかなりの聴衆はどこか別の地方から来た人間であることに気づいた。[3] これらのよそ者は党員だった。したがって、彼らの存在は群衆の数を膨れ上がらせたばかりでなく、熱狂的な反応をも保証したのである。ヒトラーが行なった最初の二つの集会には、無数のバスとトラックとならんで、六両を下らない特別列車がリッペへの訪問客を運んだ。[4] リッペは冬の休暇のメッカとしては有名ではなかったにもかかわらず、である。六百人から七百人のナチ突撃隊員も到着した——多くは自転車でやって来た。[5] 彼らは選挙期間中に地方の突撃隊を補強する役割を果たした。これらの外から呼び込まれた突撃隊員たちは、多くの場合暖房のない納屋や倉庫に泊まり藁の上で眠った。階級差別を否定することで有名だったヒトラーが、選挙期間中、ある男爵の客として城で豪勢な生活をしていたことは、彼らや他のナチ支持者たちにも異常であるとは思われなかった。[6]

ナチスの選挙における見せかけの成功は、実質的にはリッペの政治状況に負っていた。直近の州規模の投票は一九二九年になるが、それは経済不況によって何百万という有権者がナチスに殺到する直前だった。彼らは州議会の二一議席のうちたった一議席で選挙戦に突入した。それは彼らが議席を劇的に増加させる可能性があることを意味していた。さらに別の利点は、競争相手が弱かったということである。首相フォン・シュライヒャーは、中央政府の財源を選挙戦に投入することはできなかった。かつてはリッペの競合するどの政党も彼の内閣とは確固とした提携関係を結ばなかったからである。かつてはリッペの政治勢力のひとつでもあった自由主義者たちは、一九三三年までに国会選挙で大幅な損失を被って、政治的には無意味な存在に成り下がっていた。共和国の支柱のひとつだったカトリック中央党は、この圧倒的にプロテスタントの多い地方では重要な役割を果たすことはなかった。

反動的なドイツ国家国民党――この党はリッペで支配的だった保守的農民と小都市住民の票をナチスと争う主要なライバルだった――は一月の選挙戦では苦戦していた。一年以上にわたってこれら二つの右翼政党は相互に攻撃し合っていたが、その確執を終息させようと、その党の指導者アルフレート・フーゲンベルクはナチスへの攻撃の手を緩めた。(7) 同じくリッペにある彼の党の機関紙も攻撃的論調を弱めた。ナチスの強力な選挙戦に挑戦するかのように見えた唯一の選挙運動は、社会民主党によって開始された。だが、同党は組織された労働組合とほとんど同義であり、工場労働者が限られた数しかいなかったこの州では、支持基盤を拡大する可能性はほとんどなかった。

数年間にわたってドイツ各地で見られたように、一九三三年一月にナチスの大会に参加した人間は、他のどの政党が提供するよりも、はるかに派手な見せ物を期待することができた。共和国の質素な政治スタイルは、帝政時代の多彩な催しがないことを寂しく思っていた多くのドイツ人には受けないことを承知していたので、ナチスは大会を劇場風の演出に変化させた。(8) 予定された催しの一時間前に、制服を着た突撃隊員の楽隊が街を行進したり、大会の会場の脇で軍楽を演奏したりして注目を集めた。大会の場所そのものは、人目を引く突撃隊の一団によって警備されていた。敵対的な野次馬に対してしばしば暴力に訴える彼らの悪名高き対抗措置は広く知れ渡っていた。前座の演説家が聴衆の雰囲気を高め、期待が高まったところで、突撃隊が二列縦隊を作り、さらに軍楽を吹奏して、呼び物の演説家の入場のための通路を設けた。イギリス大使が述べたように、ナチスは他党の退屈な演出に比較すると、「ジャズバンドの魅力的なアトラクション」を行なった。(9)

リッペにおけるナチスの選挙戦向けの演説の中身は、一般化されたひな型に則ったものだった。(10)ドイツの苦しみの原因は、ユダヤ人とマルクス主義者に支配される共和主義的な「体制」にあると非難した後、党の演説家たちは、人種的に純血で誇り高い、強力なナチ化されたドイツを建設するという公約を持ち出した。選挙は、ナチスの愛国主義者たちと裏切り者のマルクス主義者たちとの民族の未来を懸けた一大決戦であると説明された。リッペの有権者の地域的な関心には相対的な注意しか払われなかった。これまでの州政府は、革命以来ずっと社会民主党のひとりの州首相〔ハインリヒ・ロレンツ〕によって統治されていた。この党は州議会選挙では、これまで一貫して他のどの政党よりも多くの票を獲得していた。州首相は二〇年代を通して穏健な非社会主義諸政党と共同し、彼らの尊敬と信頼を得ていた。しかし、ナチ選挙運動家たちは長期にわたってそうしてきたように、彼と社会民主党の信用を失墜させようとした。その際彼らは、彼とその党を非愛国主義的な国際マルクス主義者として非難し、社会民主党の不倶戴天の敵である共産党とひとくくりに扱った。もっとも、共産党はリッペでは無視し得るほどの力しか持っていなかった。

同じくナチスは選挙期間中、伝説によれば紀元後九年〔底本には紀元後七七年とあるが誤植〕リッペのトイトブルクの森でローマ軍を打ち破ったとされるチュートン族の首領ケルスキのヘルマンと自らを同一視した。しかし、ベルリンの共和主義的なフォス新聞が指摘したように、控え目な社会民主党の州首相はローマの将軍役には相応しくなかった。(11)むしろ近郊のビーレフェルトの新聞が述べたように、厳しく統制された突撃隊の分隊と、ローマ起源の右手を挙げて敬礼するナチスこそ、伝説の戦いの中ではローマ軍に極めてよく似ていた。(12)

この一般的方針に合わせて、ヒトラーはリッペでの活動を、自らの「一か八かの戦術」を擁護するために利用した。一月四日夜の最初の演説は、その後十日以上繰り返されることになるテーマのほとんどを含んでいた。(13) 彼のいつもの手法であるが、ヒトラーが議会多数派を確保できたら首相に任命するとした前年十一月の大統領の提案をはねつけたことについては、全く語らなかった。代わりに彼は、パーペンとシュライヒャーから副首相の地位を提案されたことに関してのみ言及した。彼は以下のように説明したのである。自分はその地位を拒否した。なぜなら、自分とナチ運動の名声を「権力のない称号」のために取引するつもりはないからであると。彼は、副首相となって、裏口から権力に到達すべきであるという見解を否定した。「私に言えることは、こうした裏取引を学んで来なかったし、それを学ぶつもりもないということである」と彼は補足した。実際この発言は、ヒトラーがフランツ・フォン・パーペンとの秘密の会談を終えまさに数時間後になされたが、この拒否の言葉は、その晩彼の胸に去来したに違いないものの多くを知る手掛かりを与えてくれる。

リッペの実情はナチスにとって有利に作用したが、そこでの選挙は、選挙を通じて合法的に権力を奪取するというヒトラーの戦術が多くのナチスにとって行き詰まったと思われた時点で行なわれた。前年の七月に行なわれた選挙で、彼の党が勝利したにもかかわらず、彼が首相になれなかったことは、十一月に蒙った重大な敗北とともに、ナチ陣営に幻滅と不満の増大をもたらした。性急に勝利の

「新たな攻撃」。突撃隊員が街頭で小銭を無心するにいたったナチ党の財政逼迫状況に対する共和主義派のコメント。キャプションには「少しでいいから小銭を！」とある。（ベルリン日刊新聞 1932 年 12 月 15 日、#593）

分け前に与ることを期待して入党した人たちは落胆し始めた。経済的苦境に対する万能薬を提供してくれると期待してヒトラーに従った多くの人たちも同じだった。その結果、広範な規律の乱れが陣営には蔓延した。十二月末、ナチ党の発祥地であり根拠地でもあったミュンヘンにおいて、ナチ党を監視する任務を与えられた共和主義系の政治警察は党解体の兆候について記している。[14]「無数の脱退が毎日起きている。党費の支払いは不定期となり、未払いのために除名になる事例がますます頻繁になっている。……党のあらゆる部門が……崩壊しつつあるという印象を与える」。警察の報告書はナチスの士気に関して「絶頂期は過ぎて、おそらく好機を逃したという見解は、多くのナチスのあいだでは共通に抱かれていた」と補足していた。

この危機によってナチ運動は重大な財政危機に陥った。二回の大統領選挙、二回の国会選挙、そして最大の州プロイセンの議会選挙の支出によって、一九三二年のあいだに党の金庫はすでに涸渇していたが、いまや党の収入は減少し始めた。以前ナチ党は概して自立した組織だった。[15] 全国組織の主要な資金源として、党員には支払うべき月極めの党費があった。不況の時代に党員数が急速に膨れ上がったので、党の資金は潤沢だった。このとき物価が下落したため、党費による収入の増加はこれまで以上に価値あるものになった。だが、いまや新規党員の数は減少し、[16] 入党者はわずかとなり、脱党者が増加した。[17] 名ばかり党員の多くは、党費の支払いを急に止めた。勝利が遠のくと予想して、正規の党費以外にも寄付をしていた党員は、いまや資金募集にもあまり反応しなくなった。権力への途上にあると思われた党の金庫に以前は献金していたナチ党に共鳴する非党員も同様だった。地方レベルでの主要な収入源である大会の入場料収入は、思い切って値下げしたにもかかわらず、参加者が減り、一般の関心が失われるにつれて急速に減少した。[18]

その年の変わり目までに、資金調達はナチスにとって重大問題となっていた。選挙運動のための設備と備品はしばしばクレジットで入手されていたから、地方の党職員は商人から支払いを催促された。[19] 商人は党職員が個人的に党のために背負い込んだ多額の借金を支払うよう求めた。これらの借金の埋め合わせのために新たにクレジットを調達することはますます困難に、あるいは不可能になった。膨れ上がった党職員の支払いも同じだった。収入が絶えず増加し、浮かれ気分だった歳月のあいだに、何千人ものナチスが、不況期にしては手厚かった給与の支払いを受ける正規の党職員になった。全国本部の職員だけで、一九三〇年には五六人だったものが、一九三二年には二七五人に増加した。[20] 党費収入が減少し、給与その他の必要経費が高止まりしていたので、いまや資金横領の告訴や、その他の腐敗堕落現象が党の雰囲気を悪化させた。[21] 資金が涸渇するにつれて、運動の担い手たちのあいだのいざこざのため、党と突撃隊はわずかな寄付金をめぐって相互に争った。[22] 制服を着た突撃隊の楽団がドイツの街頭のいたる所で、通行人に声を掛け、缶を鳴らして募金をせがんだので、ナチスの財政的な困窮状態は一般にも明らかに見て取れた。[23] いくつかの地域では、党組織は資金を集めるために党員に圧力をかけて宝くじを購入させたりした。[24]

そうした逼迫した財政状況の下、規模の小さなリッペのような地方以外では、手の込んだ強力な選挙戦を展開するのは困難であったろう。[25] そこでは輸送費は最小で済んだし、収容施設と大会施設の費用は比較的安く済んだ。ほとんどすべての労働力は党員によって提供された。地方を巡回して拡声器で大会が開かれることを宣伝した車も同じだった。戸別訪問のボランティア運動員がその州に殺到し、彼らは支持を求めて各家庭の有権者を訪問した。ポスターも節約のため、十一月の国会選挙で使われたものが、古い情報の上に新しい情報を貼り付けて再利用された。これらのポスターを補なうため、党員は手作りのプラカードも作ったりした。ほとんどの大会は全国的に知名度の高いナチ党指導者を呼び物としたから、不況期にしてはかなりの高額だった入場料でも買い手が見つかった。大会の諸経費は低い水準で済んだ。演説家として送り込まれたほとんどの著名なナチスは、有給の党職員か鉄道パスを持った議員だったから、謝礼や旅費も支払う必要はなかった。会場を安い料金で貸すよう説得できなかった所では、三張りの賃貸テントが安価な収容施設となった。[26]

リッペの有利な条件下でさえ、一月の選挙期間中、資金不足はナチスにつきまとった。従来の方法と明らかに異なり、ヒトラーは彼の個人収入の主要な資金源だった『我が闘争』の印税に手をつけた。[27] それは党の地方組織の資金不足を補充するためだった。あるとき、ヒトラーの副官のひとりが絶望して党報道官オットー・ディートリヒに多額の個人ローンを迫り、党首が翌日演説するホールの賃貸料を前払いする十分な手持ちがないと説明した。(28) 別の場合、待ち切れず苛立った地方の債権者の要求に応えるため、管財人が党大会から上がる入場料の売上金を差し押さえたりした。(29)

リッペにおけるナチ選挙戦は、財政的困難の中でのみならず、前党組織トップだったシュトラッサーが何を考えているのか不明の状態で戦われた。シュトラッサーは十二月初めの辞任後、公的な場から姿を消したままだったが、ヒトラーとヨーゼフ・ゲッベルスのような腹心たちは、シュトラッサーが陰で党を分裂させ、シュライヒャー内閣に入閣しようとしているという根拠のないメディア発の流言に悩まされた。彼らの懸念には全く根拠がないわけではなかった。シュトラッサー支持者の何人か――国会議員や管区指導者、すなわち地方の党幹部もいた――がシュトラッサーに見切りをつけるのを拒んだからである。(30) 彼が辞任した後、彼らはナチズムの社会主義的な側面を真摯に受け取るシュトラッサーの遺産と見なされたものを存続させるために情報網を作り上げた。一月までに不満分子のナチ会報が、ドイツのいくつかの地方で出回った。シュトラッサー支持者のひとりだったヘッセン＝ダルムシュタットの管区指導者〔カール・レンツ〕――国会議員でもあった――は党の役職を辞任したが、十二月中旬追放された。(31) その後数週間、彼は不満分子の会報のひとつに記事を書いて、シュトラッサー支持の党員を結集しようとした。彼とその他の党員は、ヒトラーの「一か八かの戦術」が十一月の選挙で選ばれた国会の解散と党から一層の票を失わせることになるさらなる選挙を余儀なくさせるというシュトラッサーの警告文を公表した。

ナチ党に特徴的なことだったが、その全期間を通じて不満分子たちは、シュトラッサーの辞任に対する非難の矛先をヒトラー個人にではなく、むしろゲッベルスやゲーリングのような「腹心」に向けた。彼らが党指導者を現実から遮断し、奸言によって判断を誤らせたのだとされた。当初不満分子たちは、単にシュトラッサーをヒトラーの側に復帰させるような和解を求めると主張したが、一月中のシュトラッサーの優柔不断な姿勢に不満が募り、彼らの声明は、党がヒトラーの下で追求した路線への抵抗をますます強め始めたのである。

リッペの選挙期間中、シュトラッサーの役割はヒトラーとゲッベルスを大いに悩ませた。一月十日、ドイツ第二の都市ハンブルクにおいて親シュトラッサー感情がナチスの忠誠心を掘り崩しているという気がかりな情報が彼らの許に届いた。[32] ハンブルクの地方指導者は密かにその脱党者に共感していると考えられた。ゲッベルスは日記にこう書いた。「シュトラッサーは次のようなスローガンで戦いたいと思っている。反ゲーリング、反ゲッベルス」。[33] 前週シュトラッサーが大統領ヒンデンブルクと会見したというニュースが一月十二日リッペに舞い込むと、このヒトラーの腹心の最も恐れていたことが裏付けられたように見えた。ゲッベルスは日記で打ち明けている。「シュトラッサーは何か企んでいる。彼はヒンデンブルクと一緒だった……それこそ裏切りだ。彼のことはなんだってお見通しだ。ヒトラーはひどく衝撃を受けている」。[34]

同日の一月十二日、リッペのナチ陣営内部の不和を示す都合の悪い証拠が公になった。[35] ある地方紙は、古参のナチ党員で長年その州の党指導者だった内科医が辞職にあたって書いた怒りに満ちた手紙を掲載した。この内科医は、ヒトラーが進める投票箱によって権力を奪取する戦術は失敗であると断じ、党職員の質の低下を非難した。彼は書いている。あまりにも多くの「小粒の政治的山師、……魔術師の弟子、〔そして〕大言壮語を口にする連中」が、単に民衆を扇動する才能だけで要職に登り詰めており、彼らの「手に負えぬビザンチン主義」〔複雑な秘密主義の体制〕は地方党員を疎遠にした。そして「奴隷根性では自由を求める戦いは戦えない」と警告した。リッペのナチ代表者は公的な声明で、この内科医は一匹狼の不平家であると繰り返し釈明した。実際これに追随して脱党した者はいなかったが、この叛乱の亡霊はナチスの選挙戦の最後の数日間を台無しにしてしまった。

ヒトラーは党内の士気喪失と対決しなければならなかっただけでなく、四〇万の突撃隊内部における不満の増大に直面した。[36] 政治指導部と半軍事組織である突撃隊の関係——隊員のごく一部が党にも所属していた——はしばしば緊張を伴うものだった。突撃隊の指導者の一部は、合法的に権力を掌握しようとするヒトラーの決定に絶えず懐疑的だった。彼らはむしろ突撃隊の武力によって共和国を打倒しようとした。突撃隊と党の軋轢は、ヒトラーが一九三二年のうちに権力を奪取できず、党員数が減少し、以前は突撃隊を納得させていた月給を削減した際に先鋭化した。何人かの突撃隊の指導者が党の政治路線に対して疑念を抱いていることは確かであるように思われた。一九三二年の夏と秋に不満が頂点に達したとき、突撃隊による政治的敵対者に対する暴力的な、しばしば殺人的な攻撃が劇的に増加した。いくつかの事例では、これらの攻撃は地方の突撃隊指揮官によって命じられていた。他の事例では、突撃隊の規律が弱まった結果行なわれた。突撃隊によるテロ行為がとくに頻発して、目に余るほどになった所では、党職員が十一月の国会選挙におけるナチスの甚大な損失は部分的には突撃隊の犯罪行為に対する怒りのためだと腹立たしげに語った。[37] 地方の党職員の多くは、突撃隊が選挙戦に不適切な関与をしたと不平を漏らした。[38] 一九三二年の年末までに、党と突撃隊の関係は明らかに悪化していた。〔一九三三年〕一月初めには、ある突撃隊の高官〔おそらくヴェルナー・フィヒテ〕が党所属でない新聞に記事を載せるという尋常でない手段に訴えた。(39) その記事は、ヒトラーの合法的手段による権力追求路線を非難し、彼にもっと直接的な方法を取るよう求めていた。

リッペの選挙戦の最中に突撃隊の不服従を示す重大事件が起きた。(40) 事件の起きた場所は中央フランケン、すなわち北バイエルンの圧倒的にプロテスタントの多い地方だった。そこは長いあいだナチズムの本拠地のひとつだった。一九三二年後半、フランケン地方の突撃隊指揮官ヴィルヘルム・シュテークマンと中央フランケンの管区指導者ユリウス・シュトライヒャーのあいだで以前にも増して激しい対立が起きたのである。古参のナチ党員で国会議員でもあったシュテークマン――突撃隊の地位は軍隊の将軍に相当した――はシュトラッサーと同じく、党名の「社会主義」という形容詞の部分を重視していた。彼は独断的で打算的なシュトライヒャーと繰り返し衝突した。シュトライヒャーは『突撃者《デアシュトルマー》』の出版者として悪名を轟かせていた。その雑誌はポルノまがいの反ユダヤ主義の雑誌だった。一九三二年後半、シュテークマンが高額の選挙費用を地方の突撃隊に弁済する約束を反古にしたとして管区指導者を告発すると、抗争は先鋭化した。シュトライヒャーは、報復としてシュテークマンを横領罪で訴え、突撃隊の全国司令部を説得して、彼から指揮権を剝奪させた。だが、シュテークマンは、突撃隊の部下の忠誠を頼りに、その命令を無視することができた。

フランケン地方におけるこの抗争は、〔一九三三年〕一月の第二週のあいだずっと新聞の見出しを飾った。(41) シュテークマンの副官のひとりが、ニュルンベルクの突撃隊司令部に乱入し、管区指導者シュトライヒャーに忠実な突撃隊員を監禁し、公的文書を持ち去るという事件が起きた。党本部ではシュテークマンの支持者と管区指導者の支持者のあいだで流血を伴う乱闘が起きた。ヒトラーはシュテークマンからあらゆる権限を剝奪した。そしてリッペの投票日の前日、シュテークマンは党本部に呼び出されヒトラーに会った。彼は党指導者の腹心の部下たちに取り囲まれて、ヒトラーが他人を脅迫するときに常用する怒りに満ちた長広舌に屈した。最後にシュテークマンは、党首に服従するという屈辱的な声明に署名した。そしてその声明はすぐに新聞で報道された。しかしそれは選挙戦目的でなされたもので、この大々的に報じられた和解は長続きしなかった。だが、それはそれでその時点では目的を達成したのである。リッペの有権者は、ナチ陣営では再び団結が図られたと思い込んで投票に向かったからである。

一月十五日日曜日のリッペの選挙結果――第三帝国以前のドイツ最後の自由な選挙だった――はこれまでヒトラーとその党の勝利と見なされてきた。一見したところでは、いくつかの数字がそれを証明しているように見える。ナチスは投票総数の三九・五％を獲得して、選挙を戦った九政党の中でトップとなり、他のどの政党よりも多くの議席――二一議席のうち九議席――を獲得した。これは先の州選挙と比較すれば約七〇％増だった。しかし、ナチスが一九三二年の二回の国会選挙でリッペにおいて獲得した結果と比較すれば、様相は全く異なって見える。彼らは投票総数十万票のうち、十一月の国会選挙より約五〇〇〇票多い三万九〇〇〇をわずかに越える票を獲得したにすぎなかった。彼らは、七月の国会選挙においてリッペで獲得した水準には約三五〇〇票届かなかった。選挙戦で激しく攻撃した左翼政党の地盤を獲得することはできなかったのである。実際、社会民主党は十一月の選挙よりも三〇〇〇票も得票を伸ばした。前回の棄権者を引きつけた点を別にすると、ナチスは主としてドイ

「勝利」。小さなリッペ州で5000票上乗せして大勝利とうそぶいたナチ党に対する皮肉な共和主義派の見解。キャプションには「彼はドイツの鷲を捕らえるために勇んで出掛けたが、リッペの雀の39％を捕獲したにすぎなかった」とある。（ベルリン日刊新聞1933年1月19日、#31）

ツ国家国民党を犠牲にして利益を得たのである。同党は十一月の得票の四〇〇〇票近くを失った。ナチスはマルクス主義をリッペから消滅させると豪語していたにもかかわらず、左右の政党間の均衡は本質的には変化しなかった。

リッペの有権者に対してナチスが総力を挙げて戦った選挙戦と、彼らがそこで享受した多くの利点を勘案して見れば、結果は素晴らしかったなどとはとても言えるものではなかった。客観的には、ヒトラーの党はその没落を食い止めたとは言える。しかし、それは十一月の敗北を十分に埋め合わせることにはならなかった。いずれにせよ、そこでナチスは五〇〇〇票を上乗せしたが、州としてのリッペの規模が極端に小さく、特殊な地域であるということを考慮すれば、それが一九三二年の二回の国会選挙のそれぞれにおいて投票した三千五百万以上のドイツ人の民意を反映したものである、というナチスの主張は怪しげなものである。近くのパーダーボーンのカトリック系の新聞は、ナチスがこの選挙を民意の表れと見なす試みを否定した。[42]「なぜかって？　ナチスはリッペで成果を挙げるために全選挙区に強力な圧力をかけたが、ドイツのいかなる政党もナチスがリッペで行なったのと同じような力を発揮することができないからである。すなわち、A多額の資金、B多数の演説家、C多数のテント・自動車・バイク・拡声器――を所有していないのである」。[43]フランソワ＝ポンセ大使は、同じ理由から「結果にはどこか不自然なところがある」と判断した。共和主義的な新聞、ベルリン日刊の聡明な論説委員テオドア・ヴォルフは、この点をさらに生き生きと表現した。「事実、ヒトラーはリッペで英雄的な戦いをしたが、剣の小柄に蝿一匹しか刺して戻らなかった」。[44]

こうした明敏な観察者の言をもってしても、ナチスがリッペでの勝利をドイツ国民全体の意向であると主張するのを阻止することはできなかった。党の民族的観察者は以下のように宣言した。この選挙結果の政治的意義は、「大衆の全般的気分を表す基準として、どれだけ高く評価してもしきれない。それは大衆を納得させる方法で、ナチスが後退しているという敵対者の主張を論駁するばかりでなく、党の停滞は完全に乗り越えられ、新しい上昇・発展が始まったことを論争の余地なく証明するものである。ナチスの波は再び上昇し始めた。……以前にも増して弱腰の妥協をしているときではない」。[45]

ゲッベルスはタブロイド誌、攻撃で、リッペは決して政治活動のための主要な舞台ではなく、どちらかといえば選挙分析の対象というよりは、典型的なナチ宣伝のための場だったと述べた。「この小さな塹壕の一角から共和国に対する攻勢が開始され、再び一般大衆の大変革の動きが始まった。それが決して停滞することのないよう注意しなければならない」[46]。ゲッベルスは選挙結果について、ヒトラーが「一か八かの戦術」に合致しない政権参加を繰り返し拒否したことが正しかったと主張する。不倶戴天の敵シュトラッサーを名指しこそしなかったが、ゲッベルスはナチスの勝利を引き合いに出して、「我が党の周辺にあって知ったかぶりをする者」を嘲笑した。当のシュトラッサーは、ナチズムはすでに成長を止めており、獲得したものを保持するために妥協を図って解決すべきであると判断していた。ゲッベルスは「リッペの選挙はこの敗北主義者に厳しい教訓を与えた」と主張した。「矯正不能でない限り、彼らはいまや繰り返し反省して、指導者が断固たる姿勢を維持すれば、一般大衆は決して動揺することはないということを確認するであろう」。いつものように虚勢を張って、この将来の宣伝大臣は自画自賛してみせた。ナチスが再び選挙で勢力を持ち直したことは、シュライヒャー首相が国会を解散すればナチスはさらに得票を減らすとはもはや考えることができないということを意味すると。

リッペにおけるナチスの勝利には怪しげな自画自賛的側面があったが、それはヒトラーにとっては間違いなく重要な利益となった。絶好の機会にもたらされた選挙の成功は、ヒトラーの非妥協的態度が全面的権力への道を開くのであり、その見解を取らなかった人びとに疑いの目を向けさせることになる、というナチ陣営においてはしぼみがちだった期待を蘇らせた。ヒトラーはこの機会を機敏に利用した。いつものように、ヒトラーはリッペでの賭けは成功するという微動だにしない自信に満ち、投票に先立つ一月十五日午後開会の大会に向け、ナチ職員を全国からヴァイマールに召集し、このことを繰り返した[47]。もし選挙が失望するような結果に終わったなら、彼は——彼らの支持がなければ、党の絶対的な支配を保持することを望むべくもなかった――そうした党員たちと実に収拾困難な状況の中で向かい合っていた筈である。彼は十分に承知していたが、それらの党職員たちの中には、まだ彼の「一か八かの戦術」を疑いの目で見ていたグレゴール・シュトラッサーの信奉者たちもいた。リッペの選挙結果が明らかになる前の一月十五日午後、ヒトラーはヴァイマールに到着した参加者に挨拶して、選挙はナチズムがもう一度上昇することを証明すると自信たっぷりに予言していた。

リッペの選挙結果に関する予言が的中したことを誇るため、ヒトラーは一月十六日月曜日、管区指導者、すなわち党の地方指導者の非公開の会合で演説した。[48] 地域で党務を幅広く自主的にこなす管区指導者は全国組織の要だった。彼らの忠誠なしにはヒトラーは党内に渦巻く不穏な動きと戦うことは望めなかった。したがって、ヒトラーは聴衆を味方につけることが重要だった。ナチスの流儀にしたがって、その指導者の演説後はいかなる形式的な議論もなく、投票も行なわれなかった。成功するかどうかは、彼の言葉への聴衆の反応にかかっていた。ゲッベルスが「無愛想な非妥協的態度で」と記したメモに基づいて、ヒトラーは管区指導者たちを前に三時間に及ぶ長広舌を開始した。[49] その演説は、自分の条件で首相職を要求する固い決意に疑いを差し挟む余地を与えなかった。それから彼は切り札を切った。届いたばかりのリッペ「勝利」のニュースで有利な立場に立ち、ついに生涯の盟友だったグレゴール・シュトラッサーとの関係を清算する決意を固めた。彼はそうした行動を取るための下地を準備していた。その前の週、彼はシュトラッサーが作り上げたナチ労働者組織の指導者をリッペに集め、彼らがヒトラーの将来の計画において重要な役割を果たすことになると持ち上げたのである。いまやシュトラッサーへの怒りを完全に爆発させて、彼は背教者シュトラッサーを裏切り者とあしざまになじり、何年にも遡って彼の数多くの違反行為を非難した。

ナチ党指導者は、彼自身の戦術を疑う者は誰でも、面目を失ったシュトラッサーと同類であると暗示して、見事に管区指導者の不満分子たちの息の根を止めた。ほんの数日前、ゲッベルスは日記に、シュトラッサーがシュライイヒャー内閣で地位を得て、ナチ運動を裏切るのではないかという危惧の念を書き記していた。いまや彼は小躍りして、ヒトラーのシュトラッサーへの痛烈な非難に対する管区指導者たちの反応を記録している。「結局、誰もが熱狂した。ヒトラーは全面的勝利を勝ち取った。シュトラッサー事件は終わった……哀れなシュトラッサー！　彼の最良の味方は彼に背を向けた……誰もがシュトラッサーを見捨てた」(50)。ヒトラーの一言一句を吹聴する通常のナチスの手法とは明らかに異なり、党新聞はヴァイマールでのヒトラーの演説を掲載しなかった。ヒトラーは、シュトラッサーに対する酷評を秘密にすることによって、明らかに、自陣営の分裂が公的に暴露された場合の打撃から党を守ろうとした。しかし、数日のうちにフォン・シュライイヒャー首相は、ヒトラーのシュトラッサーとの決別の言葉を知ることになる(51)。

ゲッベルスが歓喜したのには十分な根拠があった。事実、シュトラッサーは完全に再起不能だったからである。ヒトラーのヴァイマールでの演説は両者の和解の可能性に終止符を打った。おそらくシュトラッサーも、ヒトラーに挑戦するという考えをずっと以前から放棄していたのであろう。たとえ彼が実際にそうした反ヒトラーの路線を真剣に考えたとしても、バイエルン地方の小さな町の出身で、かつて薬剤師だった冷静なシュトラッサーには、ナチ党指導者に挑戦するために必要な利己心と権力への意欲が欠如していた。彼はまた、ヒトラーがナチズムには欠くことのできない存在であると考えており、身を苛むような葛藤に苦しんだ。[52] さらにナチスの大義を信じていた者として、シュトラッサーは、自分を預言者かつ救世主と見なす人物に背を向けることはできなかった。一月の第三週の終わりに、彼は素直にゲーリングの許に出向き、二年間政治活動から身を引くことに同意した。[53] ヒトラーが権力を握った後、シュトラッサーは政治から一切手を引き、ベルリンで薬局を開いていた。[54] 一九三四年六月末、「長い匕首の夜事件」として知られる流血のナチ粛清事件の際、ヒトラーを無名の存在から独裁者にのし上げるのを助けた彼は、独裁者に仕える連中によって殺害された。[55]

リッペとヴァイマールでの成功に気をよくして、ヒトラーは政治的展望が拓けたことを早速利用するつもりでベルリンに向かった。ヒトラーは一月十七日火曜日、ヒトラー内閣に対する保守党の支持を期待して、ドイツ国家国民党の指導者アルフレート・フーゲンベルクと会談した。二人は厄介な関係にあった。[56] フーゲンベルクは、ナチスを危険なまでに急進的な社会的経済的観念を持つ暴徒集団と見なしていた。その一方で彼は、ナチ党が大衆動員において自党よりはるかに勝っていると認識しており、共和国政府を打倒し、右翼の権威主義的政府樹立のためにこの運動を利用しようとした。これに対してヒトラーは、フーゲンベルクとその党が成功の見込みのない反動集団であり、ドイツ社会が急進的な改革を必要としていることを理解できない連中と見ていた。だが、彼はドイツ国家国民党が役に立つ可能性もあると考えていた。彼らは影響力のある保守層において一目置かれていたのである。

一九二九年、フーゲンベルクはヒトラーに重要な援助をした。その試み自体は失敗に終わったが、戦勝国へのドイツの賠償支払いの条件に関して、政府が承認した改定計画に反対する国民投票を支持する右翼委員会にその名を連ねさせることによって、ヒトラーに社会的信用のある地位を与えたのである。ナチスが選挙で成果を挙げたことによって、ドイツ国家国民党はすぐに数百万ものかつての有権者を奪われることになったにもかかわらず、フーゲンベルクは引き続きヒトラーを迎えようとした。一九三一年秋、両者は大々的に宣伝されたバート・ハルツブルクで行なわれた反共和主義の大会に参加した。親共和主義者たちは、右翼勢力の統一した「ハルツブルク戦線」が結成されるのではないかと懸念したが、ナチ党とドイツ国家国民党はすぐに不仲になった。一九三二年の大統領選の際、フーゲンベルクがヒトラー支持を拒否したために溝は深まった。同年夏、ヒトラーは、フーゲンベルクとドイツ国家国民党がパーペン内閣を支持したとして、彼らを非難した。七月の国会選挙では、ナチスはフーゲンベルクの党に甚大な損害を与えた。それでも十一月の選挙では、ナチ党を無責任な急進主義者と非難することによって、ドイツ国家国民党はナチ党に流れたかなりの票を取り戻すことができた。ナチ党はなお最大の勢力だったが、ナチスが敗北したことによって、ヒトラーはより御しやすくなるだろうと期待して、フーゲンベルクはヒトラーとの和解の方策を探ろうとした。両者は十二月に秘密裏に会合を持ち、リッペの選挙戦のあいだ、フーゲンベルクはナチス攻撃を控えた。(57)

一月十七日のヒトラーとの会談の四日前、フーゲンベルクはフォン・シュライヒャー首相と会談していた。(58)その会談では結論は出なかったが、フーゲンベルクは、自らを全国的な経済政策への統括権を持つ閣僚に登用するという調整案に期待をかけて会談を終えた。したがって、フーゲンベルクはナチ党指導者の首相就任を支援する見返りとして、ヒトラーが提示した閣僚ポストには反応しなかった。(59)

逆に彼は、自分と一緒にシュライヒャー内閣に入閣し、議会主義ルールへの逆戻りを共同で阻止しようとヒトラーに提案した。ヒトラーとしては、首相職への自分の要求を曲げることはできなかった。しかし、もし「マルクス主義」を、すなわち社会民主党と共産党を粉砕するために自警団方式を利用することがナチスに許されるなら、ヒトラーはシュライヒャーを国防相として受け入れる用意があることを認めた。フーゲンベルクが、大統領フォン・ヒンデンブルクが反対しているので、ヒトラーの首相任命は論外だと指摘したが、ナチ党指導者は大統領を軽蔑して、「八〇の文章からなる政治的語彙が録音されたレコード盤」だと非難した。[60] フーゲンベルクがヒトラーは首相になる機会はないと主張したのに対して、自分はこう答えたとヒトラーは後にゲッベルスに語った。「馬鹿げた話だ。反対している連中は［ヒンデンブルクの］調教師たちだ」[61]。ヒトラーとフーゲンベルクの会談は、二人の右翼指導者をなお隔てたままで終わった。

ヒトラーは前首相フランツ・フォン・パーペンとさらに会談を重ねて、彼の支持を獲得する方策を探り続けた。彼は仲介者として、後に彼の内閣の外相となったシャンパン商人ヨアヒム・フォン・リッベントロップを頼りにした。[62] 陸軍将校だったリッベントロップは、政治的野心を持ち、社会的上昇を貪欲に求めたが、上品な作法以外には取り立てて才能のない人間だった。ゲッベルスがかつて辛辣に述べたように、彼は自分の名前を買収し、金銭目当ての結婚をした。[63] 彼は零落したが貴族だった親戚を説得して、年金補助の見返りに養子となり、自分の名前に欲しかった「フォン」の称号を加えることができた。それから彼は、ラインの裕福なシャンパン製造業者の娘を妻に迎えた。一九三二年夏、リッベントロップは仲介者として尽力すると提案して、ヒトラーと首相フランツ・フォン・パーペンに取

1月後半、ヒトラーとパーペンはシュライヒャー首相に対抗する同盟を結成するため、シャンパン商人ヨアヒム・フォン・リッベントロップ（挿入写真）のベルリンの邸宅で再度会談した。彼は後にヒトラー内閣でドイツ外相となった。（UB）

り入った。[64] 彼はパーペンとは第一次世界大戦中トルコで知己の間柄だった。当時ヒトラーは、リッベントロップを利用することはなかったが、リッベントロップは、ナチ党に入党し、自分が党指導者のために尽力する人間であることを理解してもらった。

一月、ヒトラーの側近がリッベントロップにパーペンとの秘密会談の調整を依頼したとき、彼ははやる思いでそれを受け入れた。[65] 早くも一月十日、パーペンには交渉を開始する用意のあることが分かった。そのときヒトラーは、リッペでの選挙戦の間隙を利用して、ベルリンで一日を過ごしていた。ヒトラーはリッベントロップにリッペの選挙結果が判明するまで待つよう指示した。[66] 一月十八日正午、ヒトラーは突撃隊指揮官ハインリヒ・ヒムラーとエルンスト・レームを伴って、ベルリンの瀟洒なダーレム地区にあるリッベントロップの別荘でパーペンと昼食をともにした。

一月十八日、ヒトラーはリッベントロップ邸で昼食を取りながら、再度首相職を要求した。[67] リッペの選挙結果を背景にして、彼はいまや自分がパーペンの率いる内閣で従属的パートナーになるいかなる可能性も決して認めなかった。前首相は、自分はヒトラーを首相に任命することに反対している大統領を説得できるほどの影響力は持っていないと反論した。一週間前のケルンにおけるのと同様、パーペンは自分が首班となり、ナチスによって支持される反シュライヒャーの共同戦線を提案した。だが、これはヒトラーにはなお受け入れがたいものだった。結果として、パーペンとの会食は、前日のフーゲンベルクとの意見交換と同様、成果のないままに終わった。前首相とナチ党指導者は、再度の会談のはっきりとした予定も立てずに別れた。ナチスは再びその会談を極秘にしておこうとした。[68] そしてナチスは、ヒトラーが一月十八日にどこか別の場所で昼食を取ったという記事を流し、後には自分たちの指導者がパーペンと接触したことに関しては一切知らないとした。にもかかわらず、何人かの記者がその会談を嗅ぎつけ、すぐにその記事を掲載したが、そうした記事はほとんどの場合、細部については不正確な記述で粉飾されていた。[69]

フーゲンベルクならびにパーペンとの会談が結論に達しなかったことは、党を襲う危機と戦うにはまだ不十分だとヒトラーに痛感させた。緊急の財政難はあらゆるレベルでナチ党指導者を苦しめ続けた。一月中旬、ベルリンのアメリカ大使館の代理公使は、ヘルマン・ゲーリングの「信頼できる副官」が「アメリカでのナチ党への貸付の可能性に関して」接触してきたと報告している。[70] ナチ党機関紙は予約購読者を失い、街頭販売も落ち込んだ。[71] 数紙が破産し、記者への給与の未払いが騒動の原因となった。全国のナチ職員は収入を失い、債権者に悩まされた。縁故主義と財政上の不正行為への告発が頻発した。[72] いくつかの地方では緊張が高まった結果、地方組織は解体寸前に追い込まれていた。

これらの困難な状況は、ある程度は隠すことができたが、突撃隊内部で新たな叛乱が勃発した際にはそうは行かなかった。リッペの選挙の前夜にヒトラーが背教者ヴィルヘルム・シュテークマンと和解してわずか一週間後、そのフランケンの突撃隊員は再び離反した。彼はシュトライヒャーに対抗する旨を宣言して、独自の半軍事組織をつくった。そこには中央フランケンの六千人から七千人の突撃隊員のほとんどが参加した。ヒトラーはシュテークマンを追放した。これまで稀にしか発生しなかったナチ陣営内の叛乱を見ると――それは党が権力を獲得する過程で起きた――ヒトラーの破門宣言は首謀者たちを孤立させ、無力化するのに十分だった。だが、いまや多くのナチスが士気を失っており、シュテークマンはヒトラーの破門に巧みに抵抗し、彼を支持するフランケン地方のほとんどの突撃隊員の忠誠を保持していた。[73] 彼らもまた公式に非難され追放されたが、抗争はさらに拡大した。地方のナチ組織は、シュトライヒャーかシュテークマンかどちらか一方の管区指導者についたため、中央フランケンのかつての本拠地において、党は組織として効果的に機能することができなかった。

シュテークマンは当初、自分の争いは単に問題の管区指導者との争いであり、ヒトラーとではないと慎重に明言した。しかし、破門された後の公式声明では、叛乱の根底にあった理由は、ヒトラーの政治路線への疑念だったと明らかにしている。古参兵だった他の多くの突撃隊指揮官たちと同じく、シュテークマンは長いあいだ、選挙で権力を掌握するというヒトラーの戦術には懐疑的だった。彼は権力闘争の最終段階で戦闘に加わることを期待して、自分の命令下にある突撃隊を訓練し、準備していたので、ヒトラーの合法性路線による優柔不断な態度に苛立っていた。一月二十四日、参加者の多かったニュルンベルク大会で、シュテークマンはその戦術を非難する一方、党指導者を個人的に攻撃することは避けた。彼は支持者たちに「ナチ運動の歴史的瞬間は失われた」と語り、さらに党は「これからも選挙では敗れるであろう」と予言した。[74] 彼は、合法的手段で権力を掌握することを期待してきた大衆は不信感を抱きつつあると警告した。シュテークマンは、突撃隊が党の単なる「消防隊」や「宮殿警護隊」であってはならず、「合法性への熱狂」を追求する代わりに、闘争が「もっと野蛮で革命的な方法で」戦われるべき時がやって来たと主張したのである。

シュテークマンの叛乱は、一九三三年一月にナチ突撃隊員のあいだに広がっていた不穏な空気を反映したものであり、数ヵ月前から積もり積もった不満の結果だった。党から追放された後、シュテークマンが始めた支持を求める訴えは、多くの地方から好意的な反応を受けた。[75] ヘッセン州では、突撃隊による叛乱が繰り返されたため、突撃隊員が大量に脱退したり、追放されたりした。[76] シュテークマンの叛乱と同様、ヘッセンの不満分子が突撃隊を去って、自ら半軍事団体を結成した。[77] 一月中旬、ヘッセンの都市カッセルの警察は、ナチ地方指導者の財政上の不正に抗議して地方突撃隊司令部を占拠した不満分子を排除するために介入せざるを得なかった。その直後、シュトゥットガルトの突撃隊員のための宿泊所と給食施設は、資金が着服されたという訴えの最中、閉鎖されざるを得なかった。[78] 一月二十一日、ミュンヘン警察は、同地の突撃隊が急速に凋落傾向を示していると報告した。[79]「十二月には三五人を下らない隊員が、一月には一五人が突撃隊第一部隊から追放された。彼らはもはや義務を果たしていなかったからである」。

ベルリンでは、突撃隊内部のグレゴール・シュトラッサー支持者が――彼らは期待し続けた――党指導をめぐってヒトラーに挑戦する人物からの指示を一月中待ち続けたが無駄だった。[80] 不満を募らせた突撃隊員の一部は、共産党員や社会民主党員との流血の市街戦に捌け口を見出した。それは一月中変わることなく続いた。突撃隊はまたいくつかの地域で、特別選抜された守備隊である親衛隊と衝突した。[81] 親衛隊のエリート気取りと、突撃隊の褐色シャツを黒の制服に変えたいと願う隊員を勧誘する親衛隊指導者の手口が原因で、親衛隊は圧倒的に平民的な突撃隊の不満の格好の標的となった。ザクセンの都市マイセンで、親衛隊の一組織がそろって辞めるという事態が起きたとき、親衛隊も士気低下は免れなかった。[82] 幻滅した突撃隊員は様々な地方で、隊を離れたり共産党に移行したりした。[83] 共産党は彼らを自分たちの半軍事組織に喜んで迎え入れた。

これらの突撃隊の士気低下の兆候に加えて、前年十一月の国会選挙におけるナチスの重大な損失を真面目に吟味すれば、党の未来への展望はますます悲観的とならざるを得なかった。党は労働者を獲得しようとして秋のあいだ、社会的急進主義に力点を置いた選挙戦を戦い、パーペン内閣を富裕層と特権階級の道具であると非難した。結果は、せいぜいのところ最小限の労働者を獲得することができたのみで、それ以前の投票で党の華々しい台頭に重要な貢献をしたドイツ中産階級の離反を招いた。このことは将来、左右いずれに振れようと、ナチスの票のみが犠牲になりかねないことを意味していた。

ナチ党内の極秘の選挙分析は、十一月の選挙で敗北した結果、党は得票の限界に来ていると結論していた。[84] 十一月に党を見捨てた有権者はナチスの大義を信じていなかった層だったというナチ職員に広く見られた認識を分析は裏付けた。社会情勢一般に対する抗議から、あるいはドイツ問題の早急な解決を期待して、以前はナチ党に投票した日和見主義者たちは、その関心と忍耐を、あるいはその両方を失ったのである。これらの悲観的な事実を確認した上で、党内の選挙分析は以下の結論に達した。「もう一度選挙があってはならない」。もしナチスがもう一度有権者と向かい合わねばならないとすれば、「結果は火を見るより明らかである」。その分析は将来を見据えてこう警告していた。「もはや言葉、プラカード、パンフレットをもってする段階ではない。いまや行動しなければならない」。だが、どのような行動を取るべきかについては語られなかった。ヒトラーがなんとか政治的変化を引き起こしてくれる、彼が「実行力のある人物としてドイツ国民の前に現れる」という期待の表現以外には……。

ナチスが山積する困難を抱えていたということは、政府筋でも気づいていないわけではなかった。一月十九日、幅広い情報網を持つ老練な外務省の事務次官は、ワシントンのドイツ大使にナチ党の状態を明確な言葉で書き送った。[85]「ナチスは全く上手く行っていない。党組織はひどく動揺しており、財政状態はかなり絶望的である。一部では、状況次第で党は急速に解体に向かうと懸念されている。解体の速度が非常に速いので、有権者を再び獲得することは不可能であろう。そのため多くの者が共産党に流れることになる」。一ヵ月前、ミュンヘンのオーストリア総領事は、ナチズムは既存の秩序を否定することで維持される運動であり、この党は現実の政治にいかに参画すべきかという態度決定の問題に直面して分裂すると予言した。[86]この時点では、ナチスがドイツ問題に対していかなる実践的な対応を取ろうとも、それは「終わりの始まり」であると見なす見解が優勢になっていると彼は述べた。

おそらく一九三三年一月のナチ陣営の危機がどれほどのものであったかを正確に判定することはできないであろう。党職員が外部に知られないよう努力したので、不満の多くはほとんど記録に残されなかった。ヒトラーがその月末に突然首相になったとき、ほとんどの不満分子は、おそらく自分たちの証拠を隠し、勝利の分け前の争奪戦に参加した筈である。残存している証拠をつぶさに検討すればナチ運動内部の騒動を明らかにすることができるかもしれない。不満の大部分は地方の党指導者に向けられていた。これはヒトラーを個人的には擁護することになったが、全体としては党の活力を弱めた。残存している証拠によれば、とりわけナチスの指導的な不満分子たちは、リッペの「勝利」に感銘を受けていなかったことがはっきりする。[87] 彼らは年季の入った政治のベテランであり、そこでの選挙結果については「実際には何の意味もない安っぽい宣伝上の勝利」と現実的に見ていた。突撃隊の歴史の専門家〔コナン・フィッシャー〕は「ヒトラーの権力掌握が文字通り一夜にしてその運命を変化させる直前、突撃隊は崩壊寸前だった」と書いている。[88] ナチスが弱体化していることを示す他の証拠とともに、この専門家の所見は、首相職を手中に収めたことがヒトラーの指導に対する山積する不満に終止符を打ったと示唆している。すべてを一変させるような思いがけない幸運がなければ、権力奪取に失敗したことに対する絶えざる不満や失敗が、おそらくナチ党指導者の政治路線への一層の幻滅を生み出していただろう。

一月中旬、フーゲンベルクならびにパーペンとの会談が成果なく終わった後、ヒトラーは党内の士気低下を阻止しようと、ナチ職員の士気を高めるための一連の演説を開始した。一月二十日、党の制服となっていた疑似軍隊式の褐色の上着、黄褐色の乗馬ズボン、黒の長靴という出で立ちで、彼はベルリンの屋内スポーツアリーナ、スポーツ宮殿において、ベルリン地方組織の職員を前に次のように訓示した。[89] 職員たちはやがて来るべき数世紀のためにドイツ国民の将来を決定する闘争に参加したということを忘れないように。プロイセンが前世紀に国民的統一を実現するため国の分裂を克服したように、ナチ運動はドイツを分裂させる政党と利益集団を打破する力を提供することになる。そしてナチズムの敵対者に対して、彼は次のような挑発的なメッセージを発した。「諸君はわれわれを殴ることはできるだろうが、決して敗北させることはできない。われわれは繰り返し闘い、われわれの旗を見捨てることはない。私の使命は絶えず運動の旗手として前進することである。運命が私を生かす限り、私はこの旗を担う。決してそれを放棄したり、見捨てたりすることはない」。彼は聴衆に、指導者が動揺することなく決然としていれば、党は勝利すると断言した。いつものように、ヒトラーにとって政治は、最終的には意志の力の問題だった。

ヒトラーが修辞的言辞を弄して、虚勢を張ったにもかかわらず、演説の基調にはどこか防衛的な側面が見られた。彼は、党が後退を余儀なくされたことは認めたが、妥協を、あるいは彼の言葉におけるように「原則を戦術的ごまかしにすり替えること」を拒否した。彼は、重大な局面にあって党員に、自分たちは「国民の良心を体現している」ということ、そして決然としていなければならないということを思い起こすよう警告した。「敗北主義の隘路を打破」するために必要な「英雄的な決然たる態度」を奮い起こさなければならない。ヒトラーはシュトラッサーの名前に言及することは避けたが、この背教者である副官と、彼に共鳴したナチスが、これらの脅迫的な言葉の標的だった。運動を成功させるには団結が絶対に必要である、そうヒトラーは聴衆に警告した。そして彼は、よきナチとはどういうものであるか思い起こさせた。「党友たちよ、同じ人種の仲間たちよ、諸君はここに足を踏み入れた瞬間、諸君の意志を他の何百万の意志とひとつにし、諸君自身を偉大な意志と一体化させねばならない。諸君は一人前の男となり、たったひとりの指導者に自らを委ねなければならない」。彼は、至高の指導者である自分でさえ誤ることはあると認めたが、聴衆に、結局大切なのは「誰が最も誤りを少なくするか」ということだと納得させた。ナチスの敵対者の抵抗はナチスを強化するだけだ。抵抗を打破することによって、ナチスは自分たちの「最終的勝利」のための正当性を獲得すると彼は断言した。

その後数日、ヒトラーはナチ職員の集会で、自らへの盲目的な信頼を訴えた。フランス大使フランソワ＝ポンセはパリへの特電で、ヒトラーのスポーツ宮殿における演説を解説しながら、上品な口調で懐疑的な見解を述べている。[90]「ヒトラー氏がどの程度個人的確信を表明しているのか、宣伝の必要からそう述べているのか判別するのはたしかに難しい」。大使の判断では、ナチ党内の重大な危機は克服されたどころではなかった。そして大使は、ヒトラーが兵士を団結させておく最良の方法が彼らを興奮状態に保つことだと決断していたかどうかは怪しいと考えていた。

一月後半、ヒトラーは不安定な立場に置かれていたが、それに対するヒトラーの反応の注目すべき側面は、気力をくじかれるような環境にもかかわらず、彼が維持した平静さだった。権力への「一か八かの戦術」が成果を挙げる兆候をもたらさなかったにもかかわらず、そしてその結果、彼の生涯の唯一の目的となっていた運動を危険にさらしたにもかかわらず、彼は動揺しなかった。ドイツを指導する運命にあるという彼の不動の信念――それは彼の多くの支持者たちに盲目の信頼を吹き込んだ――がストレス状態にあった彼を見捨てなかった。失敗という考えを受け入れることができなかったので――彼は確信していた――いずれすぐにも手に入るであろう権力を自信満々で待ち続けたの

ホテル・カイザーホーフの喫茶室（UB）

である。その間、彼は自堕落な半ボヘミアンの生活を送った。彼はその政治生活を通じて通常の生活の制約を受けることがなかったから、そうした生活を送ることができた。午後のコーヒーの時間には、彼はたいてい崇拝者と側近で一杯のテーブルを仕切っていた。ベルリンではこれらの集まりは、上品に飾り立てられたカイザーホーフの喫茶店で催された。そこはベルリンの彼の宿泊所だった。腹心の部下と様々な取り巻きに囲まれて、夕べの集いは通常深夜から夜明けまで続いた。[21]

フーゲンベルクならびにパーペンとの会談が結論に達せず、その政治的運命が不安定な均衡の中にあったにもかかわらず、一月十八日水曜日の晩、ヒトラーは新しい映画を見に出掛けた。それはちょうどベルリンで封切られた《反逆者》だった。[22]それはナポレオンがオーストリア領のチロル地方を占領したことに対する学生のメロドラマ的なレジスタンスを扱ったものだったが、ヒトラーを「熱狂させた」。同伴したゲッベルスは、ヒトラーがその映画に非常に興奮したので、翌日の夜も再度鑑賞に出掛けたと日記に書いている。おそらくヒトラーは、この英雄の物語に自分自身の闘いを投影したのであろう。熱烈な愛国心と熱弁によって、その英雄は貧しい出自から身を起こし、外国の抑圧に対抗して、彼の国民が最終的に勝利するナショナリズムの蜂起を指導することができた。ヒトラーと同様、この映画《反逆者》の主人公も妥協を拒否した。彼は躊躇うことなく大義のために殉死し、後に著名な映画評論家が述べたように、「敗北するかもしれないが、降伏はしない」展望を示した。[93] この虚構のチロルの学生の熱狂的確信がヒトラーに与えた影響は、ヒトラーの自らの運命に対する揺らぐことのない確信が他人に与えた影響と同じだった。《反逆者》は英雄の殉死で終わったが、ヒトラーのこの映画に対する熱狂が消えることはなかった。というのも、彼もまた殉死の覚悟をしていたからである。彼は一月二十日、ベルリンのスポーツ宮殿で支持者に語った。「他の選択肢がなかったから、私はこの仕事を選択したのだ。なぜなら、私が成功するにしても失敗するにしても、私にとってそれが生涯の仕事であるということは自明のことだからである」。[94]

第四章　幻想

ヒトラーが元日の夜、ミュンヘンでワーグナーの《マイスタージンガー》を楽しんでいたのに対して、首相クルト・フォン・シュライヒャーは、ベルリンでジャック・オッフェンバックのオペレッタ《トレビゾンドの王女》を鑑賞していた。(1) 異国情緒豊かな東洋風の舞台装置で演じられる陽気な音楽笑劇が重大局面に達したとき、役者の一人が絶望して叫んだ。「さて、これからどうしたものか?・」。台本にはなかったが、もうひとりの役者が応じた。「新内閣をつくり、国会を解散しよう」。このタイミングのいい即興は観客の爆笑を誘ったが、首相は胸に一物ありそうな渋面を浮かべた。それは首相も政治情勢は安定には程遠いと気づいていることを暗示していた。

いつ終わるともしれないこの国の混乱状態は、多くの政治的暴力行為を伝える日刊紙の報道の中に映し出されていた。それは休日の政治休戦にもかかわらず、大晦日の祝賀気分を台無しにした。この三年、ドイツの街頭を戦場と化した共産党とナチスの流血を伴った暴力沙汰は、ベルリンだけで数十人にのぼる負傷者と約六十人の逮捕者を出した。この日、首都の労働者街を夜遅く歩いて帰宅しようとしていたお針子が、面識のないナチスの突撃隊員によって射殺された。(2) 自転車で逃げ去りながら「ハイル・ヒトラー!」と叫んだこの殺人者は、後に犠牲者を共産党員と取り違えたと証言した。(3) 同日、ベルリンの別の場所で、ナチ党員が十九歳の共産党員をナイフで刺して死亡させた。(4) 他方、ヒトラー・ユーゲントの十六歳のメンバーが、おそらく共産党員と思われる身元不明の暴徒から受けた傷がもとで死亡した。(5) 別の地方でも、政治的暴力行為は衰えることを知らず、新年を迎えた共和主義者たちの楽観主義に暗い影を投げかけていた。

これらの政治的暴力の背景には、三年に及ぶ悲惨な経済不況の結果、広範囲に及んだ物資の欠乏があった。一九三二年半ばから株式・債権市場ならびに他の指標に見られた改善の兆候は、六〇〇万人以上の失業者とその家族にとっては直接の救済にはならなかった。一九三三年初頭にはベルリンの失業者の半分以上が政府の失業保険給付金を受ける資格を失い、地方自治体のわずかな配給に依存するようになったが、それは最低限の生活を維持するのにさえ十分ではなかった。(6) あるアメリカ人記者の試算によれば、当時の配給で生活する三人家族は、一日を小さなジャガイモ六個、パン五切れ、小さなキャベツ一個、キューブのマーガリン一個、子供用の半リットルの牛乳で生活しなければならなかった。(7) 肉は全く食卓には届かなかった。日曜日毎にひとりにつきニシン一匹が配給された。栄養失調、とくに子ども達のそれが緊急の問題となっていた。(8) 食料を買うか住居の賃貸料を支払うか選択を迫られて、多くの人たちは家を失った。(9) そして食料を慈善団体の給食施設に、冬の寒い気候を避けるための避難所を簡易宿泊所や自治体の暖の取れる施設に依存するようになった。まだ仕事を持っていた人たちも、街頭でリンゴや鉛筆を売り歩いたり、仕事を求めるプラカードを掲げて歩き回ったりする人たちの地位に転落するのではないかと心配しなければならなかった。不況は終わりに近づいているように見えたが、不況の影響はまだ色濃く残っていた。

十二月中旬、国民向けのラジオ演説の中で、首相フォン・シュライヒャーは失業者の惨状に対して、二つの単語――「雇用創出!」――を柱とする計画で対処する旨を約束した。[10] 規制緩和をして間接的に雇用を刺激するというパーペンの政策と決別して、新首相は、政府が直接新たな雇用を生む政策を予算化した。彼はまた、都市の失業者を人口の少ない北東地域に移住させる前内閣の政策を加速、拡充することを約束した。そして、組合労働者の抗議を受けて、雇用者が労働協約によって定められた水準以下に賃金を切り下げることを認めたパーペン内閣の法令を撤回すると発表した。同様にシュライヒャーは、失業補償に当たり資産調査を実施したパーペンの政策を廃止し、失業者に社会保険の有資格者として給付金を復活させるよう指示した。彼は、自分は資本主義者でも社会主義者でもないとして、国の経済問題に実践的なアプローチを取ると約束した。その大衆迎合主義的な意図を疑われないように、彼はラジオの前の聴衆に対して「社会的将軍」と呼ばれることに反対しないと語った。その綽名は、将校と兵卒の団結という軍隊の伝統に完全に一致したものだった。

シュライヒャーはまた、ラジオ演説を通して、自分は政治的意図という点では共和国を擁護する立場であると述べて、聴衆を安心させた。彼は、自分は躊躇しながら首相職を引き受けたと述べた。一部には国防相が首相となることで、「軍事独裁の臭いがする」と見る向きもあったからである。彼は聴衆に自分の場合にはそうした懸念には及ばないと納得させた。「私は以前にもそう語ったし、今日も繰り返す。人は銃剣の上では心地よく座っていられない。広範な国民の支持なしでは統治はできないのである」。彼は、パーペンが提案していた改憲については意図的に口にしなかった。自分の考える首相職がどのようなものであるか明確にすることによって、シュライヒャーは、自分は単なる一兵卒であって、「あらゆる住民の利害を調停する無党派の世話役と見なされたい。したがって緊急令の期間は極めて短期間であることが望ましい」とした。彼は「剣を持ち込もうとして来たのではなく、平和をもたらそうとしてやって来た」と付け加えた。統治をどのように行なうのかに関して、首相は「国会に対して強い不信感を抱いているが、国会が干渉せず、誰もが周知の議会主義的手法を取らないで、内閣にその計画を実行するチャンスを与えるよう」希望すると述べた。

シュライヒャーは個人的には国会に対してそれほど融和的ではなかった。彼は自らの目的達成のためには、少なくとも二年のあいだ議会の束縛から自由でなければならないと考えていた。(11) その間、彼はガス抜きのために、国会での審議を二、三ヵ月に一度行なうことを計画していた。内閣の活動に影響を与えない範囲のことである。彼は一般大衆の関心を国家の安全保障問題に向けることで、国内が経済的危機にあるあいだ、この国を極めて深く分裂させていた国内論議を二義的な位置に置くことを期待した。(12) 彼の首相就任直後、第一次世界大戦の戦勝諸国は長い交渉の末ようやくドイツの軍事同権を原則認めるまで譲歩していた。いまや戦勝諸国は、ヴェルサイユ条約の包括的軍縮規定に従うよりも、なお改善の余地のある安全保障体制の中で、軍事同権を保証してドイツの再軍備を容認しようとしたのである。その譲歩が実際問題として正確に何を意味するかは定かではなかったが、シュライヒャーの見解によれば、これは国民皆兵再開への第一歩となる徴兵制に道を開くものだった。(13) 彼は、内閣がこの再軍備の大義の実現に全力を傾け、ドイツの軍事的無力状態を終結させるための政治的信用を勝ち取ることを目指した。

首相に就任して一ヵ月後の一月第一週までは、シュライヒャーはこれらの目標実現という点ではほとんど前進しなかった。彼はパーペン内閣の最も不人気な政策を非難することで、パーペン首相の最後の時期に迫っていた内乱の危機を避けることができた。しかし、一月二十四日に国会再開が予定されており、彼は、パーペンを辞職に追い込んだのと同じ議会で、圧倒的な数をもってする不信任案をいかに回避するか、という問題に直面した。パーペンは、少なくともドイツ国家国民党の支持を当てにすることができたが、シュライヒャーは、政治的には無意味な自由主義群小政党以外には、議会にはまだ確固たる支持基盤を持っていなかった。

組合労働者に対する融和的姿勢によって、シュライヒャーはたしかにある程度の信頼を獲得した。カトリック中央党と密接な関係を保持していたキリスト教労働組合総同盟の指導者たちは、首相の提案に理解を示した。国内最大の労働者組織である自由労働組合〔一九一九年ドイツ労働組合総同盟と改組〕の指導者たちも、雇用創出を目的とした政府の施策を好意的に受け止め、組合員のあいだに広がっていた失業状態に対する救済を期待した。だが、自由労働組合の態度は、シュライヒャーにとって限定的な政治的価値しか持たなかった。緊密な関係にある社会民主党が新首相に対して冷淡なままだったからである。同党はシュライヒャー内閣を軽蔑すべきパーペン政府の単なる延長にすぎないと見なして非難した。社会民主党は、シュライヒャーがパーペン内閣によるプロイセン政府罷免事件に関与していると見ていた。その結果、社会民主党の一二一人の国会議員は一〇〇人の共産党議員たちとともに、政府には断固反対した。しかし、共産党の社会民主党に対する敵意によって、反シュライヒャー内閣という点以外では両党のいかなる協調も論外だった。

ヒトラーを権力から遠ざけておくために、ひとりの著名な社会民主党員がシュライヒャーとの過去の諍いを水に流して、同僚たちに対して挑戦的な態度を取った。一月六日、オットー・ブラウン——長期にわたってプロイセンの州首相を務めた社会民主党で最も老練な政治家のひとり——は首相を訪ねて大胆な提案をした。[14] シュライヒャーがヒンデンブルクを説得して、プロイセンでブラウンの内閣を復活させるなら、ブラウンは首相とともにヒンデンブルクを説得して、憲法に規定される新たな選挙を行なう際、期限を定めずに国会ならびにプロイセン州議会を解散すること、その際両者は春まで緊急令で統治をして、ナチ党を権力の座に近づけないよう協力することを提案した。

オットー・ブラウン（BAK）

ブラウンは、ヒトラーの党がすでに退潮傾向にあると主張した。もし選挙が数ヵ月後に行なわれたら、とりわけ経済が底を打ち改善の兆しが見えてきたので、ナチ党は甚大な損失を蒙ることになる。そうした状況下における新たな選挙は、正常に機能し得る国会とプロイセン議会を生み出した筈である。ブラウンの提案はシュライヒャーによって拒否された。シュライヒャーは、古くからの軋轢に悩まされる中央政府とプロイセン政府との関係を、大統領を説得して修復できるとは考えられないと述べた。彼自身は、前年の夏に大統領を説得して、ブラウンその他のプロイセンの大臣から権限を取り上げさせた際、率先して重要な役割を果たしたが、その時点で最大の共和主義政党である社会民主党と協力する選択肢を排除していたことには言及しなかった。

ブラウンと異なり、シュライヒャーはナチスを弱体化させるつもりはなく、むしろ利用しようと考えていた。彼はなおナチ党の一九六人の議員団を自らの内閣を支持する議会多数派の基盤にするか、少なくとも彼らが政府に反対しないことを期待していた。後に回想しているように、シュライヒャーはナチスとの「一時的妥協」の展望は明るいと考えていた。[15] 一月前半を通して彼はシュトラッサーに焦点を合わせ続けていた。そのシュトラッサーはナチ党におけるかつての地位を退き、一ヵ月前突然イタリアに出掛けて姿を消した。シュライヒャーが十二月中旬、将軍たちとの会合で説明したように、彼は「ヒトラーの賛成を得た上で、シュトラッサー支配下のナチスと共同する」方策を追求した。[16] 彼は将軍たちに一月になればナチスに次の質問をするつもりだと語った。「一緒にやらないか」。もし彼らが拒否すれば、そのときは戦いあるのみであり、国会は解散せざるを得なくなるだろう。彼は続けて以下のように述べた。精神的優位を保持するために、自分はナチスに統治責任を担わせるあらゆる努力をしなければならない。もし対決するとなれば、いたぶるだけでは済まさないつもりである。厳しい戦いになるだろう。しかしヒトラーの党を潰すのは国家の利益にはならない。相変わらず、シュライヒャーはナチズムの野蛮な側面を軽視していた。彼は、ナチズムを自らの目的のために有益であると見なしていて、ナチ党が分裂すれば、共産党に活力と人材を与えることになると懸念していたのである。[17]

このときナチ党指導者たちは、シュライヒャーがシュトラッサーに大臣の地位を提案したのは、ナチ陣営の分裂を期待してのことであると考えた。それは多くの人間に共有され、ほとんどの歴史家に受け入れられた見解だった。[18] だが、実際はそうではなかった。十二月初旬の首相とシュトラッサーの会談は順調に運んだように見えた。同じことは、シュライヒャーが秘密裏にシュトラッサーのために調整した一月六日の大統領訪問についてもいえた。[19] 大統領はシュトラッサーが急進的でないことを知って安堵し、彼を副首相として受け入れることに同意したという。[20] しかし、シュトラッサーが与えた好印象にもかかわらず、実際シュライヒャーが彼に大臣の地位を提案したという証拠はない。また首相が、ナチ党の一部の国会議員の支持を獲得し、ナチ党を分裂させるためシュトラッサーを利用しようとしたという証拠もない。これは当時も今も大いにあり得ると考えられてきている。しかし、状況を政治的に計算してみるだけでも、それはあり得ないことだった。シュライヒャー自身は、ナチ党の一九六議席のうち、シュトラッサーに従うのはせいぜい六〇人程度と見積もっていた。[21] しかし、たとえシュトラッサーがそうした分派行動を促すことに成功したとしても、ナチ議員の六〇票では――中間政党と中央党の右派を合わせても――内閣に反対しない従順な議会多数派を生み出すには不十分であったろう。残りの一三〇人のナチ議員は、一二一人の社会民主党と一〇〇人の共産党とともに、全体で五八四議席の議会に不信任案の動議を持ち出して共同することができたからである。

一月十六日にシュライヒャーが閣僚たちに認めたように、シュトラッサー配下のナチ分派の支持だけでは、議会における内閣の問題は解決しない。[22] シュライヒャーは、ヒトラーの協力があってこそ、国会で望ましい多数派を獲得できると大臣たちに語った。首相にとって重要だったのは、どのようにナチ党指導者に譲歩を迫り、自らが首相でない内閣には断固反対という決意を表明させないようにできるかだった。そのためシュライヒャーは、ナチ党を分裂させる楔としてではなく、ヒトラーを動かす梃子としてシュトラッサーを利用しようとしたのである。その戦術を効果的に実行するためには、シュトラッサーの離脱問題がヒトラーにとって現実的な危険であると信じ込ませなければならなかった。首相にとってシュトラッサーは当面、閣内にあるよりも閣外にある方が一層有益だった。というのも、シュトラッサーを大臣に任命すれば、それは明らかにヒトラーと彼のかつて右腕だった人物を取り返しのつかない決裂状態に追い込み、その結果、内閣に対するナチ党の反対を強化することになるからである。その一方で、シュライヒャーはシュトラッサーが指導するナチ陣営の分裂話を煽り立てた。(23)

シュライヒャーがヒトラーに圧力をかけるために利用したもうひとつの梃子は、新たな国会選挙という脅しだった。一九三二年最後の数ヵ月における選挙の敗北と、党財政の明らかな逼迫状況を見れば、さらに費用のかさむ選挙戦と一層の得票減という見通しは、ヒトラーの気力をくじくものになるとシュライヒャーは考えた。他方、シュライヒャーは、ナチ党の敗北が結果的に共産主義を強化するようなことにならないよう、そうした結果を回避したかった。だが、不信任案が提出されるような事態となれば、国会を解散し再度選挙を実施する命令書を大統領から手配することになると、ヒトラーに圧力をかけるため自分の部下を通じて新聞に発表させた。(24) 内閣に協力するか、不利な状況で再度選挙に打って出るかの選択を回避しようと、ヒトラーが時間稼ぎをしないように、シュライヒャーと側近は、もしナチスが国会の休会延長を支持するか、〔不〕信任投票を延期するなら、首相はそうしたナチス側の戦術を、大統領令による内閣の黙認と理解するとそれとなく匂わせた。(25) それはナチスを内閣の政策に抱き込むことになり、経済的に困難な時期に統治責任を担わずナチスは手を汚さなかったという政治的利点を彼らから奪うことになる。それはまた、ヒトラーが成功裏に培ってきた挑戦的な反対派という輝きを奪う筈である。

ヒトラーが強い調子で、「一か八かの戦術」を公式に断言したにもかかわらず、シュライヒャーは一月前半、ナチ党指導者は譲歩するとの確信を繰り返し述べていた。一月十日、彼は記者団に「ヒトラーは絶望の淵にいる」と断言した。[26]「彼は権力的地位を獲得することもなく、党が分裂し始めていることを感じ取っている」。一月十三日の夜、記者団とのオフレコの晩餐会の際、首相はナチスに関する質問に笑いとともに軽蔑的なジェスチャーで答えている。「彼らの面倒を見てやる」、「彼らはすぐに私の手から食べ物をもらうようになる」。[27] そう彼は記者団に請け合った。そして、自分の目的はナチスに「救済者信仰」を強制的に放棄させ、自分が支配する権威主義的政府を支持せざるを得ないほどに彼らを弱体化させることであると語った。[28] その晩、リッペの選挙について尋ねられると、彼はナチスの展望は暗く、ヒトラーのリッペの選挙戦への参加は、「占い師詣」に似ていると嘲って語った。戦時中の同僚将校によるシュライヒャーの観察は、明らかにこの時点でもなお有効だった。「彼はともすると、困難を克服するのに必要なものを過小評価する傾向がある」。[29]

ヒトラーを飼い慣らせるという首相の確信は、三つの啞然とするような幻想からなっていた。これらの幻想のうち誰の目にも明らかなものは、ナチ党指導者がシュトラッサーに率いられた叛乱と新たな選挙の脅しに慎重かつ理性的に対処するという仮定だった。そうした危機に直面した場合、ほとんどの政治家は、自分たちの損害を防ぐため譲歩し妥協する。だが、シュライヒャーはヒトラーと何度も長時間話し合ったにもかかわらず、ナチ党指導者が尋常な政治家ではないことを見抜けなかった。自分だけがドイツの未来に対して正確な処方を持っているだけでなく、運命は自分の側にあるから敗北することはないとヒトラーが固く信じていたことにシュライヒャーは気づかなかった。最終的には全面的権力を握ると固く確信しており、ヒトラーはシュライヒャーが利用しようと持ち出した類の政治的困難を回避するため、ほんのわずかな譲歩さえするつもりはなかった。首相の戦術は、ヒトラーの内面に関する根本的に誤った仮定に基づいていたのである。

首相の判断を曇らせた第二の幻想は、ヒトラーはなお政治的に孤立しているとする彼の見解だった。首相シュライヒャーはフランツ・フォン・パーペンを過小評価したために犠牲者となったのである。首相は依然としてその男のことを真面目に考えることができなかった。彼はかつてその男を自分の意のままになる道具と見なしていたし、いまなお大失策をやらかした男と見下していた。シュライヒャーはパーペンを二枚舌が使えない人間と見ており、ナチ党指導者をシュライヒャー支持にする努力の一環としてケルンでヒトラーと会談したにすぎないとした前首相の虚偽の主張を真に受けていた。その結果、首相はかつての友人が自分に陰謀をめぐらせていたことに気づかないままだった。とりわけ彼は、自分を首相にした大統領フォン・ヒンデンブルク自身がその陰謀の共犯者であるなどとは微塵も疑わなかった。一月十日——それはヒンデンブルクがパーペンに秘密裏にヒトラーと交渉する権限を与えたちょうど一日後——シュライヒャーはある記者にケルンでのヒトラーの目標は明らかに大統領との接触を図ることにあったが、彼の期待は空しいものだったと語り、さらに「ヒトラーは大統領にほとんど共産主義者のような悪印象を与えた」と語っていた。(30)

シュライヒャーの第三の、そして最も奇怪な幻想は、実はヒトラーは首相職を求めていないというものだった。十二月中旬、シュライヒャーは将軍たちの集まりで、ヒトラーを議会主義内閣の首相に任命するというヒンデンブルクの十一月の提案は全く実現しなかった、なぜなら、ナチ党指導者は「心底では」その職務を望んでいないからであると語った。(31) その疑念は一月までには確たる信念となっていた。フランツ・フォン・パーペンがシュライヒャー内閣のためにしたことだったと語ったケルン会談についての見解を、シュライヒャーが再度信頼して受け入れたからである。パーペンは、ヒトラーがシュライヒャー内閣を支持する代わりに国防相と内相を要求していると偽りの証言をしたが、首相はその主張にヒトラー側の行動パターンを見て取った。一月十三日の夜、彼が記者団との晩餐会で説明したように、ナチ党指導者の要求はすぐにパーペンを通じてヒンデンブルクの耳に入ることを意図してなされたものだった。(32) ヒトラーは、彼がパーペンに語ったことは何でもすぐに大統領に伝えられると承知していた。軍と警察の指揮権を与える省を要求することによって、彼は故意に大統領が許可できないことを要求したのである。これは過去数ヵ月にわたるヒトラー側の行動様式に合致していた。いつでも重大な転機には、ヒトラーは明らかに大統領にあまりにも高い条件を提示してきた。それは、それらの条件が拒否されることを望んでいたからである。シュライヒャーがオフレコで記者団に、そして再度一月十六日——ヒトラーが彼に代わって首相になるちょうど二週間前——に閣僚に打ち明けたように、次の結論は必然的なものだった。将来の独裁者は実際には権力を望んでいない。

シュライヒャーは閣僚や記者にヒトラーは首相職を嫌悪していると理解させようとしたが、彼らもこの点に関して反対しなかった。というのも、首相はおそらく自分たちより一層詳しく状況を把握していると考えたからである。しかもずっと詳しい情報源によって。ベルリンの政治サークルの情報通の多くは、国防相でもあるシュライヒャーは高度に発達した広範囲に及ぶ諜報網を握っていると信じていた。元首相ブリューニングとパーペン、ヒンデンブルクの大統領府官房長オットー・マイスナー、そして少なくともシュライヒャー内閣の閣僚のひとりは、彼らの電話が盗聴されているとうすうす感じていた。[33] しかし、こうした嫌疑を証明するものはこれまで明らかにされていない。シュライヒャーは、実際には十分な情報を自由に操っていたというにはほど遠く、他の政治家たちの態度と行動に関して信頼できる情報が少ないことに悩まされていたように思われる。ナチ党内部で起きていることに関しては、彼の情報は不十分だった。そのことを考慮して、彼はかつてのドイツ王家の皇太子ヴィルヘルムから彼に転送された手紙には特別の注意を払っていた。[34] ヴィルヘルムはそれらの手紙を、ミュンヘンのナチ突撃隊本部であまり重要でない地位にあった六十五歳の退役将軍〔フランツ・リッター・フォン・ヘアラウフ〕から受け取っていた。シュトラッサーの信奉者で皇太子の情報屋だったこの男は、しばしば誤って流される流言とないまぜになったほんのわずかな情報しか提供できなかった。とくに十二月、シュトラッサーがヒトラーと決裂した後ではそうだった。これらすべての兆候から判断すると、首相は一九三三年一月、まもなく彼の後を継ぐことになる男の活動と意図について、あるいはナチ党を襲った危機についてはほとんど知るところはなかったといってよかった。

脅迫という手段でヒトラーの協力を得ることができなかったので、シュライヒャーは一層圧力を強めた。一月十日、彼と報道官は、三人の新しい大臣を任命して内閣の政治的「支柱」にするという構想を発表するため、その内容を検討していた。[35] グレゴール・シュトラッサーには中央政府の副首相と内相ならびにプロイセン州首相が予定されていた。労相にはカトリック中央党の著名な議員で、キリスト教労働組合総同盟の指導者であるアダム・シュテーガーヴァルトが予定されていた。農業と経済の二省はドイツ国家国民党の指導者アルフレート・フーゲンベルクのために取っておかれた。この改造を調整した後でも、シュライヒャーはある記者に自分の内閣は議会主義内閣よりも大統領内閣に留まると述べていた。[36] これら三人の新大臣は、政党との組織的な提携関係に縛られることがないからである。彼はまた、彼らが入閣することによって、彼らの党が内閣に協力的態度を取ることを期待していると示唆した。彼らの党は合わせれば国会で多数派を形成するには十分だった。

これらを新聞に漏らすことで、シュライヒャーは虚勢を張ってみせた。彼は、フーゲンベルクには何の提案もしなかった。その御しにくい政治屋が入閣に同意するなどとは考えられなかったからである。彼はまた、シュテーガーヴァルトにも閣僚の地位に関して打診しなかったし、シュトラッサーとの交渉もまだ詰めることはなかった。彼が強がって見せたその標的は明らかにヒトラーであり、その目的は圧力を強めることだった。シュライヒャーはナチ党指導者を脅迫して内閣への反対をやめさせようとした。もしヒトラーが早々に行動しなければ、かつて右腕だった人物が広範な基盤の上に立つ中央政府の重要な地位を引き受け、利益の多いプロイセン州政府のトップを引き受けるだろう。これらのポストに伴って生まれることになる官職を携えて、シュトラッサーは、ヒトラーに従うことをよしとしないナチスに気前のいい報酬を与えることができるだろう。

ヒトラーへの圧力を強めるため、シュライヒャーの報道官は一月十日付の新聞紙上で、その前の週に行なわれたシュトラッサーとヒンデンブルクの秘密会談の内容を暴露した。[37] 首相はまた記者団を通して、自らヒトラーと会談する意志はないが、話し合いの門戸はいつでも開いていると暗に知らせた。[38]だが、シュライヒャーはまたもや誤算を犯して、ヒトラーがこの切迫した政治的危機に慎重に対処すると期待した。リッペの選挙戦の最中に起きたことであるが、シュトラッサーが大統領を訪問したというニュースは、ヒトラーを一瞬驚かせたものの、首相との面会は要請しなかった。そんなことをすれば、自分は嘆願者の立場になり、重大な不利益を蒙ると彼は明らかに認識していたのである。

一週間もしないうちにシュライヒャーの強がりは全くの見かけ倒しに終わった。事情通の政治評論家は、内閣への支持を獲得しようとする彼の方策に対して、即座に懐疑的な反応を示した。[39]比較的物わかりのいいシュトラッサーのようなナチスさえ入閣させるのは困難だったが、それは別にしても、共和主義的な労働組合主義者シュテーガーヴァルトと組合労働者の不倶戴天の敵である反民主的なドイツ国家国民党のフーゲンベルクを隔てる政治的溝はあまりにも大きく、両者の協力は全くあり得ないと思われた。そしてすぐにその通りであることが判明した。一月十三日の金曜日、シュライヒャーはフーゲンベルクと会談して、彼に農業省と経済省の二省を提案した。[40]だが、フーゲンベルクは、少なくとも一年のあいだ国会に留意することなく、完全に権威主義的政府を樹立することに首相が同意する場合にのみ入閣したいと語った[41]――これはシュテーガーヴァルトの中央党にとっては全く受け入れがたい条件だった。一月十六日月曜日の朝、キリスト教労働組合総同盟の機関紙は、シュテーガーヴァルトがフーゲンベルクとならんで入閣する可能性はないときっぱりと言明した。[42]同日の朝、カトリック中央党の指導者ルードヴィヒ・カース枢機卿は首相を訪問し、同じメッセージを伝えた。[43]その日の午後遅くになって、ヒトラーはヴァイマールでナチ管区指導者たちを前に演説を行ない、グレゴール・シュトラッサーと永久に決別した。

シュライヒャーは数日して初めて、ヒトラーがシュトラッサーと決別したというニュースを受け取った。しかし、一月十六日の午前中までに、フーゲンベルクとシュテーガーヴァルトが犬猿の仲であること、さらにナチスがリッペの選挙で勝利したことが一般に知られるところとなった。したがって、同日午前中の閣議で、首相がリッペの選挙結果について何も言及しなかったこと、そして彼が議会の支持を獲得するためにすでに破綻した構想を自信ありげに披瀝したのは、ひどい情報不足か現実との接点を欠いていたことを暗示している。彼の唯一の現実的な対処は、シュテーガーヴァルトについて言及せず、シュトラッサーとフーゲンベルク、ならびに第三の要員として「中央党の代表」に言及したことである。(44)

一月十六日の閣議から一週間、シュライヒャーが抱き続けてなかなか消え去らなかった期待——ドイツ国家国民党の右派をも自らの内閣の味方につけるという期待——は消え去った。フーゲンベルクは首相から入閣の条件を引き出すことができず、党内右派からシュライヒャーに対して徹底した反対路線を取るよう一層の圧力をかけられた。(45)そこで一月二十日の金曜日、彼は内閣交代を求める強硬な党決議に同意した。(46)その決議はシュライヒャーを「優柔不断な政策と遅滞戦術」を取ったとして非難していた。それはパーペンを首相に任命したとき、大統領フォン・ヒンデンブルクが始めた権威主義的路線を掘り崩す危険があったからである。その決議は、破産した地方の土地を移住者に割り当てる首相の政策を揶揄して、「地方のボルシェヴィズム化の危険」を孕む「社会主義的・国際主義的思考様式への揺り戻し」と見なした。この扇動的な文書は一月二十四日までは公表されなかったが、一月二十一日、ドイツ国家国民党の著名なある議員によって個人的に首相に届けられた。[47]この時点まで来ると、シュライヒャーがフーゲンベルクとその党の激しい敵意に直面していることは疑い得ないことだった。首相自身は、二十一日までには内閣改造の意図も否定するようになった。[48]

シュライヒャーは内閣改造が頓挫する以前でさえ、自らの意図に関して周囲を困惑させるような言動によって自らの立場を不必要に複雑なものにした。一月十三日の記者団との定例晩餐会で、シュライヒャーは、労働組合と共和主義的団体を議会多数派の確保のため抱き込もうとしているという右翼の非難に激怒して反論し、自分の目的は国会に依存しない強力な権威主義的政府の樹立であると主張した。[49]しかしそれは、彼がちょうど数日前に議会の支持を得ようとして内閣改造を打ち出したこととは矛盾したものだった。シュライヒャーはまた同じ晩餐会で、不信任案によって国会を解散する事態になったら新たな選挙を実施するという脅迫を取り下げる旨の発言をした。[50]彼は出席した記者に前年の十一月には誰もが再選を望んだが、いまでは国内の雰囲気は一変したと語った。どの政党も有権者も、企業家も労働組合も、国会が解散になった場合、新たな選挙が憲法に規定された六十日を越えて延期されても反対はしないだろう。三日後の一月十六日、シュライヒャーは基本的に同じことを閣議でも語った。[51]その結果、首相による憲法違反の可能性が新聞紙上で論議の的となった。[52]

新たな選挙を回避する可能性を探るに当たって、シュライヒャーは、彼がパーペン首相のときに二度支持したものの、しかし最終的には反対した構想を復活させていた。おそらく彼は、一月中旬までに以下の認識に達していた。再度の国会選挙はナチ党に甚大な損害を与えるが、自分に有利になるように議会の勢力が変化することはありそうもない。ある時期彼は「大統領党」という新党をつくる考えを弄んだ。[53] その党はヒンデンブルクにのみ責任を負う内閣を支持する手段を与えることになっただろうが、彼はその考えを実行することはなかった。しかしながら、動機が何であれ、シュライヒャーはナチスと議会で提携する努力が失敗した最悪の場合の代案を暴露するという戦術的な誤りを犯した。首相が新たな選挙を回避するかもしれないという報道は、ヒトラーの非妥協的態度を強めることはなかったにしても、他方、もし再度選挙をすればナチスは甚大な損失を蒙るとしてきたシュライヒャー側の自信喪失を示唆することで、非妥協的態度を貫くヒトラーの決意を強めたかもしれない。もしヒトラーが、シュライヒャーが実際に新たな選挙という手段でナチス打倒を決意していたかどうか兆候を探ろうとすれば、そうした兆候は存在していないという明るい見通しを得ることができただろう。

シュライヒャー首相が新たな選挙を回避するかもしれないという報道は、共和国擁護派を大いに警戒させた。憲法違反に対する懸念は、とくに中心的な政党のひとつ——シュライヒャーはその支持を獲得することを望んだ——カトリック中央党の指導者のあいだで強かった。[54] ドイツ帝国初代首相ビスマルクの下で迫害を受けた宗教的少数派の代弁者として、中央党はとくに共和主義的憲法の文言を注意深く擁護する立場を取った。したがって、シュライヒャーがその憲法条項に目にあまる形で違反するかもしれないという可能性は、首相に対する憂慮の念を強めさせた。社会民主党にとっては、そうした可能性は首相に対する疑念を強めさせるばかりだった。[55] 他方、反共和主義の保守派は、首相が憎悪の的となっている憲法と議会制民主主義と決別しようとしているとして、報道を歓迎した。[56] わずか数日後、首相が憲法違反となる選挙延期はしないと公表したとき、誰もが混乱し、首相への不信感は増した。[57] シュライヒャーは自らの不注意で、いまや自分が避けたいと努力してきた政治的孤立を深めることになったのである。

その孤立は閣内にまで及んだ。首相就任時、シュライヒャーは自分に忠実な新大臣の名簿を作成するよりも、二人〔フォン・ガイルとシェファー〕を除いて保守的テクノクラートで構成されたパーペン内閣の閣僚を留任させた。国防省のある若い副官がこれでは前内閣の不人気を自ら背負い込むことになる危険性があると指摘したのに対して、シュライヒャーはこう答えた。「その通り。全く君の言う通り。だが、私は目下のところ彼らなしにはやってゆけない。他には誰もいないんだ」[58]。シュライヒャーは当初から、自らの内閣を単なる暫定内閣と考えており、現職大臣を新たに支持してくれる人物と交代させる考えを隠さなかった。したがって、彼は政治的戦略と戦術を考える際、内閣にその助言を求めることはなかった。頻繁に開かれることがなくなった閣議は、もっぱら決まりきったことしか扱わなかった[59]。まれに政治状況について語った場合でも、彼は大臣たちに自らの意図の一端を垣間見せるにすぎなかった。そのため何人かの閣僚は、彼が目指そうとしていたものを全く誤解していた。

シュライヒャー内閣の士気が低かったのは驚くことではない。閣議における彼の秘密主義と横柄な態度がこれに与った。彼が政府の細々とした問題に没頭することを嫌ったのも同じ結果を招いた。解決困難な問題を扱うに当たって、首相の協力を求めた閣僚はほとんどあるいは全くそれを得られなかった。ギュンター・ゲーレケの場合もそうだった[60]。実行第一を旨とする政府に賛同した精力的で保守的な人物である彼は、雇用創出と地方移住計画を監督する全権委員として内閣に加わった。これらの課題は——首相はそう約束した——首相の最優先事項となるものだった。ゲーレケの課題は、高水準の失業を減らすため政府財源の投入を急ぐことであり、それは依然として国内の緊急課題だった。

ギュンター・ゲーレケ（LbsB）

したがって、一月初旬にゲーレケが計画に支障をきたす官僚主義の弊害を除くよう介入を要請したのに対して、首相がこれを断ったとき、彼はひどく落胆した。

シュライヒャーはまた厄介な通商政策問題も回避した。彼がパーペン内閣から引き継いだ農相と経済相「ブラウンとヴァルムボルト」はこの問題で対立したままだった。食料価格が空前の低価格という状況下、農業関係者は生産者のために政府介入を迫った。とくに農業利害の代弁者は、輸入品との競争を抑えようとして、一層高い関税とその他の非関税障壁を要求した。工業利害関係者はそうした保護主義的手段に対して警告した。それは食料輸出国が、ドイツ工業製品の輸出に対して関税障壁を設けて応酬することがないようにするためだった。農相は農業界と、経済関係の諸大臣は工業界と結託した。議論の細部に巻き込まれないよう、首相は、彼らが和解できない相違であると見なしたものに関しては、二人の大臣に妥協点を見出すよう指示した。(61) 公式には見せかけの合意を維持したが、彼らは舞台裏ではそれぞれ相手を窮地に追い込もうとした。彼らは自分たちの立場を強化するため、辞任すると脅したがあまり効果はなかった。(62) 後に農相は、シュライヒャー内閣での経験を「全くの拷問」だったと述べている。(63)

閣僚の離反よりもはるかに打撃だったのは、シュライヒャーと権力の最終決定権者である大統領フォン・ヒンデンブルクとの確執が強まったことだった。ほとんどシュライヒャー内閣の発足当初から、大統領の冷淡な態度に関する報道はベルリン中に出回っていた。[64] 一月第二週までに、首相と側近は、シュライヒャーはヒンデンブルクとはパーペンが有していたほど親しい関係にないことを公然と認めた。[65] もっとも彼らは、これは重大な問題ではないとしていた。この二人の関係が悪化した原因は、おそらく完全に解明されることはないだろう。しかしあり得るのは、シュライヒャーの陰謀が大統領のお気に入りであるフランツ・フォン・パーペンの失脚をもたらしたという大統領側の根拠のない疑念だった。首相と側近がこれに反論しようと努力したにもかかわらず、この見解は首都の政治通には広く受け入れられた。[66]

シュライヒャーは首相就任時、ヒンデンブルクから前任者の体面を汚すことのないようにと伝えられていたが、彼はすぐにその点で不注意な面を露呈した。[67] 彼は一月には、パーペンと密かに通じていた人間を含めて、パーペンの首相としての行動に対する痛烈なコメントを記者団にするようになっていた。[68] パーペンが大統領にそうしたシュライヒャーの無分別を伝えないでおくことはなかっただろう。ヒンデンブルクのもうひとつの情報源は、雇用創出担当で不満を抱いていた全権委員ゲーレケだった。[69] 前年の大統領選挙の財政を担当したことで、彼はヒンデンブルク家の人たち、とくに老元帥の息子で軍事面の顧問だったオスカー・フォン・ヒンデンブルク大佐と親しくなった。シュライヒャーについてゲーレケのますます偏見を強めた見解を聞いていたヒンデンブルク家の人たちは、彼から首相

オスカー・フォン・ヒンデンブルク（右）（LbsB）

について積極的に評価すべき話を聞くことはほとんどなかったと思われる。そして間違いなくパーペンこそが、シュライヒャーとヒンデンブルクの関係悪化の主要な原因だった。密かな怒りに燃えて復讐を誓った前首相は、大統領と接見する特権を維持し続けた。彼はヒンデンブルクの要請で、首相として住んでいたヴィルヘルム街〔官庁街〕の内務省の一室に住んだ。[70] その建物と首相府のあいだには外務省があるのみだった。一九三二年春、ヒンデンブルクは通常は首相が使用する一室に住んでいた。[71] 緊急に大幅な改築が必要となったため首相府から三軒先にある大統領宮殿を立ち退くことを余儀なくされたのである。内務省の裏手を出て、ヴィルヘルム街に沿った政府の建物の背後にある、人目につかない庭と庭を隔てる門を通って、パーペンは裏口から首相府に入り、人に気づかれることなく大統領を訪問することができた。あらゆる責任から解放されて、彼は首相としての自分の地位を奪った人物に対して、常時陰謀をめぐらせることのできる理想的な状況にあった。

　パーペンが大統領と容易に接触できたのとは対照的に、シュライヒャーには国家元首との個人的接触の機会は限定されていたように見えた。ヒンデンブルクもシュライヒャーも首相府で勤務した

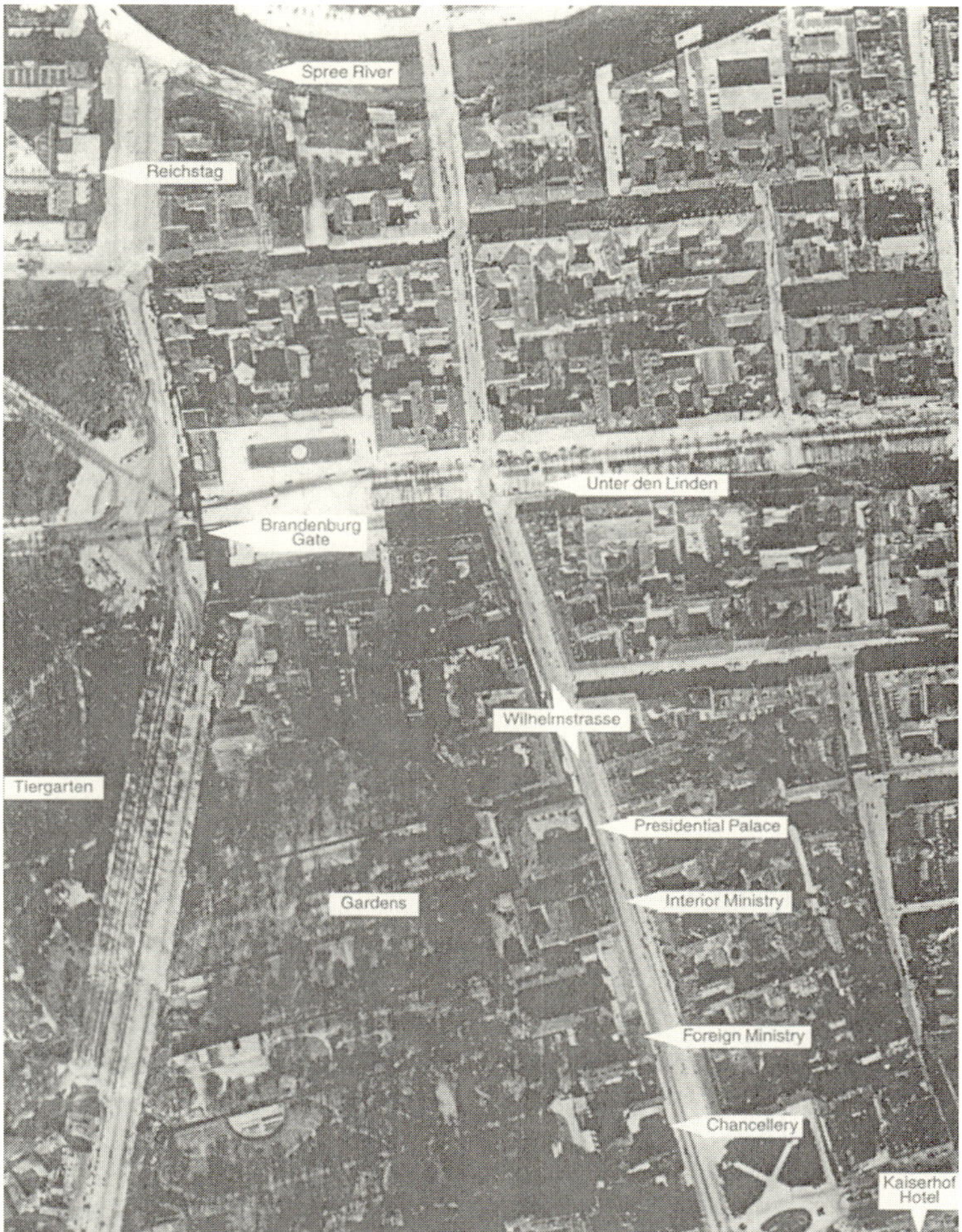

1928年にベルリン中心街を空撮した写真。重要な官庁が集中していたが、ヒトラーの戦争で破壊された。ヴィルヘルム街の左手上からシュプレー川、国会議事堂、ブランデンブルク門、ティアガルテン、庭園。右手上からウンター・デン・リンデン通り、大統領宮殿、内務省、外務省、首相府、ホテル・カイザーホーフ。(SBWB)

改修工事中の大統領宮殿（BAK）

大統領宮殿裏手の庭園。噴水の側に座る大統領ヒンデンブルクの孫たち（FAHV）

が、例の大きな古い建物の一角にあった大統領執務室は、シュライヒャーの執務室からは少し離れていた。そのオフィスは二〇年代後半にヴィルヘルム街側に増築された別館にあった。さらにパーペンと異なり、シュライヒャーはヴィルヘルム街の公邸には住んでいなかった。(72) 彼は少し離れた私邸で生活することを選択し、彼と結婚一年目の妻は少し前にそこに引っ越していた。シュライヒャーは勤務時間の多くを国防省で過ごしたが、そこは首相府から一マイル以上離れていた。そこで彼は、首相の権限の問題でさえ主として軍の部下たちに頼り続けた。(73)

シュライヒャーは、長年ヒンデンブルクの最も忠実な側近のひとりだったが、二人のあいだの個人的な結びつきは、国家元首と首相という関係によって阻害された。対照的にパーペンは、首相だったあいだに老元帥に取り入ったが、それは少なからず卑屈に近い個人的な気遣いだった。パーペンの卑屈で献身的な態度に慣れてしまったヒンデンブルクは、シュライヒャーのぶっきらぼうで自己中心的な態度は自分の感性にはそぐわないと感じていた。

ヒトラーが首相になって一週間後、オスカー・フォン・ヒンデンブルクは、あるオーストリアの外交官との会話の中で、シュライヒャーと彼の父親との緊張した関係の一端を暴露した。(74) オスカーはパーペンの「人柄の良さ」を褒めちぎり、彼の首相としての行動に好意的だったが、それを「もうひとりの紳士」の言動と比較した。それはその外交官がすぐにシュライヒャーのことを言っていると分かるようなあてこすりだった。そしてヒンデンブルク・ジュニアは、ほんの少し前のことであるが、父が政府の予定する措置について説明を聞いた後で懸念しながら「それは余の手に余る」と叫んだときの様子を説明した。「もうひとりの紳士」の返答はこうだった。「おっしゃる通りです。それを回避す

ヴィルヘルム街の裏手で話し込む大統領ヒンデンブルクとフランツ・フォン・パーペン（FAHV）

る手段はありません」。大統領の息子によれば、少し前に父親が懸念を抱えていた際に同じようなことを述べたのに対して、当時首相だったパーペンは、安堵させるような口調で返答していた。「どうしてそうお考えですか？そのために私がいるのです」。ヒンデンブルク・ジュニアの新たな封建主義的な価値基準からすれば、そしてそれはおそらく彼の父親のそれでもあったのだろうが、パーペンのご機嫌伺いの言葉は「騎士らしい上品さ」を備えていた。それを彼はシュライヒャーにはない徳であると見ていた。この会話をウィーンに報告する際、このオーストリアの外交官は「政治的に不可解に見える多くのことも、舞台裏を覗けば人間関係を理解できるものだ」と語った。

大統領の心情に触れる問題に関して、一月に首相と大統領のあいだでもうひとつの軋轢が生じた。ヒンデンブルクは、彼の世代の多くの保守的ドイツ人と同様、農業に優先的位置を与えていた。彼にしてみれば、農業は単なる経済の一部門に留まらず、むしろ国民生活の基礎であり、健全な伝統と価値の根源だった。したがって、有力な農業ロビーである農村連盟の指導者たちが一月十一日、シュライヒャー内閣はドイツ農業を外国産の安価な食料品との競争から保護するため保護主義的障壁を続行するというパーペンの公約を履行していないと不満を述べたとき、ヒンデンブルクは狼狽した。(75) 農村連盟の代表者たちはまた、シュライヒャーが十二月末で失効することを認めたパーペンの政令の更新を求めた。その政令は強制競売で土地を失わないように保護することによって、破産した農民に猶予期間を与えるというものだった。

憲法上の権限の枠を逸脱して、ヒンデンブルクは有無を言わせず、首相ならびに農相と経済相を呼びつけ、同日遅く彼の立ち会いの下に農村連盟の指導者たちと会談を持たせ、これらの苦情に対処した。(76) この会談でシュライヒャーと二人の閣僚は、貿易障壁に関する将来の措置については検討中であると伝え、農業利害の代表者たちをなだめることができた。しかし、破産した農民が借金をした相手、すなわち債権者に損害を与えることになるため、シュライヒャーが強制競売保護令の更新に関して明言を避けると、ヒンデンブルクは介入して、自分は政府の立場は不十分であると思うと述べ、翌日この問題への対応方針について報告するよう要請した。

一月十一日の午後、シュライヒャーは農村連盟の代表者たちがいる前では大統領の威嚇的態度に従ったが、会談が終了した数分後、彼の連盟に対する堪忍袋の緒は切れた。首相も認識していたように、この連盟はずっと以前から単なる経済的圧力団体ではなくなっていた。すなわちアドルフ・ヒトラーの党の政治的道具となっていたのである。多くのプロテスタントの農民の忠誠心を獲得して、ナチスは連盟の草の根にまで浸透し、組織のあらゆる段階で強力な代表権を獲得していた。(77) 連盟の指導部内にいるナチスにとっては、シュライヒャーから経済的譲歩を引き出すだけでは十分ではなかった。彼らはヒトラーの権力への道を拓くために、シュライヒャーを打倒することを望んでいた。したがって、連盟執行部はナチスにせかされて、一月十一日の朝刊に、首相への耳障りな言葉を連ねた決議を掲載した。(78) それは首相への一斉攻撃となった。その決議は、シュライヒャー内閣を「輸出産業とその取り巻きの強力で強欲な利害関係者」の道具であると断じていた。そして「純粋なマルクス主義者ですら、その対処能力を超えた農民の貧窮化に対して、政府が無関心な態度」を取ったことを非難した。連盟の代表者たちは、大統領と首相がその日の午後会談しているあいだはこの決議に言及しなかった。そして会談が終わって、連盟のひとりがシュライヒャーにこの決議を渡したときに、彼はそれを知った。決議の扇動的な内容と、会談中それが差し控えられたことに激怒して、シュライヒャーは首相府にすぐに声明を出させて応戦した。それは信義違反であると連盟を非難し、内閣はもはや連盟の指導者とは交渉するつもりはないとした。(79)

シュライヒャーが激怒して農村連盟と決裂し、ナチスが連盟を操っていると見抜いたのに対して、大統領はこの連盟になお好意的だった。連盟指導者たちは、ヒンデンブルクが同情的に話を聞き入れてくれる人物であることを承知していた。彼らが十分に承知していたように、ヒンデンブルクは東プロイセンの名門の家系の末裔だった。彼はドイツ東部の農業を支配していたユンカー階級に連なることを誇りとしていた。職業軍人だったために、たしかに彼は、地方生活の場に姿を見せ、直接的な農業を体験することはなかったが、晩年自ら努力せずに地主となった。(80) 一九二七年の八十歳の誕生日に贈り物を受け取ったのである――主に工業界からの寄付だった。東プロイセンにあった彼の先祖の領地だった。そこはすぐにお気に入りの避難所となり、そこで彼は、首都における公的な義務を逃れられるときはいつでも、地方の地主の役割を満足して引き受けた。

ヒンデンブルクは、彼の別荘の隣人ユンカーを仲間であると考えていた。その隣人たちは、伝統的に彼らの経済的利害の擁護を農村連盟に託していた。逆に農村連盟は、ヒンデンブルクを同盟者と考えるようになった。一月十一日、シュライヒャーが農村連盟と決裂した後、大統領は連盟の地方支部から抗議の手紙や電報を受け取った。(81) おそらく彼は、ユンカーの隣人たちからも同様の不平不満の声を大いに聞かされたことだろう。一月十二日、連盟の代表者たちはヒンデンブルクに公開状を書いて支持を訴えた。その中で彼らは、首相の信義違反との非難に反論し、自分たちがそう行動したのはひとえに困窮する農民のことを考えたためだったと主張した。これらの嘆願は無駄ではなかった。一月十七日、破産した農民を差し押えから保護する新しい手段を講じるように、というヒンデンブルクの要請に、シュライヒャーが不本意ながら従った翌日、大統領はその連盟の指導者たちに親書を送った。(82) 首相はその連盟と一週間足らず前、公然と関係を断っていたにもかかわらず、である。

一月十八日、シュライヒャーとヒンデンブルクの断絶関係を一層拡大する事件が起きた。国会予算委員会でカトリック中央党の議員〔ヨーゼフ・エルジング〕が、東部救済計画に関してユンカーたちが不正に利益を得ていたことを全面的に告発した。その計画に従って、政府は数年前からプロイセンの経済的に遅れた東部で、多額の負債を負った農民を破産から守るために、数百万マルクの資金を投入していた。出所を秘密にした詳細な財政記録に基づいて、その中央党議員やその他の共和主義者は、多くの著名なユンカーを、東部救済計画に基づいて給付された納税者のカネを乱用したとして糾弾した。[83] その中には大統領の友人や親戚がいた。彼らは、数百万人が深刻な耐乏生活を送っていたときに、その資金を抵当払いに利用し、彼らの土地の独立採算を可能にする準備金に利用する代わりに、さらなる土地や競走馬、そして高価な自動車を買うか、フランスのリヴィエラのような保養地での豪華な休暇に支出していたといわれた。

一週間のあいだ、予算委員会の調査は、全ドイツの新聞の一面を飾るセンセーショナルな報道の対象となった。それは「東部救済スキャンダル」として知られるようになった。シュライヒャーがこの予算委員会でなされた告発に加担していたという証拠はない。一ヵ月前、彼は議会休会中の議院運営委員会の続行を「愚の骨頂」と軽蔑して認めなかった。[84] にもかかわらず、舞台裏の陰謀の達人という評判のため、何人かの人の目には、農村連盟が内閣を攻撃したことへの復讐として、彼が反撃するための情報を委員会に漏らしたという流言はもっともらしく思われた。[85] 不正を非難された人間とヒンデンブルクの親密な関係からすれば、これらの流言と、首相が調査を阻止できなかったことに対するヒンデンブルクの友人であるユンカーたちの憤懣やるかたない状況が――とくにしばしば彼の側にいたフランツ・フォン・パーペンの場合がそうだった――大統領の耳に入らないわけはなかった。

シュライヒャーに対するヒンデンブルクの冷淡な態度が強まる中で、政界には前年の九月にパーペンがそうしたように、シュライヒャーが国会を自由に解散できる大統領の国会解散命令書を手にしているのかどうかという疑念が生まれた。一月十日、記者団にその問題について質問され、首相府報道官は、シュライヒャーと大統領の関係は、パーペンと大統領の関係がそうであったよりは冷めていることを認めた。報道官は、首相が国会解散命令書を手にするのは「絶対確実である」と断言したが、それによって、シュライヒャーがこれから国会解散命令書を入手しなければならない状況にあったことを暴露してしまった。[86] しかし、一月十三日の記者団との晩餐会で、シュライヒャーが、もし議会で敵対的多数に直面した場合には解散に踏み切るという方針について自信ありげに語ったので、同席したほとんどの記者はすでに必要な書類を手にしているに違いないと考えたのである。[87]

一月十三日の夜、晩餐会に出席した何人かの記者は、それぞれ非常に異なった印象を持ち帰った。彼らが座ったテーブルはギュンター・ゲーレケによって仕切られていた。彼はその際、オスカー・フォン・ヒンデンブルクが前日シュライヒャーはまだ国会解散命令書を受け取っておらず、おそらく父からそれをもらうことはできないと自分に打ち明けたと暴露した。[88] かつてシュライヒャーの友人だったヒンデンブルク・ジュニアは、いまやシュライヒャーをひどく軽蔑しているとゲーレケは付け加えた。ゲーレケの言葉と首相の自信のあいだの食い違いに当惑して、ある記者が会食後、首相府報道官に真相を尋ねると、彼はヒンデンブルクはすでにシュライヒャーに国会解散命令書を与えていると言質を与えた。[89] 後にこれらの印象を記者たちが比較したとき、もしシュライヒャーが敵対的な議会に直面した場合、大統領が首相を支持する覚悟があるのかどうか、という重大な問題に関しては、彼らは絶望的に困惑せざるを得なかった。

そうならない兆候があるにもかかわらず、シュライヒャーは国会解散命令書を手にすることができると自信を持っていた。問題は簡単だと彼は側近に説明していた。[90] 首相就任当初、ヒンデンブルクが彼に広範囲に及ぶ大統領権限を使用させる用意があると約束していたから、彼はこのことさえ忘れなければよかったのである。一月十六日、閣議で大統領府官房長オットー・マイスナーが示唆した危険な兆候があったにもかかわらず、彼は頑固にこの見解にしがみついた。マイスナーは、内閣への支持を得るためにグレゴール・シュトラッサー、アダム・シュテーガーヴァルト、そしてアルフレート・フーゲンベルクを入閣させるという首相の考えを聞くとすぐに、そうした方策は内閣の大統領内閣としての性格ばかりでなく、ヒンデンブルクの継続的な支持をも危険にさらすと警告した。[91] シュライヒャーは例によって、横柄な態度でマイスナーの反対を退け、自分はその問題については大統領と徹底的に話し合ったと譲らなかった。出席した閣僚の誰ひとり質問をしなかったが、もしシュライヒャーの言う通りだったら、どうしてその話し合いがマイスナーの記憶に残っていなかったのか不思議に思わざるを得なかったに違いない。マイスナーはヒンデンブルクの見解については熟知していることで知られていたから。数日後、シュライヒャーは話のついでに、閣僚のひとりに大統領が議会を解散するよう迫っていると語った。[92] しかし、一月十九日、すなわち国会の議院運営委員会が議会再開の決定をする会合を予定していた前日、首相府報道官は、首相はまだ国会解散命令書を手にしていないと記者団に明らかにした。[93]

シュライヒャーは一月中旬までに急速に政治的主導権を失った。内閣への支持を得るという点でも進展はなく、失業緩和のための大胆な政府施策を実行するという約束も果たせなかった。雇用創出と地方移住促進という課題を託されたゲーレケが不満だったことに、首相が介入を拒否したためこれらの計画は依然として委員会審議の段階に留まったままだった。[94] そこでは官僚たちによる妨害が計画の

「突撃準備完了」。多方面から足下を掘り崩されているシュライヒャー首相を共和主義派が描いた図。キャプションには「どうも訳が分からない。昔は私が地雷を仕掛ける専門家だったのに」とある。(前進 1933 年 1 月 16 日、#43)

進展を遅らせた。通商政策の政治的に微妙な問題に関しては、内閣は分裂したままで、行動することができなかった。シュライヒャーは、農業利害関係者たちには保護主義的手段を約束することによってその場しのぎする一方、工業界の代表者たちにはそうした措置に反対する旨を伝えていた。[95]

これらの問題はストレスがたまり、手に負えないと感じられたので、シュライヒャーはその関心をますます再軍備に集中させた。それはすぐにも国内問題を背景に押しやることになると彼は期待した。一月十三日の記者団との晩餐会の席上、彼はそのほとんどの時間について、ドイツの軍事同権に関する戦勝国の承認を一ヵ月早く取り付ける戦術を述べることに費やした。(96) 彼は一九三四年春までに徴兵制を導入し、国民皆兵の実現に向かう計画を立てていることを明らかにした。軍隊はすぐにもヴェルサイユ条約によって禁止されている重火器を持てるようになると自画自賛した。一月十五日、彼は退役将校の団体での演説を利用して、軍事同権と国民皆兵という目標に着手する旨を公に宣言した。(97) それはメディアで大いに注目を集める話題となる筈だったが、その後数日、シュライヒャー内閣の繰り返される失策に関する報道の中で、あまり注意を引くことはなかった。

一月十八日、シュライヒャーのパーペンに関する幻想は最終的に砕け散った。同日、ナチスが前首相とリッベントロップ邸で行なった昼食会を秘密にしようと努力したにもかかわらず、そのニュースはその日の晩、ベルリンの新聞に掲載された。コメントを求められた首相府報道官は、シュライヒャーが前もってその会談を承知しており、パーペンは単にいくつかの問題点を明確にすることによって、ナチスと内閣の対立点を克服しようとしたにすぎないと記者団に信じ込ませようとした。(98) だが、シュライヒャーはパーペンの真意を理解した。パーペンがヒトラーとケルンで会った一月四日には、彼は自分が辞職させた被保護者の行動については予見できなかった。しかし、自分に相談なしにヒトラーと会談したことに対して、ケルン会談の後、パーペンに厳しい訓戒をしたことを踏まえても、もはやシュライヒャーは、パーペンのナチ党指導者との浮気を善意の愚行と見なすわけにはゆかなかった。残された唯一の結論は、彼がかつて首相に担ぎ上げ、それから首相の座から追放した人物が、自分に対して陰謀を企てているということだった。

一月の第三週の終わりに事件が頂点を迎えたとき、シュライヒャーはなお、その前提が無効であると判明していた政治的戦術にかたくなに固執した。その時点までに、彼がグレゴール・シュトラッサーを梶棒として利用し、新たな選挙となれば一層の損失を伴うとナチスを脅迫して、ヒトラーの協力を獲得する試みが失敗したことを示す豊富な証拠があった。軍事的訓練を受けていたにもかかわらず、首相は自らの構想が実現しない場合には、退却の道を準備するという原則を無視した基本的な戦術的誤りを犯した。彼はなおヒトラーが畏縮するだろうと期待していた。それに失敗した場合、ヒンデンブルクが新たな選挙の期日を定めずに国会解散を断行する支援をしてくれると期待していた。シュライヒャーはこうして、自らの権力を保持するため少なくとも時間を稼ぐことになる防衛的姿勢を取ることを全く考えなかった。そうしないで、まるで何事も変らなかったかのように、彼は路線を変更せず攻撃的戦術を取り続けた。その結果、彼は議会との対決を食い止めることで首相職に留まる期間を引き延ばす好機を失ったのである。

その好機は一月二十日の金曜日にやって来た。このとき国会の議院運営委員会は、一月二十四日に議会を再開するという以前の決定を見直すための会合を開いた。[99] そうなると、シュライヒャー内閣と敵対的な議会多数派のあいだの不可避と見える対決がいつ始まるかが決定されることになる。会合では社会民主党と共産党の両党の代表者たちは、予定された期日を守るよう圧力をかけた。そして彼らが迅速に不信任案を提出することは間違いなかった。しかし、早期の不信任案提出を求めるナチ機関紙の反抗的な空騒ぎにもかかわらず、委員会のナチスの代表者であるヴィルヘルム・フリックは、あまり対決的な姿勢を見せなかった。

かつて公務員だったフリックは、ナチスにしては慎重な人物だった。[100] 彼は、ヒトラーの「一か八か

ヴィルヘルム・フリック（BAK）

の戦術」に関してグレゴール・シュトラッサーと同じ不満を抱いていて、そのナチスの背教者とは十二月の最後の瞬間になって袂を分かった。シュトラッサーと同様、フリックも国会解散の結果行なわれる新たな選挙は、ナチ党に大きな損失をもたらすと懸念していた。他のナチ党指導者たちもまた、決着をつけることに尻込みした。いつもは扇動的だったゲッベルスもフリックと同意見で、「時間を稼がなければならない」と一月二十日の日記に記している。[101] ヒトラー、ゲーリング、そしてゲッベルスとの前夜の戦術会議を受けて、フリックは一月二十日、議院運営委員会に内閣が予算案を提示できるまで議会休会を延長する提案をした。シュライヒャー内閣の財務相が少し前、予算案は春まで準備することはできないと声明していたから、[102] これによってフリックは予算案が春に提出されるまで、ナチスは国会休会に賛成する用意があることを示唆したのである。

　もしフリックの提案が受け入れられていたら、その後の事態は非常に異なった経緯をたどっていただろう。[103] 内閣が予算案を提出するまで国会が休会となったら、予想された内閣と敵対的多数派の対決も春まで延期された。その時点で不信任案が採択されていたら、たとえ憲法で六十日以内と規定されていても、新たな選挙は晩春か夏の初めまで延期され得た。そのときまでにはシュライヒャーの状況は目覚ましく改善されているかもしれなかった。首相からの援助がないにもかかわらず、ゲーレケが根気よく努力した雇用創出計画の政治的成果を首相は刈り取ることができただろう。一九三二年後半に始まった緩慢ではあるが、明らかな経済状況の改善への一般大衆の信頼は、シュライヒャーに向けられた筈である。国会が延長された休会に入っているあいだ、アドルフ・ヒトラーはリッペにおけるように、選挙での強さを見せつけることでその支持者の士気を高めることはできなかっただろう。秋までは州選挙は予定されていなかったからである。ヒトラーの党の内部危機は、ナチ党指導者が権力を奪取できなかったことから来る不満が鬱積して、急速に悪化することは十分あり得た。そうした状況下、晩春か夏の初めに行なわれる新たな国会選挙は、ナチスと共産党の両党に大きな打撃を与え、政治的急進主義の熱狂を鎮めて、首相の影響力をさらに強化した筈である。

党の制服を着て国会に向かうナチ党員ヴィルヘルム・フリック（左）とグレゴール・シュトラッサー。(BAK)

実際そうしたことは何ひとつ起きなかった。フリックの国会休会の延長動議を承認するのに十分な支持が、議院運営委員会に出席した諸政党にはあったが、この会合の内閣の代表者である首相府官房長エルヴィン・プランクは即座にそれを拒否した。彼は述べる。内閣は議会における政党間の勢力配置状況ができるだけ早急に明確になることを求めているので、休会の延長には反対する。たしかに、フリックの提案を受け入れていたら、首相の側で戦術的な後退を引き起こしていただろう。それ以前の数週間、ヒトラーを威嚇して協力させることができると期待していたシュライヒャーは、プランクが議院運営委員会の会合で取った立場に固執した。しかし、シュライヒャーが自らの地位を固め、また経済的改善の政治的利益を待つために譲歩することを考えた証拠は全くなかった。またフリックの提案のような不測の事態が起きた場合、プランクは戦術を変化させるための裁量権を持っていなかったように思われる。実際、プランクが拒否したことによって、ナチスの動議は票決に付されることもなく葬り去られた。そのときプランクが黙認する中、カトリック中央党が次のような提案で議院運営委員会の多数派の支持を獲得した。それは、さらに協議を続けるためにもう一週間国会の休会を延長するというものだった。こうしてドイツ政治の命運を左右する日付は一月三十一日ということになったのである。

一月二十日の好機を逃したことが転換点となった。当時シュライヒャーはまだそのことを知ることができなかったが、彼は、フランツ・フォン・パーペンが張り巡らした陰謀の網を逃れる残り少ないチャンスのひとつを逃した。パーペンの目標は、ヒトラーの支持を獲得し、大統領フォン・ヒンデンブルクをシュライヒャーと対決させて、シュライヒャーを失脚させること、それからナチスを含む右翼内閣の立役者として名乗り出ることだった。フリックが提案したようなシュライヒャーと国会のあいだの問題の決着を引き延ばすことは、パーペンのもくろみを一層困難にしただろう。とくにそれは、シュライヒャーが国会解散命令書を要請することで、大統領の支持を試す必要性を延期させただろう。シュライヒャーはまさに、彼に対する陰謀が勢いをつけた時点で、長期にわたる国会休会の提案を拒否して、彼に対する大統領の信任問題に決着をつけた。さらに彼は不手際なことに、一週間の国会の休会延期を受け入れることで、陰謀家たちに、彼らのあいだにあった対立点を調停し、大統領を説得するのに必要な時間を与えてしまった。彼は職務にあったあいだ、何らの成果を挙げることができなかったが、いまや権力保持のための首相の唯一の期待は、完全に大統領から国会解散命令書を受け取ることができるかどうかにかかっていた。

クルト・フォン・シュライヒャーは、一月二十日の議院運営委員会の会合で戦術的な選択を考慮しなかった。その失敗は、彼の数多い幻想の中でも最も犠牲の多い幻想に基づいていた。それは、彼が首相になった当初、何が起ころうとも彼のために権限のすべてを行使すると約束した大統領フォン・ヒンデンブルクは信頼できるという信念だった。幻滅はまもなくやって来た。議院運営委員会の会合の直後、動揺したエルヴィン・プランクは元首相ブリューニングに電話して「もう駄目だ」と語った。(104)その後プランクがブリューニングに説明したように、会合で彼がシュライヒャーのために取った立場は、オスカー・フォン・ヒンデンブルクが、大統領はおそらく首相に国会解散命令書を与えると語ったことに基づいていた。しかし——プランクはそう報告している——その後でシュライヒャーは、ヒンデンブルク・ジュニアが彼の反対に回ったこと、それゆえ彼は国会解散命令書を手にできないことを知ったのである。その国会解散命令書なしでは、シュライヒャーは一月三十一日に国会が再開されたとき、不信任案に対して無防備になる。ブリューニングはすぐに議院運営委員会の再開を提案したが、プランクはそれを意味がないとして拒絶した。シュライヒャーは諦めて「万事休した」と語った。まだ必ずしもそうではなかったが、首相の幻想は、すでに政治的生き残りへの展望を大いに暗いものにしていた。

第五章　放棄

一月二十二日、凍てついてどんよりと曇った日曜の昼近く、警官隊が、ベルリンの労働者地区の大きな広場、ビューロー広場にある共産党本部カール・リープクネヒト館を襲撃した。(1)彼らはその建物を捜索し、そこで働いていたほとんどの者を追い出した。その中には共産党の日刊紙、赤旗の論説委員も含まれていた。彼は銃口を突きつけられ、護送された。外ではトラックに乗った警官が到着し、雪の降り積もる広場に散開して、通行人に退去を命令し、広場への車両の立ち入りを禁止した。武装警官のトラックと重火器を手にした一団が交差点に陣取った。さらに別の警官隊が非常線を張り、ライフル銃を構えて、広場に通じる人気のない道路の中央を行進した。警官隊は、付近の建物の屋根から双眼鏡を手にその地域一帯を監視した。何が起きているのか見ようとバルコニーに出たり、窓を開けたりした好奇心の強いアパートの住民たちは、室内に留まり、ドアと窓を閉めたままにするよう命令された。近所の数軒の住宅が捜索された。午後一時頃になって、褐色のシャツを着たナチ突撃隊の隊列が、警官の保護のもと広場に近づいたとき、過激な措置が取られた理由が明らかになった。彼らはシュプレヒコールを上げた。「自由など糞食らえ！　ユダヤ人共和国など糞食らえ！」

約一万五〇〇〇の突撃隊員がこぞってビューロー広場に集結した。突撃隊は地域住民の敵意に満ち

ベルリンの労働者街に陣取る警官（UB）

デモ行進の間、ベルリンの共産党本部の前に集結したナチ突撃隊員。（DHM）

た視線から、ほぼ同数の警官によって守られていた。この政府公認のデモ行進の表向きの目的は、近くの墓地で行なわれたセレモニーに続くものだった。そこでヒトラーは、三年前共産党員によって射殺された悪名高い残忍なベルリン突撃隊指導者ホルスト・ヴィッセルの記念碑の除幕をした。だが、真の目的は、まさに共産党本部の目の前で挑発的な力を見せつけることによって、下降気味のナチ党の士気を高めようとすることにあった。その結果はあらゆる期待を上回った。政府は共産党の対抗デモを許可しなかったばかりでなく、暴力阻止命令を執行する際、警官が抗議する共産党員と衝突し、二人を撃って負傷させるとともに、約七〇人を逮捕した。こうしてナチスは集会を開いたことによって、法と秩序を維持する警察権力と協力して共産主義者に対抗する、社会的に信用できる党という評判を獲得した。それはまたドイツ左翼への痛撃となった。翌日からナチ紙は、この事件を大勝利だったと宣伝した。三年後に出版された回想録で、あるベルリンの突撃隊員は、その事件を党の運命を決定した記憶すべき飛躍への転換点だったと語った。(2) ゲッベルスは日記で、意気揚々たる心情を抑え切れず、次のように記した。「共産党の奴らは脇道でいきり立っている。……武器を乗せた車、重火器。警察は何者かがわれわれを窓から狙撃するのを阻止した。……カール・リープクネヒト館の前を突撃隊が行進。なんと素晴らしい光景か！……われわれは勝利したのだ」(3)。

ナチスの成功はシュライヒャーにとっては失敗だった――しかしそれは自ら招いたものだ。前日の遅くまで、ゲッベルスは政府がデモを禁止するのではないかと憂慮していた。(4) 彼が耳にしたところでは、首相はそれを禁止したかったが、国防省内部の抵抗でデモを禁止できなかったらしい。だが、その見解を支持する証拠はない。前年の七月、中央政府が引き継ぐ形で、首相はプロイセンの全権委員として、首都の警察に対する最終的な権限を有していた。したがって、行進を自由に禁止したり、ナチスに共産党本部のある場所より挑発的でない場所で行進を行なうよう命じたりすることもできたが、そうしないでナチスと暗黙の協定を結んだ。この協定によって警察は、この数年、首都その他のドイツの都市の街頭で、傷害致死事件を引き起こしてきた凶悪犯の保護者となったのである。

明らかにナチスの挑発だった事態に直面して、シュライヒャーが消極的だった理由は不明である。彼はヒトラーを自分の内閣に協力するよう丸め込むことができると幻想を抱いていたのかもしれない。たしかに何人かの共和主義的な評論家は、政府のデモ黙認が和解的なジェスチャーを意図したものではなかったかと疑った。[5] 他方、シュライヒャーは少し前に大統領フォン・ヒンデンブルクの国会解散命令書の発令を当てにできないと聞いて、衝撃を受けていたのかもしれない。彼は国会解散命令書を自分が望めば、大統領は許可するだろうと信じ込んでいた。首都の主要なカトリック紙、ゲルマーニアのある記者は、「不可解で神秘的な宿命論」が政府のあらゆる行動を妨げたと述べた。[6] フランクフルト新聞の記者は、首相の態度を「威厳ある無関心」のひとつであると述べた。[7] どのような説明であれ、シュライヒャーは、ナチスに示威行進を許可し、その示威行進に政府の保護を――しかも暗黙の承認を――与えることで、ヒトラーに極めて貴重な支援の塩を送ったのである。

一月二十二日、同じ日曜の夜、二人の男とその妻が、ベルリンの有名な並木道ウンター・デン・リンデン通りにある国立オペラ座の客席にいた。[8] そこではシェイクスピアの『尺には尺を』を基にしてリヒャルト・ワーグナーが若い頃書いたオペラ《恋愛禁制》が上演されていた。幕間にはその二組の男女は、他の聴衆にまじり知己に挨拶をした。次の幕の開始の合図と同時に彼らは席に戻ったが、観客用の照明が暗くなり音楽が始まると、二人の男たちはすぐに立ち上がり席を後にした。クロークからコートと帽子を受け取って、後ろの扉からオペラ座を出た。すぐに外に出て、大雪のオペラ座広場を横断し、タクシーを呼んだ。そしてタクシーの後ろの窓から後をつけられていないか確認して、運転手にダーレムの上流階級の住む地区に行くよう指示した。そこでタクシーを降り、彼らは徒歩で目的地に向かったが、雪のため目的地を見つけるのに苦労した。それはヨアヒム・フォン・リッベントロップの邸宅だった。二人の秘密の訪問客は、オスカー・フォン・ヒンデンブルクとオットー・マイスナー、すなわち大統領の息子と大統領府官房長だった。彼らが到着したとき、そこに待っていたのは前首相フランツ・フォン・パーペンとアドルフ・ヒトラーだった。ヒトラーはヘルマン・ゲーリングと他の二人の著名なナチスを同伴していた。

この夜半の会合はフランツ・フォン・パーペンの演出によるものだった。一月十八日のリッベントロップ邸での昼食会で、ヒトラーがこれまで以上に執拗に首相職を要求したので、パーペンは、今回は人生で最も重大な決断をするつもりだった。自分が権力の座に復帰する最善の方法はヒトラー首相を承認することであると決心したのである。ただし、ナチ党指導者を自らの目的のために思うように動かすことができるという条件付きだった。そこでパーペンは、大統領フォン・ヒンデンブルクとの親密な関係を楯に、自分が実質上の権力を保持できるヒトラー内閣の可能性を探り始めた。もしそれが失敗したら、以前彼が首相だった際に経験した左右からの強力な政治的反対があるとしても、自分が首相を引き受ける覚悟をしていた。一月二十日金曜日、リッベントロップ邸での夜半の会談の二日前、パーペンは自らのもくろみを大統領の息子と官房長に伝えて、シュライヒャーに対する陰謀を拡

オスカー・フォン・ヒンデンブルクは妻と子供とともに寡夫となった
父とベルリンのヴィルヘルム街の官舎に住んでいた。(BAK)

孫たちと官邸裏手の庭を散策するヒンデンブルク大統領（LbsB）

大し始めた。[9] そして一月二十日の晩までに、パーペンはリッベントロップに対して、オスカー・フォン・ヒンデンブルクとマイスナーが日曜の夜、ヒトラーとの会談に加わる旨同意したと伝えることができた。[10]

パーペンは オスカー・フォン・ヒンデンブルクを自らのもくろみに抱き込むことで、他の誰よりも老大統領の近くにあって、自分と同じくクルト・フォン・シュライヒャーに憎悪を抱く人物を獲得しようとした。父親や祖父と同様、陸軍将校の経歴を持つヒンデンブルク・ジュニアが自慢できたものは彼の先祖しかなかった。フランソワ＝ポンセ大使は彼をこう見ていた。「ずんぐりした体型で野卑で教育水準は低い。父親と同様に背は高くがっちりとしているが、優雅な物腰はない」[11]。自分の背後に輝かしい軍歴を持たないこの息子は、公的には大統領の軍事面での副官、非公式には最も親しい側近だった。彼は誰よりも大統領に会う回数が多かった。彼と妻、そして子ども達は大統領の住まいで、独り身の父親と同居していたからである。老ヒンデンブルクが八十の坂を越えると、息子の政治的影響力は増した。その影響力のために、彼はベルリン子たちから、「憲法も想定外の大統領の息子」と皮肉られるほど有名になった。

かつてはシュライヒャーの親友だったオスカー・フォン・ヒンデンブルクは、将軍が首相になった頃に起きた事件の結果、不倶戴天の敵となった。彼らの友情がなぜ壊れたかについては、これまで誰も正確には明らかにしていない。だが、あらゆる兆候からして、同僚が戦時中に伝えたシュライヒャーに関する予言がその理由を一番上手く説明しているかもしれない。「もし彼がその生意気な舌で敵をつくらなければ、大物になるだろう」[12]。シュライヒャーがヒンデンブルク・ジュニアに語った

大統領府官房長オットー・マイスナー（BAK）

言葉、それは明らかに許すことのできないほどに彼の誇りを傷つけただろう。[13] プロイセン将校の行動規範に同意する人間たちのあいだでは、言葉による侮辱は重大事だった。侮辱と受け止められたことから、かつては生死を賭けた決闘が行なわれたこともあった。原因は何であれ、オスカーはシュライヒャーに対して極度に敵意を強めた。彼の妻も全く同じだった。高慢な男爵夫人は、シュライヒャー内閣のある閣僚との会話の中で、シュライヒャーを「われらがフーシェ」と呼んだ。[14] フーシェはフランス革命期の無節操な警察長官で、その日和見主義的な陰謀の才能によって、ナポレオン帝国とブルボン復古時代の双方を生き残って仕えることができた人物である。

オットー・マイスナーをシュライヒャーに対する陰謀に加担させることで、パーペンは大統領の息子に次いで、大統領と最も親しい人物に罠を仕掛けた。大統領府官房長として、マイスナーは大統領への公的な接見を監督し、実質上大統領のあらゆる重要な会議にはいつも同席した。したがって、たとえその影響が、ヒンデンブルクを「マイセンの人形」（マイセン市で作られる陶器の人形に当てこすって）とばかにする同時代人が想像するほど大きなものではなかったにしても、彼は大統領の決定に影響を与えることができた。度々マイスナーに会っていたフランソワ＝ポンセ大使は、マイスナーを「不気味な人物」と軽蔑し、「赤ら顔をしたずんぐりむっくりの肥満気味でいつも少し窮屈な服を着た、その眼光を強度のレンズの背後に隠している」人物と描写した。[15] 一九二〇年から大統領府を統括する公僕のマイスナーは、自らの忠誠心を初代大統領だった社会民主党のフリードリヒ・エーベルトから、保守的なヒンデンブルクに移行させるのに何の苦労もしなかった。彼は追従的でずるがしこく、自分の上司間の権力関係の推移に繊細な感覚を持っていた。マイスナーはシュライヒャー首相の政権発足時も首相の好意を受けた。ちょうど彼が前首相の好意を受けたように。しかし、一月の第三週までに首相の権力に陰りが見え、将来最も権力者になりそうな人物に迎合すべきときであると感じていた。

一月二十二日、リッベントロップ邸での夜遅くの会談に到着するや、マイスナーとオスカー・フォン・ヒンデンブルクは、主人からシャンパンをふるまわれ、打ち解けたさしさわりない会話に加わった。[16] その後ヒトラーは、大統領の息子と二人だけで話したいと語り、彼らは別室に姿を消し、そこで約一時間密談した。ヒトラーはこれまでナチズムに何の関心も抱いていなかった人物、ヒンデンブルク・ジュニアと対面した。二ヵ月前、注目すべき洞察力ある覚書の中で、大統領の息子は、ヒトラーとの交渉に入ることの危険性を大統領に警告しようとしたが無駄だった。[17] 大統領内閣の首相になるというナチ党指導者の不動の決意を知って、ヒンデンブルク・ジュニアは、ヒトラーは議会主義内閣と大統領内閣との区別を不鮮明にするだろうと正確に予言していた。彼はまた、ヒトラーには約束を守るなどとは期待できないし、首相任命は必然的に一党独裁になると警告した。

一月二十二日の夜、ヒトラーとオスカー・フォン・ヒンデンブルクのあいだで語られた内容は長いあいだ憶測の対象だった。ヒトラーは、自分が首相に任命されない場合には、オスカーとその父親を〔東部救済スキャンダルで〕強迫しようとしたとしばしば推測されてきた。だが、これはありそうにないことである。そうした強迫のもっともらしい理由はない。[18] さらにヒトラーでさえ、そうした野蛮な方法は、貴族がそうであるように名誉の問題にひどく敏感なヒンデンブルク家の場合には裏目に出るかもしれないと認識していた。もっとありそうなことは、オスカー・フォン・ヒンデンブルクが第二次世界大戦後、非ナチ化裁判で語っている。[19] そこでオスカーは、ヒトラーが他人を屈服させる常套手段として用いる長い独白をして、自らの政治闘争とドイツに押し寄せる害悪の除去に関して、自分をどのように説得しようとしたか回想している。ヒンデンブルク・ジュニアは、ヒトラーが時局について語り、自分が参加しない内閣には反対する決意を述べたと語った。その点に関してオスカーは、政治は自分とは何の関係もなく、父の決定に対して何の影響力も持っていないと抗議したと証言している。ヒトラーは、このオスカーとの会談について何も記録を残していない。しかし二日後、彼はゲッベルスに大統領の息子を獲得するのに失敗したと語り、オスカーを「凡人の見本」と述べた。[20]

ヒトラーがヒンデンブルク・ジュニアに長広舌を振るっている間、ヘルマン・ゲーリングはオットー・マイスナーと会談した。大戦中戦闘機のパイロットとして国民的な注目を浴びたが、旧帝国政府の植民省の高級官吏の息子として、ゲーリングはナチ指導部にあって、ドイツ上流階級の有力者層に最も近い人物だった。彼がヒトラーの側近であるということは、マイスナーとヒンデンブルク・ジュニアの目には、成り上がり者のナチ党指導者にそれなりの体裁を与えるものと映った。世故に長け、太っていて愛想のいいゲーリングは、他人をリラックスさせて打ち解けた会話ができる能力を持っていた。これに対してヒトラーのとりとめのない非現実的な独白は、有意義な双方向の意見交換を不可能にした。一月二十二日の夜の最後の瞬間、ドレスデンから急遽戻った将来の空軍相かつ陸軍元帥は、ヒトラーの重要な代理役を務めた。彼は翌週の重大な舞台裏の交渉のあいだ、その役を実に巧みに演じて見せた。

マイスナーに接近して、ゲーリングは融和的態度を取った。彼は、もしヒトラーが首相になれば、ナチスはもうひとつの閣僚ポストのみで我慢すると大統領府官房長に伝えた。他の省庁は連合政党か無党派の専門家に割り当て、国防相と外相の選択は大統領に委ねられると。ゲーリングはまた、ヒトラー内閣は最終的に君主政復活の方向に動くとマイスナーに理解させようとした。これは明らかにヒンデンブルクへの追従の試みだった。大統領は、共和国の国家元首だったあいだも、依然として根っからの君主主義者であることを公言してはばからなかったのである。

ヒトラーとオスカー・フォン・ヒンデンブルクが再び会話に加わったとき、リッベントロップは来客たちに軽食、さらにシャンパンをサービスした。そこで行なわれた会談の最後、出席者全員がクルト・フォン・シュライヒャーは辞職しなければならないという点で一致した。さらに出席者たちが別れるまでに暗黙のうちに重大な協定が結ばれた。パーペンはヒトラー内閣の副首相になる用意があると言明した。ヒトラーはゲーリングを通じて、自らが首班となる内閣の構成に関しては大きな譲歩の用意があることをパーペンに伝えた。マイスナーとオスカー・フォン・ヒンデンブルクだけは、シュライヒャーの後継問題については言質を与えなかった。すぐに明らかになることだったが、大統領府官房長は実際にヒトラーに傾いており、他方オスカー・フォン・ヒンデンブルクは、数日のあいだはパーペンの首相復帰に賛成していた。にもかかわらず、ダーレムからベルリン中心市街への帰りのタクシーの中で、長い沈黙の後、ヒンデンブルク・ジュニアがマイスナーの方を振り返り、パーペンがヒトラーに首相職を譲ることに賛成し、自らが副首相で決着を図るつもりであれば、おそらくその他の決着はないと諦めたように語ったことをマイスナーは後に回想している。(21)

翌一月二十三日の月曜の朝、パーペンはヒンデンブルクを訪れて自らの計画を示した。シュライヒャーを交代させるという彼の提案に反対はなかった。(22) 七週前に首相に任命した人物への大統領の信頼はひどく失われていたからである。だが、パーペンがヒトラーを後継にと提案したとき、大統領は尻込みした。彼はパーペン自身がその座に復帰することを望んでいた。ヒンデンブルクは、パーペンが首相の座から排除されたことを承服できないでいた。ヒトラーへの不信と軽蔑の念から、ヒンデンブルクは、ナチ党指導者が首相になるというパーペンの提案に抵抗した。同じ頃、ヒンデンブルクがある保守的な貴族［エヴァルト・フォン・クライスト＝シュメンツィン］に密かに打ち明けたように、彼はヒトラーをせいぜいのところ郵政省を率いるくらいの資質の人物だと見なしていたのである。(23)

一月二十三日の朝、大統領がマイスナーとオスカー・フォン・ヒンデンブルクをパーペンとの会談に加わるよう呼び入れたとき、マイスナーはヒトラーを首相に任命するという前首相の提案を支持して次のように述べた。(24) ヒトラーを首相、パーペンを副首相とする内閣は政治的危機から脱出する最善の方法であり、それは他党の支持を受けられる。またナチスに統治の責任を取らせることで、革命的な民衆扇動をやめさせ、改革的手法を取らせることになると。マイスナーはこうしてかつてシュライヒャーが取ったのと同じ「ナチ馴致」の戦術に賛成した。もっとも今回はシュライヒャー抜きの方式だった。しかし、老ヒンデンブルクとその息子はともに懐疑的だった。彼らはもしシュライヒャーが権力の座を降りたら、ヒトラーよりもパーペンが首相になるべきであるという見解に固執していた。パーペンは結局、ヒトラーを首相にするという自らのもくろみに見るべき成果もないまま会談を終えた。彼は個人的にヒンデンブルク家の人間に大いに気に入られていたのである。

一月二十二日夜のリッベントロップ邸での会談を秘密にしておくという陰謀家たちの努力にもかかわらず、そのニュースはすぐに首相の許に届いた。一月二十三日朝、マイスナーはシュライヒャーから電話を受けた。(25) シュライヒャーはリッベントロップ邸で前夜何が起きたか尋ねた。マイスナーの答えは残されていないが、彼が語ったかもしれないことで、以下の事実を隠し得たものは何ひとつなかった。パーペンとヒトラーのみならず、大統領に最も近い二人の男も、いまや首相に対する陰謀に積極的に加担したという事実である。自分の地位が危うくなっていることをいよいよ痛感して、シュライヒャーはヒンデンブルクが自分に誠実であるかどうか確かめる決意をした。そこで彼は、大統領と同日の午前十一時半に会う約束をした。

一月二十三日のヒンデンブルクとの運命を決する会談を行なうに際して、シュライヒャーは明らかに時の弾みで行動した。政治動向に関して彼が利用でき、受け取ったとされる唯一の指針は、国防省の部下によって準備された覚書だった。(26) それは敵対的な国会多数派に対処するのに三つの選択肢があるとしていた。第一は、パーペンが首相職の最後に提起していたのと同じ措置である。すなわち、国会を解散して、新たな選挙を憲法に規定された六十日を越えて延期することだった。覚書では、そうした方策は広範な諸政党から憲法違反として追及され、シュライヒャー内閣を防衛的立場に追い込むと警告していた。同じ警告は第二の選択肢にもなされた。その選択肢は国会の強制的休会であり、それは議会多数派が建設的路線で合意したときにはいつでも再開するという提案とセットになっていた。

国防省の覚書にあった第三の選択肢は、早くから著名な法律の専門家たちによって確認されていた共和国憲法上の欠陥を指摘したものである。[27] 憲法起草者たちは――そう法律の専門家たちは指摘した――否定的議会多数派が出現する可能性を予見することができなかった。しかし、一九三二年十一月の国会選挙以降、そうした事態が出現した。自分たちだけで議会の半数以上の議席を保持していた共産党とナチスは、共同で不信任案を通過させることができたが、内閣を支持するため協調することはなかった。この欠陥を是正する期待を抱いて、何人かの法律の専門家は憲法改正を採択するよう迫った。その改正は、不信任案を支持する場合、それに先立って議会多数派を持つ後継内閣に同意しない限り、不信任案自体を無効にするというものである。第三帝国崩壊後、同様の規定は戦後ドイツ連邦共和国の憲法上の礎石となった。だが、否定的多数が国会を支配する一九三三年一月の政治状況下で、投票の三分の二を必要とする憲法改正は明らかに論外だった。

国防省の覚書は、それが憲法上の欠陥を指摘する法律の専門家によって推奨された暫定的な救済策であるとして、第三の選択肢を支持した。それは不信任を受けた内閣は単に事務管理内閣として職務に留まるというものである。大統領が首相と内閣を任命することのできる唯一の権威であるから、これらの法律の専門家は、大統領は暫定的首相を憲法に抵触することなく、無期限に職務に留まらせることができると主張した。もしそれが否定的多数を形成する政党の気に入らなければ、彼らは自分たちで選択した首相と内閣の下に一致団結して、いつでも対処法を見出すことができるだろう。

国防省の覚書の起案者たちは明らかにこの最後の提案に賛成した。小さな保守政党の国会議員ヴィルヘルム・ジンフェンデルファーも同様だった。[28] 彼は一月十九日のシュライヒャーとの会談の中で、同じ路線を提案した。それより前にベルリン駐在のバイエルンの公使は、シュライヒャーの首相任命の前夜、彼に同じ提案をしていた。[29] 前例はすでにヴュルテンベルク州の共和主義的内閣の措置に見られた。[30] 同州は一九三二年末、州議会で否定的多数派によって採択された不信任案を無視した。ヴァイマール憲法の否定できない欠陥について言及することで、この第三の選択肢は憲法違反という非難を最も受けにくい明確な利点を持っていた。それはまた、他の二つの選択肢のいずれよりも諸政党から挑発を受けにくいものだった。なによりそれは、国会多数派が信任しなかった首相が引き続き職務に留まることを消極的に黙認することを除いて、大統領の側としては何もしないでよかったのである。ヒンデンブルクが重大な決定を下すことをますます嫌悪する傾向を見せていたことは、明らかにこの戦術に有利に働いた。

第三の選択肢はまた、シュライヒャーにも狭隘で不安定な政治的基盤を拡大する好機を提供するものだった。もし彼が新たな選挙を延期するという憲法違反を犯せば、共和国の擁護者たちは共産党とナチスと共同して、彼を攻撃することが予想された。しかし、もし彼が不信任案を阻む正当化の手段として、著名な法律の専門家——何人かの共和主義的信条を持つ人たちも含まれる——が明確にした憲法上の欠陥を引き合いに出せば、彼らは自制した反応をするだろう。そうした路線は労働組合からも企業側からも反対されない筈である。両者とも内閣の再度の交代、再度の国会選挙などとなれば、それまでの数ヵ月のあいだ、脆弱な経済の回復を悪化させる可能性があると憂慮していた。こうした一連の支持によって、シュライヒャーは、極右と極左、すなわちナチスと共産党のみが事務管理内閣の存続に反対しているのだと主張することができる。たしかに、ヒンデンブルクの首相に対する個人的な冷淡さを考えれば、ヒンデンブルクが首相に不信任案を無視することを容認するという保証はなかったが、それでも第三の選択肢は、シュライヒャーが首相に留まるための最善の可能性だった。それはまた、ヒトラーの権力への衝動を抑える最善の可能性であったし、ナチ党員たちの不満が党を分裂させるような危機を煽るためにも十分だった。

国防省の覚書が是とした方針の利点にもかかわらず、シュライヒャーはそれを拒否した。その理由を書き残していないが、一月十三日の記者団とのオフレコの会話がそのヒントとなる。[31] 彼は、たしかに事務管理内閣は不信任案の後でも存続できるだろうが、否定的国会多数派は、内閣が法制化した緊急令を無効にして、内閣の経済政策を無力にする可能性があると説明した。これはたしかにこの方針の欠点だった。しかも国防省の覚書が言及しなかった欠点である。しかし、覚書が指摘しているように、第三の選択肢は、敵対的な議会多数派との抗争が持続的なものとなった場合、最終的な頼みの綱として、国会解散と新たな選挙の延期という可能性を残している。それが実用的なものであるかどうかの考慮は全く別にして、シュライヒャーは単に第三の選択肢を好みに合わないと見たのかもしれない。〔第三の選択肢を選んで〕もし国会が彼と協調する姿勢を見せない場合には、彼は面子を捨てて、国会解散という何度も行なってきた脅迫を取り消すことが必要だろう。そうした脅迫を取り消し、事務管理内閣の首相の座にしがみつくのは、プロイセン軍の伝統の染み込んだシュライヒャーのような人物には軟弱と見えたに違いない。その伝統は防衛よりも攻撃を重んじ、個人的な勇気を強調するものだったからである。

シュライヒャーは覚書の第三の選択肢を拒否したが、それが広範な議論ないしは合理的な分析の上になされたという証拠はない。彼は閣内の同僚にも政府の法律の専門家にも助言を求めなかったようである。代わりに彼は、いつものように国防省の部下に相談した。彼が受け入れたと知られる唯一の忠告は、憲法問題で頼るようになったオイゲン・オット中佐のものだった。この将校が勧める選択肢は、首相用の覚書の上に手書きでコメントされていた。それには総論として「選択肢一！」とあった。[32]

その簡潔な勧めに合わせる形で、シュライヒャーは国防省の覚書の第一の選択肢を選んだ。すなわち彼は、憲法に規定されている新たな選挙の期日を定めないまま、国会を解散することを大統領に求める決意を固めた。彼はこうして自分に開かれている一番危険性の高い道を選んだ。ほんの少し前、彼は大統領の息子が背を向けてしまっており、国会解散命令書を入手することはできないという警告を受け取っていた。[33]たとえそうした警告が根拠のないものであっても、また大統領が彼の要請を認めたとしても、そのような明白な憲法違反は、国防省の覚書が警告したように、あらゆる政治勢力からの強力な反対に遭うだろう。さらに、おそらく機転を利かせて敢えて述べなかったのだろうが、その覚書は、大統領フォン・ヒンデンブルクは首相フランツ・フォン・パーペンが二ヵ月前に全く同じ手段を提案したことを間違いなく記憶しているということを首相に思い起こさせることはなかった。また、パーペンの提案について、シュライヒャーがそそのかして閣僚が反対した結果、パーペン辞職につながったということを、大統領が忘れてしまったなどということはあり得ないとは指摘しなかった。

首相の立場からすれば、たしかに彼は十一月末のパーペンの憲法違反の措置には反対したが、この場合にはもはや反対するには及ばなかった。状況が変化していたからである。シュライヒャーはパーペンの憲法改正計画を放棄し、労働組合との連携を強化したことによって、十一月に取り沙汰された内乱の危険はなくなったと自信を持っていた。その後、経済的に困難な状況も緩和しており、彼の雇用創出策はすぐにも一層の安心感を与えるだろう。だが、最も重要だったのは、シュライヒャーが内乱に対抗できる軍事力を目覚ましく改善したと指摘できた点である。[34] 国防省は十一月に批判された欠陥を修正するため、彼の命令の下、十二月から一月にかけて多くの手段を講じてきた。欠陥とは、軍は共産党とナチスの同時蜂起には対応できないというものである。パーペンが辞任した時点の状況と比較して、軍はいまでは政治的ストライキの鎮圧ならびに大幅に増強された催涙ガスの供給に関しても詳細な計画を持っていた。軍の約半分の規模だったが、プロイセンの警察力を必要とあれば軍隊の指揮下に置く手筈も整っていた。西側諸国が十二月、軍事同権に対するドイツの権利を承認した結果、軍隊もまた、いまや海外からの非難を誘発することなく、志願兵をリストに加えることによって陣営を一層強化することができた。

シュライヒャーはこれらの議論を踏まえて、一月二十三日月曜十一時三十分、ヒンデンブルクと会談し、国会解散命令書を要求した。[35] そしてもし議会が一月三十一日に再開された場合、多数派は不信任案を可決すると説明した。彼はまた、もう一度選挙をしても目に見える形で国会の構成を変化させることはないと説明して、新たな選挙を憲法に規定される六十日を越えて延期するよう要請した。明らかにマイスナーによって書き留められたこの会談の公式記録は、そこで語られた内容の概略しか伝えていない。シュライヒャーは、彼が首相に就任して以来政治情勢が改善されたことと、軍が内乱に対処する十分な備えがあることを指摘して、自らの要請を擁護したことはほとんど間違いない。

ヒンデンブルクは首を縦に振らなかった。シュライヒャーとの疎遠な関係はすでに大いに進行していた。一月十一日の農村連盟の代表者との会談以降、ほとんど両者の個人的な接触はなかったようである。一月二十三日の朝、大統領はこの会談のほんの少し前、パーペン、マイスナー、そして息子が、首相を辞任させることに賛成の発言をしたとき反対しなかった。にもかかわらず、もしシュライヒャー側が不信任案を無視し、事務管理内閣の首相に留まりたいという要請をした場合には、ヒンデンブルクは彼の辞任を再考したかもしれない。とくにそれが憲法の欠陥に関する法律の専門家の意見によって支持されていたとすれば。だが、二ヵ月足らず前にパーペンがそれを主張したとき、これに反対したシュライヒャーが、自らが反対したのと全く同じ路線を提案したことは、ヒンデンブルクの不快な記憶を呼び覚ましたに違いない。それによってヒンデンブルクは、容易にシュライヒャーを拒絶することができた。国会解散命令書の要請に対して、ヒンデンブルクは熟慮すると答えたが、期待を持たせるような言葉はかけなかった。しかし、素っ気なく新たな選挙を規定の六十日を越えて延期することには反対した。ヒンデンブルクは、そうした措置は各方面から、自分が憲法違反をしたと非難されると抗議した。ヒンデンブルクはシュライヒャーにそうした措置は諸政党の指導者が緊急事態宣言を支持し、自分に対して憲法違反と非難しないことに同意する場合にのみ考えられると伝えた。

シュライヒャーは十分に承知していたが、そうした合意はドイツの反目しあっている政党指導者たちのあいだでは論外だった。また彼も知っての通り、ヒンデンブルクはかつて二度、パーペンの提案を支持して、新たな選挙を無期限に延期することに無条件で同意していた。もっとも、諸般の事情がその実現を阻止したのだけれども。明らかにヒンデンブルクの憲法に関するためらいは、ある時は肯定的に、またある時は否定的に作用した。大統領の懸念を和らげるために、シュライヒャーは財界と労働界の指導者に新たな選挙の延期を受け入れるかどうか尋ねることを提案した。(36) だが、その提案にもヒンデンブルクは肯定的な返事をすることができなかった。首相は、国会解散命令書の要請にすぐに決断して欲しいとは考えていない、後にこの問題を大統領と検討したいと述べ、冷ややかな雰囲気の会談に終止符を打った。

一月二十三日、ヒンデンブルクがシュライヒャーの要請を拒絶したことは、シュライヒャーに重大な打撃を与えたが、それは彼の運命を確定したわけではなかった。そこで何が起きたのかについての新聞への説明はなかった。一般の人たちが知る限りにおいて、彼が首相に留まることは間違いなかった。しかし、シュライヒャーはいまや、大統領が憲法違反を犯してまで自分を助けるつもりはないことを確信した。そのため国防省の覚書にあった最初の二つの選択肢はもはや重要ではなかった。ヒンデンブルクは国会解散を全く考えなかったわけではなかったが、新たな選挙を延期しないなら国会を解散しても何の解決にもならない。六十日以内の新たな選挙が、首相に対する敵対的多数派を排除する展望はなかったからである。選挙後もなお不信任案に直面することを首相は覚悟しなければならないだろう。

否定的議会多数派の不信任案にもかかわらず、事務管理内閣として留まる理由として、憲法上の欠陥を引き合いに出すという第三の選択肢の可能性は残されていた。シュライヒャーはまだ大急ぎで努力すれば、共和主義政党、組合労働者、そして企業側からそうした方針に少なくとも黙認を勝ち取り、憲法上の欠陥を指摘する憲法の専門家の支持を取り付けることはできた。だが、時間はなかった。不信任動議の採決は一月三十一日の国会再開後、数日のうちになされることになっていたからである。しかし、憲法の専門家と有力な圧力団体が第三の選択肢を支持するようにまとめることができれば、明白な憲法違反も議会の解散も必要としない方策に対する強力な支援を得て、大統領の許に戻ることができる。

シュライヒャーのような立場にある練達の政治家であれば、自らの権力保持のためにこうした可能性があることを認識していて、その可能性を摑んだ筈である。真剣に政治活動に取り組んでいる人間であれば誰でも承知しているように、権力は事を成すための前提であり、一旦獲得した権力の維持はその人間の能力の最終的な試金石となる。真摯な政治家にとっては、絶対君主であれ民主主義者であれ、民間人であれ軍事独裁者であれ、これは自明の真理である。ヒトラー以上にこのことを理解した者はいなかった。彼は一旦獲得した権力を保持するという自らの決意を隠さなかった。前年の十月、ケーニヒスベルク市での演説で彼は述べていた。「もしわれわれが一旦権力を握ったら、われわれはなんとしてもそれを保持する。われわれはそれがわれわれの手から奪われるようなことはさせない」(37)。ドイツにとって不幸だったのは、クルト・フォン・シュライヒャーには何が何でも権力を保持するという意志がなかったことである。

軍事的戦略と戦術を訓練した点を考えれば――これは驚くべきことである――状況が明らかに不安定であるにもかかわらず、シュライヒャーは再度万一の事態に備えることをしなかった。彼は士官候補生、若き将校として、慎重な指揮官は計画された行動を取る前に失敗した場合に選択肢となる戦術について考えねばならないことは知っていた。にもかかわらず、政治的経歴の最大の試練に直面したとき、シュライヒャーはその教えを考慮しなかった。明らかにその教えは政治に適用できる可能性があったにもかかわらず、である。そうする代わりに、彼は現実に目を向けず、大統領があっさりと提案を拒絶したにもかかわらず、国会解散後の新たな選挙の延期という方針に非現実的にこだわった。このときも彼は誰にも相談せずに突き進んだ。閣僚や政府の古参の官僚にも相談しなかった。

シュライヒャーが新たな選挙の延期という考えを放棄しなかったので、共和国の擁護者たちとの友好関係は取り返しのつかないほどに壊れてしまった。もし首相がそうした路線に対して、親共和主義的な憲法の専門家の支持を得ていたら、国防省の覚書の第三の選択肢を黙認することに関して、カトリック中央党や社会民主党内部でも支持を得られたかもしれない。しかし、彼の側近たちは否定したが、シュライヒャーが憲法上規定されている六十日以内の選挙を行なわないことを正当化する非常事態宣言を発するという流言は、中央党と社会民主党から抗議の声を呼び起こした。[38] 社会民主党と提携した組合指導者との会合で、第三の選択肢に対する支持を取り付けることができず、一月二十六日に例の選挙の延期という方針に戻ったとき、シュライヒャー自身の行動がそうした流言に信憑性を与えた。[39] その結果、最大の共和主義政党内で反シュライヒャー機運が極めて強くなり、プロイセンの罷免された社会民主党の州首相、オットー・ブラウンでさえ、首相と組んで憲法違反となる新たな選挙の延期を喜んで大統領に要請するとした以前の態度を変化させた。ブラウンはシュライヒャーへの手紙の中で——そのコピーを彼はヒンデンブルクに送った——そうした措置を「裏切りへの誘因」であると非難した。[40] 指導的社会民主党員たちの側での、シュライヒャーに対するあれやこれやの敵対的意見表明に出くわして、以前は「より少ない害悪」として首相と協調する用意があった組合指導者もいまや距離を置くようになった。[41]

社会民主党の態度が明らかにしたように、彼らもまた、一九三三年一月後半の政治的現実を把握していなかった。同じことは大部分カトリック中央党についてもいえた。議会の権限が侵食され、大統領の権限が拡大するのを三年間見ていたので、両党の指導者は――ブラウンを一時的であっても顕著な例外として――憲法の条文を守ることに固執していた。[42] ドイツの運命を決定する重大なこの一ヵ月間、共和国の要塞だった諸政党は、彼らが最も危険であると認識したものに頭を悩ませていた。すなわち、シュライヒャーによる憲法違反である。あるいは、もし彼が失脚した場合には、パーペンによるそれであった。彼らはこの懸念にひどく囚われており、ヒトラーがはるかに危険であるという事実を認識していなかった。たしかに彼らは、反シュライヒャーの世論を扇動して、ヒンデンブルクがシュライヒャーに背を向けるのを助けたのかもしれない。それによって彼らは、不注意にもヒトラーが最終的な権力を掌握するのに手を貸したのかもしれない。またシュライヒャー側の合法性からの逸脱を黙認することによって、共和国の擁護者たちはそうした結果を回避できたかもしれない。しかし、彼らにはそうしたことは全く考えられなかった。

社会民主党と中央党が結束してきっぱりと反対の姿勢を見せたので、シュライヒャーはいまや政治的には完全に孤立した。二つの小さな自由主義政党のみが、なお名目上、内閣を支持したにすぎなかった。[43] ただ彼らの支持も無条件というわけではなかった。シュライヒャーは右翼にはほんのわずかな同

盟者しかいなかった。その地位からして反動的な人物たちとしばしば社交面で接触する機会があった

フランソワ゠ポンセ大使は、一月十九日、パリへの電報の中で、彼らがシュライヒャーを拒否した理由について以下のように分析している。(44)右翼からすれば、シュライヒャー将軍が強力な軍事支配を行なうことを期待していたので、彼があまりに弱腰で、軍服を着ずあまりに民間人並みの行動を取っていることに落胆した。彼は左翼を弾圧する代わりに労働組合に譲歩し、その指導者たちと協議した。また国会の要求を阻止する代わりに、自らの内閣を受け入れる議会多数派を確保するため、諸政党と取引をした。最終的に彼は、ナチスを入閣させる代わりに、背教者グレゴール・シュトラッサーと結託してヒトラーに「宣戦布告」した。

フランソワ゠ポンセ大使は、本国政府に「ドイツに押し寄せる逆流の真っ直中で、シュライヒャー将軍は自分では選択しかねている。彼は自分が行動する前にどの潮流が優勢になるか見極めようとしているように思われる」と報告している。大使の見解では、これは嘆かわしい状況だった。「現在のドイツでは時流に迎合する人物よりも、時流を作り出す人物が必要とされている」からである。大使は、ヒンデンブルクがどれほどの期間、こうした首相に忠実であり続けるか疑問に思っていた。彼は「現在記すことができるのは、将軍の運勢がどれほど急速に傾きつつあるかということと——いかに彼に取って代わるべきかの方策も知らずに——ドイツで最も才能のある慎重な人物を犠牲にしようとする軽薄さである」と結論した。

共和国の擁護者たちが恐れ、右翼の何人かが望んでいたことだが、シュライヒャーは独裁を目指すどころか、あっさりと首相の座に留まることを諦めた。彼はヒンデンブルクに別の方法で接近を図る

より、軍事戦術の中でも最も絶望的な戦術である「前方への逃避」を政界において敢行したのである。包囲されて絶望的状況に陥った指揮官は、直接敵の主力めがけて突撃するよう命ずる。議院運営委員会が一月二十七日の金曜日に再開され、国会を一月三十一日に開くとした日程を再検討しようとした際、シュライヒャーは敵対的議会多数派との対決を回避する試みを全くしなかった。[45] 彼はすでにその時点で、一月二十八日土曜日の昼に大統領と会う手筈を整えており、その三十分前に閣議の開催を決めていた。首相府官房長のエルヴィン・プランクは一月二十六日、シュライヒャーが国会解散命令書を要請するつもりであると財務相に伝えた。[46] そしてこの要請は受け入れられそうになかったので、プランクはおそらく内閣は一月二十八日に総辞職すると補足した。シュライヒャーは拒否されることを承知でヒンデンブルクに要請して、首相を辞任する決意を固めていたのである。

友人時代のクルト・フォン・シュライヒャー将軍とフランツ・フォン・パーペン（右）、1932年。(BSV)

シュライヒャーはこの政治的自殺行為の動機について記録を残していない。残された証拠から納得のゆく説明を引き出すことはできない。彼が圧力に屈したことはあり得る。彼をよく知っている元首相ブリューニングによれば、シュライヒャーは「最終決定に直面しての恐怖」に負けたのだという。(47) もし共和主義的な新聞、ベルリン日刊の明敏な論説委員テオドア・ヴォルフの言うように、彼が政治的陰謀の比類なき使い手であると自認していたのであれば、自分がそのゲームでフランツ・フォン・パーペンにしてやられたという認識が彼の自信を打ち砕いたのかもしれない。(48) シュライヒャーはまた、状況を総合的に判断することなく、首相職を保持する可能性はないと結論したのかもしれない。だが、心情的な要素も無視できない。一月二十三日にヒンデンブルクから受けた冷たい仕打ちは、彼をひどく動揺させたかもしれない。それは彼の目からすれば、彼が首相になった当初、万全の支援をするとした大統領の裏切りに等しかった。プロイセン将校の行動規範を重んじる人間にとっては、信頼した上官の不誠実は辛い経験だった。パーペンのみならず、オスカー・フォン・ヒンデンブルクとオットー・マイスナーも陰謀に加担していたことを知り、ヒンデンブルクへの信頼は幻想の中の幻想にすぎなかったという理解がさらに加わったことは、首相にとってはあまりにも酷だったといっていい。

シュライヒャーの怒りは大統領に直接向けられたようには見えなかった。二週間後の二月中旬、ブリューニングに会った際、シュライヒャーはまだ老ヒンデンブルクに敬意を払っていた。(49) しかし、同時に彼は、パーペンとオスカー・フォン・ヒンデンブルクへの激しい敵意を表した。彼の見解によれば、彼を裏切り、傷つけたのは、これら二人のかつての友人だった。ヒンデンブルク・ジュニアが彼に反旗を翻したという認識は、あらゆる兆候からして、とくにシュライヒャーには痛手だった。後にある副官〔ヘルマン・フェルチュ〕は、大統領の息子がヒンデンブルクに与えた影響についてシュライヒャーが語った言葉を思い出していた。「万事そうしたものだ。人は年を取ると家族のことしか考えないものだ」[50]。忠実に仕えてきたヒンデンブルク家がいまや敵対したという認識は、権力の座に留まることが無意味であると悟らせたといっていいかもしれない。

シュライヒャーが首相辞任の可能性に必ずしも心を痛めてはいなかったという証拠はある。彼はいつものように自信ありげな様子は保持したが、多くの失敗が職務への嫌悪感を募らせていた。そのため彼は自由に首都を歩き回り、国防省にいた期間、彼はほとんどの仕事を側近に任せて処理していた。しかし、彼は首相として、政治団体の関係者と接触し、最新のゴシップを拾い集めることができた。

クルト・フォン・シュライヒャー将軍（左）とクルト・フォン・ハンマーシュタイン将軍（BPKb）

必然的に複雑で手に負えない問題に巻き込まれた。一月初旬、彼はフランソワ＝ポンセ大使に利益団体が相争っている中で小さな経済的抗争に対処する精神的負担に苦情を漏らした[51]。陰の実力者という以前の役割では、匿名性に隠れて影響力を行使することができたが、彼はいまや、衆人環視の中で厳しい視線を向けられていた。

厳しい新聞の批判、とくに保守的右翼のそれは、シュライヒャーにはひどくこたえた。[52] 彼は何度も首相府は自分には場違いであり、できるだけ早くなじみ深く居心地のいい国防省に戻りたいと願望を述べていた。[53] 首相職を失うかもしれない状況を前にして、彼の特徴的な反応である消極的態度と、これらの不安の表現は、アドルフ・ヒトラーの直前に首相職にあった人物には、こうしたのるかそるかの勝負を勝ち抜く根本的な要素、すなわち権力への貪欲さが欠如していたことを示している。シュライヒャーは全くこのことに気づいていないわけではなかった。一九三二年秋、彼は国防省のある副官宛の覚書の欄外に走り書きしている。「困ったことに、私は誇大妄想的傾向を持ち合わせていないのだ」[54]。

首相を辞任する決意を固めて激怒したシュライヒャーは、たとえヒトラーを助けることになったとしても、いまやその職務を再度パーペンに渡すのを阻止しようと懸命になった。一月の最終週、ヒンデンブルクがパーペンを首相に再任するという流言が政治通と報道陣の間で広まっていた。[55] 一月二十七日金曜日の朝、陸軍総司令官クルト・フォン・ハンマーシュタイン将軍がシュライヒャーを訪ねて噂の真偽を尋ねた。[56] シュライヒャーは安心させるようなことは言わず、自分は大統領の信任を得ていない、一両日中に辞任すると語った。驚いたハンマーシュタインは、それからマイスナーのところに出掛け、軍はナチスの支持のない第二次パーペン内閣を不信の目で見ると警告した。

一月二十七日の昼近く、ハンマーシュタインは、ヒンデンブルクと軍務局長エーリヒ・フォン・デム・ブッシェ＝イッペンブルク将軍との週に一度の会談に同席した。[57] 大統領は、将軍たちの政治的助言の申し出を謝絶しようとしたが、彼らは大統領にパーペンの復帰は内乱の危機を招くと警告しようとした。大統領が誤解したのか、パーペンをめぐる流言を否定したくなかったのか、いずれにせよヒンデンブルクは首相職をヒトラーに委ねるつもりはないと断言した。大統領がパーペン復帰の可能性を排除していないという情報は、かつての友人の権力への復帰を阻止しようとするシュライヒャーの決意を強固なものにした可能性はある。彼は明らかに復讐欲に取り憑かれていた。しかし、和解の余地のない敵であるパーペンが再び首相になれば、自分は国防相の座を明け渡さざるを得ないということも十分に承知していた。他方彼は、ヒトラーが首相になれば、その地位に留まり、軍隊の統率権を維持する可能性はあると考えていた。

一月二十八日土曜日の昼近くに閣議が開かれたとき、シュライヒャーは大臣たちに数分後に大統領の許に出向いて、国会解散命令書を要望してくる、そうしなければ、来る火曜日に国会が開かれた場合、不信任案が確実に可決されることになるからであると伝えた。(58) しかし彼は、その要望は拒否されると予想しており、そうなれば自分の辞任も、内閣の総辞職も甘んじて受けるつもりだった。大臣たちの異論のないことを確認して、シュライヒャーは大臣たちに重大な危険が迫っていると語った。ヒンデンブルクが、パーペンを首班とし、フーゲンベルクと彼のドイツ国家国民党によってのみ支持される新大統領内閣を任命するように思えるからである。続けて彼は、そうした内閣は結局政府の危機のみならず、大統領制の危機をもたらすだろう、というのもそれは大多数の市民によって拒否されることになるからであると語った。彼は、ヒトラー首班の議会主義内閣の方が「より少ない害悪」であると補足した。発言した閣僚たちはパーペン＝フーゲンベルク内閣の危険性に関して意見の一致を見た。そして何人かの大臣たちは、大統領に個人的にそうした政府は危険であると強調すると表明した。

十二時十五分、シュライヒャーは閣議を中断して、首相府の建物を通って大統領の執務室に向かった。彼はヒンデンブルクとの最後となった会談を、自らの判断した可能性について説明することから始めた。[59] 第一の可能性は、国会多数派に支持されるヒトラー内閣である。しかし、彼は、それは事態の解決にはなろうがありそうにないと考えていた。第二の可能性は、ヒトラー首班の大統領内閣で、これは大統領の以前の立場と矛盾すると彼は指摘した。第三の可能性は——彼はこの案を勧めた——自分が大統領の信頼と緊急令によって支持され、その職務を継続することである。第四の可能性については強く警告した。フーゲンベルクと結託したパーペン内閣である。シュライヒャーは、そうした内閣は市民の一〇分の九の反対に直面し、その結果は革命の勃発となり、全般的な政府危機となると主張した。結論としてシュライヒャーは、一月三十一日に自分の考えで国会に臨むことができるようにするため、大統領の国会解散命令に関する言質を必要としていると主張した。彼は憲法に規定されている期日を越えて新たな選挙を延期する問題については何も語らなかった。

大統領は五日前にそうであったように、シュライヒャーの提案にはもはや反応しなかった。タイミングは実に不運だった。その日の朝早く、ヒンデンブルクはパーペンの訪問を受けていた。[60] パーペンは大統領に自分の再任は諦めてシュライヒャーの代わりにヒトラーを首相にするよう迫っていた。ヒンデンブルクも日刊展望の朝刊の記事に気を悪くしていた。[61] そのベルリンの新聞はシュライヒャーの代弁をしていると評されていた。もっとも、それは広く流布してはいたが、誤解に基づくものだった。記事は「大統領制の危機を弄ぶ?」の見出しの下、ヒンデンブルクがパーペンを再任すれば、大統領自身の地位が危うくなるような広範な反対運動が起きると警告していた。ヒンデンブルクの立場からすれば、これは無礼な脅迫のように響いたに違いない。明らかにパーペンがたきつけたものだが、シュライヒャーから出たものと信じ、大統領は首相を辞任させる意志を固めた可能性はある。

シュライヒャーの説明を聞いた後、ヒンデンブルクは現状では国会解散命令書は出せないと答えた。彼はナチスの支持を獲得して議会多数派を実現しようとしたシュライヒャーの努力を評価した。だが、その努力が失敗した以上、自分としてはいまや別の可能性を探らなければならないと述べたが、何が望ましい事態であるかについて言及しなかった。シュライヒャーが、閣僚数名が大統領に政治情勢に関して意見を述べたいとしていると伝えると、大統領ははぐらかすように熟慮すると答えた。誰が何と言おうと自分の決心は変わらないと補足した。彼はシュライヒャーと閣僚たちに国家への献身に対して通り一遍の感謝の言葉を述べ、新内閣が形成されるまで職務に留まるよう要請した。それから二人は首相辞任声明の文案を検討した。それは明らかに前もって準備されていた。別れ際にシュライヒャーは、国防相の地位にナチスを指名しないよう要請した。ヒンデンブルクは、自分もそうした案には絶対に反対すると答えた。

大統領とのわずか十五分足らずの会談後、シュライヒャーは待機している閣僚たちに会談の内容を伝えた。[62] 彼は報告した。まるで壁を相手に話しているように感じたと。大統領はシュライヒャーの議論を十分に心に留めず、陳腐な十分に準備された声明をもって応対した。完全に失望した首相は、会談が終わった段階では、大統領が自分の後継に明らかにフランツ・フォン・パーペンを考えていると確信して会談から戻った。職務五十七日目の最後の命令として、シュライヒャー内閣は雇用創出計画のために必要な財政措置を最終的に承認した。[63] その計画は首相が就任に当たって約束し、最優先される筈のものだった。それは大統領が署名した緊急令として同日実施された。その計画は、失業者に雇用を提供し、あらゆる経済活動を刺激する様々な公共事業に五億マルクを投入するものだった。次の半年間、約二百万のドイツ人失業者が職を得たが、クルト・フォン・シュライヒャーは何の賞賛にも与らなかった。(64) 代わりにその政治的恩恵に浴したのはアドルフ・ヒトラーだった。

第六章　奈落

一月二十八日土曜日、シュライヒャーが辞任を申し出た直後、大統領はパーペンに新内閣組閣の可能性を探るよう命じた。(1) シュライヒャーに対する偏見を大統領の心に植え付けようと画策したこの男は、こうして政治的に脚光を浴びる場に戻ってきたのである。パーペンは他の誰よりも、その後の二日間の災厄に満ちた展開に与ったといえる。もし彼がもう一度首相に返り咲こうと望んでいたら、その願望はすぐにも叶えられた。彼はヒンデンブルクのお気に入りだったからである。しかし、パーペンはヒトラーを首相にする考えに固執し、その内閣で実権を握るつもりだった。

ヒンデンブルクのパーペンへの要請は形式的なものだった。前首相はすでにその前の週、大統領の承認を得て一層熱心に政治的陰謀に取り掛かっていたのである。接見できる特権を有していたパーペンは、一月二十三日にヒンデンブルクがシュライヒャーを拒絶して以降、一月三十一日に国会が再開される際、彼を不信任案から救う国会解散命令書をシュライヒャーが手にすることはないと承知していた。自らのもくろみを実行する機会を窺っていたパーペンは、この情報をナチスに伝え、ヒトラーの首相就任を確実にするために大統領に働きかけると申し出た。

ヒトラーは数日のあいだミュンヘンに出掛けており、彼の補佐役ヴィルヘルム・フリックとヘルマ

退役軍人組織の鉄兜団の行進の先頭に立つフランツ・ゼルテ（左）とテオドア・デュスターベルク。（BAK）

ン・ゲーリングがパーペンとの交渉に当たった。[2] 彼らは一月二十四日、リッベントロップ邸でお茶を飲みながら会談した。三人が合意した点は、ヒンデンブルクのヒトラー嫌いを克服する最善の方法は、ナチ党指導者を右翼の「国民戦線」内閣の有望な首相と見せかけることだった。その内閣ではヒトラーは保守主義者たちに包囲されることになる。次の二日間、陰謀家たちはそうした内閣にドイツ国家国民党指導者フーゲンベルクや制服を着た三十万人以上の国家主義半軍事団体である鉄兜団《シュタールヘルム》の二人の指導者のひとり、フランツ・ゼルテを参加させる計画を立てた。一九三二年、ゼルテとフーゲンベルクはヒトラーとともに、短命だったハルツブルク戦線に参加した。だが、両者ともそれ以来ヒトラーとは不仲になった。

　ゼルテを新たな右翼内閣形成という計画

に加えることは支障なく実現した。鉄兜団はある期間政治に手を出していた。(3) 前年〔一九三二年〕には、ゼルテの共同指導者テオドア・デュスターベルクがフーゲンベルクの党の支持を得て大統領選に出馬した。目立った業績も全くなく、特徴もない人物だったゼルテ自身は、それでも政治的野心を抱いていた。(4) 彼にとってパーペンと組んでシュライヒャーを打倒するという展望は魅力的だった。鉄兜団指導部と国防省との間には軋轢があったのである。(5) とくにシュライヒャーは、制服を着た鉄兜団の団員の訓練について、比較的小規模の軍隊がドイツ国内の軍事問題を監督する際の脅威と受け止めていた。彼は他の半軍事団体とともに鉄兜団を政府の下部団体として管轄下に置こうとしたが、それは鉄兜団の指導部からの抵抗を受けた。したがって、シュライヒャーは首相として、この退役軍人組織の独自行動に対して威嚇的な態度を取った。他方パーペンは、この団体の利害にはシュライヒャーよりも同情的だった。もし仮にシュライヒャーに反対するパーペン勢力と一緒になることが、ヒトラー首班の内閣という前首相のもくろみを受け入れることを意味するとしても、それはゼルテにとっては何の障害にもならなかったのである。

鉄兜団のフランツ・ゼルテ（BPKb）

　従順なゼルテは閣僚ポストの誘惑にすぐに負けたが、フーゲンベルクはパーペンの

鉄兜団のテオドア・デュスターベルク（BPKb）

もくろみにとってもっと厄介な存在だった。野暮ったく自惚れの強い六十八歳のこの男は、多くの点で帝政時代の遺物だった。[6] 彼はプロイセン王家への忠誠に対して授与された枢密顧問官という称号を共和国時代も使い続けた。フランソワ＝ポンセ大使が述べているように、彼の容貌は人を惑わせた。「丸い金縁のめがね、太鼓腹、もじゃもじゃの白髭、それらは尊敬すべき田舎医者といった雰囲気を与える。しかし実際には、狭量で融通の利かないむっつりとした頑固者、教条主義的急進主義者、残忍で党派心の強い男、ドイツの悪しき精神の見本」だった。[7] かたくなに民主主義と共和主義の福祉国家に反対してきた彼は、徹底的な自由放任経済と特権的エリートによる権威主義的な支配への復帰を求めていた。

しかし、フーゲンベルクには政治的人気を獲得するのに必要な資質が欠如していた。めったになかったが、彼は公的な場における発言でも仰々しい文章を単調に読み上げた。忠実な党員たちは、彼を「銀狐」と呼んだが、古臭い風体、古風な服装、堅苦しいマナーなどのため、あまり好意的でない同時代人は、彼を「ハムスター」、「偏屈な蜘」などと呼んで嘲笑した。一九三二年末、ある親しい人間は「彼には政治的セックスアピールがない」と述べた。[8] にもかかわらず、彼はこれまで手に入らなかった政治権力を渇望した。とくにパーペンが接近してきたとき、閣僚ポストを獲得する最後の可能性に誘惑された。だが、彼自身とヒトラーの過去の経緯と、ヒトラーを排除したパーペンの権威主義的政府をよしとするドイツ国家国民党員の存在が、ナチ党指導者に対して抱く不信感を想起させ自制を迫った。彼はヒトラーを首班とする国民戦線内閣への参加呼びかけの返答に窮していたのである。

一月二十七日金曜日、パーペンのもくろみは崩壊の危機にあった。リッベントロップはベルリンに戻ったヒトラーに彼を首相にする計画を説明し、この問題を議論するためフーゲンベルクを招待するよう説得した。[9] リッベントロップは、ヒトラーがドイツ国家国民党の指導者と合意に達した段階で、最終条件をその夜のうちにパーペンと練り上げることを提案した。その日の午後、ヒトラー、フリック、そしてゲーリングは、フーゲンベルクと彼の党の保守的な盟友オットー・シュミット＝ハノーファーと会談した。[10] ゲーリングは、ゼルテがすでにヒトラー内閣に入閣することを承諾していると伝え、フーゲンベルクを不利な立場に追い込んだ。ゲーリングは十分承知していたが、鉄兜団指導者の意向は、同様の行動を取るべきだと党内から沸き起こるフーゲンベルクへの圧力を強めることになる。

アルフレート・フーゲンベルク（BPKb）

この利点を利用して、ヒトラーはフーゲンベルクとの会談で、過信のあまり勇み足をした。彼は自らの大統領内閣の首相職のみならず、他のナチスにも中央政府内相とプロイセン政府内相の地位を要求した。これらの省庁のうち、プロイセン内務省の方が一層重要だった。同省は連邦州の中で最大の州の警察を支配したからである。他方、中央政府の内務省は、警察への直接的な支配権を持っていなかった。パーペン内閣が前年の七月に共和主義者のプロイセン政府を罷免するまで、プロイセンの十分な装備を整えた五万人の警察力――その州を支配していた共和主義者の手中にあった――は軍の半分の規模だったが、ナチスに対抗するのに十分な潜在的対抗勢力だった。したがって、ヒトラーはこの地位を獲得して、共和主義者を追放し、ナチスで埋める決意をした。だが、フーゲンベルクはそのもくろみに反対して、プロイセン内相にはナチス以外の人間が割り当てられるべきだと主張し、さらに首相府官房長と内閣の報道官は自党から出すべきであると提案した。反対されたことに激怒したヒトラーは、交渉を中断し、パーペンと会うことも拒否してミュンヘンに帰ると脅した。[11] ゲーリングとリッベントロップは、やっとのことで彼を説得して首都に留まらせた。

パーペンはなんとかもくろみの破綻を免れたが、ヒトラーに重大な譲歩をするという代価を支払った。一月二十七日の夜、リッベントロップがパーペンにフーゲンベルクの条件に対してナチ党指導者が怒り狂ったと伝えたとき、パーペンは二省ならびに首相府の人事の裁量についてヒトラーの要求を呑むことに同意した。[12] フーゲンベルクの要求――パーペンがリッベントロップにそう伝えた――はあまり重要な意味を持たなかった。プロイセン警察の支配権をめぐって、フーゲンベルクを退けてヒトラーの側についたことにより、パーペンは、自分がヒトラーの協力を得るため重大な犠牲を払う用意のあることを明らかにした。この点はナチ党指導者には理解された。パーペンは間違いなく、プロイセン全権委員としてシュライヒャーの後任になることを期待していた。[13] パーペンが首相として前年七月にプロイセン内閣を罷免した後、プロイセン全権委員の地位にはプロイセン州首相の権限が付与されていた。彼は単純に考えていたのである。その地位につけばプロイセンのナチスの内相よりも上位にあり、ヒトラーの党が国内最大の政治力を自党の政治的目的に利用するのを阻止できると。

一月二十八日土曜日の朝、パーペンはヒンデンブルクと会談し、シュライヒャー首相が昼の約束の時間に現れた段階で、大統領が首相に辞任を迫るつもりであると知った。[14] 自らのもくろみを急ぐ必要を感じて、パーペンはリッベントロップにヒトラーがどこにいるのか尋ねた。[15] ナチ党指導者がベルリンを離れていることを心配したのである。彼はヒンデンブルクとの会談で、大統領がヒトラーを首相に任命することはいまや可能であると確信した。リッベントロップはヒトラーがまだカイザーホーフにいることを確認した後、彼にパーペンと会談するよう要求した。しかし、ヒトラーはまだパーペンがプロイセンの全権委員になることに反対しており、さらに掛け値を吊り上げた。[16] 白熱した議論の末、リッベントロップは、パーペンにその地位を与えるべきとする見解にゲーリングの支持を得た。だが、リッベントロップとゲーリングが、ヒトラーに午後にもパーペンと会うべきであると説得したにもかかわらず、ナチ党指導者はプロイセン問題についてもう少し考える時間が必要だと主張した。それでも最終的に、彼は翌朝パーペンと会談することに同意した。このことを知ったパーペンは、急遽ヒトラーと会談することを承知したが、プロイセンに対する権限の問題で自分の計画が破綻するのではないかと憂慮していた。

一月二十八日午後、パーペンはフーゲンベルクの抵抗を粉砕し始めた。[17] 彼はドイツ国家国民党の指導者にヒトラーは中央政府とプロイセン政府の内務省を手中にするに違いないと伝えた。パーペンはフーゲンベルクをなだめて、両政府の経済相と農相を要求する彼の要請に前向きに応えると返事をした。ヒトラーに不信感を抱くとともに、権威主義的なパーペン内閣に賛成していた保守党の同僚の強力な圧力を受けて、このドイツ国家国民党の指導者は、ナチスがプロイセンの警察権を奪取する可能性に頭を悩ませていた。彼は結局、権力に与るという初めての可能性を放棄するつもりはなかったので、交渉の中断は避けた。

同日遅くになって、パーペンはヒトラー首班の内閣における保守的反対派の立場を弱体化させることができた。パーペンは、ヒンデンブルクはヒトラーを受け入れる用意があり、もしヒトラーが広範な右翼内閣成立の計画に失敗すれば、そのときに限って自分が再度首相を引き受けると述べ、自分の内閣とシュライヒャーの内閣で仕事をしたほとんどの保守的な無党派の大臣から、自らのもくろみへの支持を獲得した。[18] その日の朝、シュライヒャー内閣最後の閣議では、パーペンが首相に復帰することは災厄であり、内乱をもたらす危険があるということで一致が見られていた。その危険を回避できるとの展望に安堵して、大臣たちはヒトラー首班の国民戦線内閣というパーペンのもくろみに賛成の姿勢を示したのである。

一月二十八日午後、パーペンのもくろみに別の危険が生じた。それはカトリック党、すなわち中央党とバイエルン国民党からのものだった。ヒンデンブルクがパーペンに組閣を要請したということは、前首相が首相に返り咲き、おそらくフーゲンベルクの党によってのみ支持される不人気な大統領内閣のトップに再度就任するという流言を裏付けるもののように思われ、両党の指導者は警戒心を抱いた。カトリックの指導者は、元同僚パーペンが前年の夏、党に相談なしに首相職を引き受けたことを決して忘れていなかった。しかし、さらに重要だったのは、いかなる解決策であれ、パーペンが首相時に賛成した憲法違反の措置より好ましいと見なしたことである。

中央党指導部と折衝後、バイエルン国民党の指導者フリッツ・シェーファーは、二十八日遅くヒトラーとパーペンの両者に会談を持ち掛けた[19]。彼は、カトリック党はヒトラー首班の議会主義内閣に参加の意志があると述べた。ナチスとドイツ国家国民党が連立すれば、カトリック党はそうした内閣への安定した国会多数派を提供するだろう。そうした取り決めであれば、パーペンの権力への復帰を阻止し、カトリック党がヒトラーを抑制することができる。もしナチ党指導者が首相としてカトリック党の反対する政策を実施すれば、カトリック党は国会での支持を撤回して、ヒトラーから多数派を奪い、彼を打倒することができる。この申し出はヒトラーに議会からの制約を受けない大統領内閣の首相にならなければならないという思いを強めさせたかもしれない。ヒトラーはシェーファーの提案に対し自分は組閣を依頼されてないので交渉に入る立場にはないと受け流した。

バイエルン国民党のフリッツ・シェーファー（UB）

シェーファーはパーペンとも会談したが、パーペンからも理解を得られなかった。[20] これは驚くべきことではない。というのも、カトリック党の提案を受け入れれば、それとかけ離れたパーペン自身のもくろみを大いに危険にさらすことになるからである。ヒンデンブルクはヒトラーを大統領内閣の首相には任命しないと繰り返し約束していたから、もしその内閣が事実上議会主義内閣でなければ、ヒンデンブルクはカトリック党の提案を取り上げ、ナチ党指導者を首相に任命することを拒否するかもしれない。ナチス、ドイツ国家国民党、そしてカトリック党が現実に連合する可能性はないことをパーペンは熟知していた。フーゲンベルクは、カトリック党とは融和できないほどの相違点を抱えていて、そうした連合を妨害すると思われた。したがって、議会主義内閣の首相になるつもりは毛頭ないヒトラーは、首相の座を確保するためにフーゲンベルクの党以外の政党を当てにすることができた。しかし、カトリック党との連合交渉がヒンデンブルクの要請で始まったとすれば、計画にかなりの遅滞が生じるだろう。したがって、ヒトラー首班の大統領内閣というパーペンのもくろみは妨害されることになる。そうした議会主義内閣のためのいかなる交渉も秘密のままということはありそうになかった。もしそうした交渉が衆人環視の中で失敗に終わったら、ヒトラーを大統領内閣の首相に任命し、大統領のこれまでの公約を反古にするというパーペンのもくろみは難しくなるかもしれなかった。

シェーファーは、パーペンとの交渉では進展がなかったが、彼からカトリック党の提案をヒンデンブルクに伝えるという約束を引き出した。だが、パーペンはその問題を自らの胸にしまったままだった。カトリック側としては、連合交渉において交渉力を最大限に発揮するために、先走った行動は避けるという通常の議会折衝の鉄則に則って、自らの立場を公にすることを避けた。わずか一日後、彼らの提案は効果を発揮した。その後その提案は、フランツ・フォン・パーペンの狡猾な態度のために、彼らの意図とは全く異なる効果を発揮したのであったが。

二十八日、リッベントロップがパーペンは信用できると保証したにもかかわらず、ヒトラーは一日中、彼の共同謀議者に疑念を抱いたままだった。その晩ゲッベルスは、ヒトラーをホテル・カイザーホーフで見つけたが、ヒトラーは、パーペンが自分を裏切り、ヒンデンブルクから受けた組閣の要請を自らが首相になるために利用するのではないかと猜疑心に囚われていた。(21) ヒトラーは、昼に飛び込んできたシュライヒャー辞任のニュースを歓迎したが、それをヒンデンブルクの例の悪名高い忠誠心の欠如と見た。そのことがヒトラーを悩ませた。ヒンデンブルクの行動が予測できないことが彼を悩ませたのである。パーペンとヒンデンブルクへの不信を募らせ、ヒトラーは特権階級生まれの人間に対する深い敵意を露わにした。彼はその後一晩中カイザーホーフの喫茶室で過ごし、貴族連中の様々な欠点について、嘲笑的な逸話を含んだ独白で取り巻き連中を満足させた。

ヒトラーと同じく、共和国の擁護者の多くも、ヒンデンブルクのパーペンへの要請が前首相の権力復帰を意味するのではないかと危惧した。ほとんどの人間が、そうした可能性はヒトラー首相任命よりも現実的な危険だと考えた。共和主義的な新聞は流言に応えて、一月第四週を通して、繰り返しパーペンの首相再任への警告を発していた。(22) 大方の予想通り、そのような展開は憲法違反という結果になり、内乱の危険が生じると。しかし、ほとんどの例に見られたように、親共和主義的な論説委員は、大統領フォン・ヒンデンブルクは憲法を擁護するという点では信頼でき、パーペンが再度統治する内閣を拒否すると信じていた。その内閣は以前と同様、わずかにフーゲンベルクの党に支持されるだけだと。

ヒトラーに関して、共和主義陣営は、ヒンデンブルクが十一月に示した姿勢を、大統領が大統領内閣の首相にナチ党指導者を決して任命しないことの保証であると見ていた。ヒンデンブルクが十一月にナチ党指導者に提示したヒトラー首班の議会主義内閣という選択は、理論的にはあり得るが、ヒトラーが繰り返しそうした抑圧的な協定を拒絶したことでありそうになかった。共和国の擁護者たちは、これらの可能性に対して反対の声は上げたものの、政治的危機解決のため自身の積極的な提案をしなかった。これが彼らの政治的破産の特徴である。

共和国の擁護者たちが楽観的にしがみついていたヒンデンブルクのこれまでの声明にもかかわらず、ヒトラー首相任命への抵抗感は、一月二十八日までに次第に弱まっていた。数日にわたり、彼の周囲の誰もがそうした行動を取るよう急き立てていた。お気に入りの候補者パーペンは、自ら立候補を辞退して、ナチ党指導者が次期首相になるべきだと主張した。大統領の主要な側近オットー・マイスナーも、そっとその方向に促した。大統領の息子オスカーも同じだった。彼は一月二十五日、リッベントロップと喫茶会談に臨むためダーレムに戻った後、ヒトラー首班の国民戦線内閣という考えに囚われていた。[23]

少し前のことになるが、老ヒンデンブルクは、著名な訪問客エラルド・フォン・オルデンブルク＝ヤヌシャウから同じ忠告を受けていた。[24] 彼は東プロイセンのヒンデンブルクの屋敷の隣に住んでいる老ユンカーで、帝政時代には保守政治において重要な役割を担い、いまなお東部の地主層に影響力のある人物だった。東部の疲弊した農業をヒトラー内閣によって立て直すことを期待して、老ユンカーは大統領に軍と保守派は一党独裁を阻止するのに十分な力を有していると確信させた。二十八日、ヒンデンブルクはゲーリングから次のような心強い声明を受け取った。[25] ゲーリングは、ナチスはヒンデンブルクの大統領としての権威を尊重し、憲法違反を犯す意志はなく、軍を政治的影響下に置くこともないと厳かに誓約した。同僚将校の家柄の出身で、叙勲した戦争の英雄からの約束は、老元帥に影響を及ぼさないわけはなかった。

二十八日の夕方遅くになって、パーペンはヒンデンブルクを訪ね、大統領が引き続きためらっている状況を打開しようとした。[26] ヒトラーとフーゲンベルク、そしてパーペンのあいだにはなお見解の相違があったが、パーペンはその点には触れず、ナチ党指導者の立場を穏健であると説明した。その点に関する駄目押しは、ヒトラーが自覚には最小限の閣僚しか要求しておらず、他の省庁には大統領が承認できる無党派の専門家も認める用意があるという報告だった。また大統領を元気づけたのは、シュライヒャー内閣のほとんどの閣僚が、ヒトラーの下でも協力する用意があるというパーペンの報告だった。大統領はフーゲンベルクを嫌っていたが、ドイツ国家国民党指導者がプロイセン政府と中央政府の農業・経済両省を統治したいという願望を承認する意向を示した。

ヒンデンブルクが最も敏感だった二省、国防省と外務省に関しては、彼は自ら選択することを望んだ。したがって、彼は、パーペン＝シュライヒャー両内閣で外務省を統括した貴族出身の専門外交官コンスタンティン・フォン・ノイラート男爵が、ヒトラー内閣でも留任の意志があるとパーペンから聞いてとりわけ喜んだ。シュライヒャーが首相のあいだ統括していた国防省に関しても、交代が必要であるという点で大統領はパーペンと意見が一致した。ヒンデンブルクはその地位に、パーペンが候補者として挙げた人物に賛成であるとして、ヴェルナー・フォン・ブロンベルク将軍の就任を黙認した。(27) 彼はこのとき、スイスで行なわれていた軍縮会議のドイツ代表団の一員だった。会談の最後――パーペンは後に回顧している――大統領はパーペンがヒトラー内閣で副首相になることを約束した。(28) もしヒンデンブルクがまだパーペンのもくろみに十分賛同していなかったとすれば、パーペンは会談が終わって別れるまでにまだまだ自らのもくろみ実現に向け大いに苦労しなければならなかっただろう。

一月二十九日日曜日は決定的な日となった。めまぐるしい展開の中で、アドルフ・ヒトラーを首班とする内閣の輪郭が最終的な形を取ったのである。その朝、大統領フォン・ヒンデンブルクは息子にブロンベルク将軍に電話させ、彼にベルリンに戻るよう指示してヒトラー内閣成立に向けた重要な一歩を踏み出した。(29) それは彼を国防相としてシュライヒャーの後継に起用するためだった。背の高い世故に長けた将軍は、東プロイセンの軍司令官として大統領の故郷を表敬訪問した際、大統領に好印象を与えていた。(30) さらに一月初旬には、ヒンデンブルクをベルリンに訪問していた。(31) その際、軍事に関する多くの問題について、長年にわたってシュライヒャーと度々衝突してきたブロンベルクは、首相の政策を批判し、ヒトラーに首相を委ねるべきであると主張したと伝えられる。(32) ヒンデンブルクはブロンベルクを非政治的な職業将校と考えていたが、彼は明らかにナチスの誘惑に惑わされやすい人物を選択した。東プロイセンに駐留していた際、ブロンベルクは軍内部における親ナチ派の影響を受けた。(33) その中にはプロテスタントの軍隊付主任牧師もいた。その牧師は、第三帝国時代プロテスタント教会のナチ司教となった〔ルードヴィヒ・ミュラーのこと〕。したがって、ヒンデンブルクによるブロンベルクの選択は、ヒトラーにとって思いがけない幸運だったのである。

同じ日曜日の朝、ヒトラーはゲーリングを伴って、ヴィルヘルム街の内務省庁舎にあるパーペンの執務室でパーペンと会う約束をしていた。(34) それは首相府にある大統領の執務室の二軒先にあった。ヒトラーが中央政府内相にヴィルヘルム・フリック、プロイセン内相にヘルマン・ゲーリングを任命したいと告げたとき、パーペンは反対しなかった。見返りにヒトラーは、ヒンデンブルクの要求、すなわちパーペンを副首相兼プロイセン全権委員にするという要求を認めた。それからヒトラーは、新たに選挙を行なうため国会を解散したいと新しい要求を持ち出した。(35) ヒトラーは、首相として行政権を内閣に取り戻すため、国会から全権委任法を勝ち取る必要があると説明した。

ヒトラーが思い描いたような全権委任法には先例があった。十年前、共和主義内閣は危機に対処するためそうした権力を何度か国会から手にしていた。そうした手段は一時的に憲法を変更することになるので、国会通過には三分の二の多数が必要だった。それは現在の国会では不可能だったから、ヒトラーは新たな選挙を望んだのである。そうなれば、彼は大統領フォン・ヒンデンブルクに選出された首相として、自党の選挙戦を戦うことができる。彼はその地位と中央政府の財源を利用して、議会で自党の議員を大いに増やすことができるのではないかと期待した。もし選挙の結果が全権委任法を可能にするのであれば、内閣は国会を無視し大統領の緊急命令権に依存することなく法令を発令することができる。パーペンは早急に自らのもくろみを推し進めたいと考えていたので、新たな国会選挙を求めるヒトラーの重大な新しい提案に反対しなかった。

二十九日午後、パーペンは予定されるヒトラー内閣のためにドイツ国家国民党と鉄兜団の人選を完了させる手続きに入った。[36] 彼は自分の執務室に、フーゲンベルクと退役軍人組織の共同指導者フランツ・ゼルテとテオドア・デュスターベルクを呼び、現職の保守閣僚がヒトラー内閣でも協力する用意があり、ヒンデンブルクはフォン・ブロンベルク将軍を国防相にするつもりであることも伝えた。パーペンは、ゼルテは新内閣で労相が予定されていると示唆した。フーゲンベルクに関しては、大統領が中央政府とプロイセン政府の農業・経済両省を引き受けてもらいたいと望んでいると伝えた。

これら四省のポストを統括できるという展望は、ドイツ国家国民党指導者にとっては大きな誘惑だった。それは彼が長年抱いてきた野望、すなわち彼が共和国の「社会主義」と見なしてきたものを打倒するため経済政策の中心的な機関を支配したいという野望を実現することになる。とくにフーゲンベルクは、以前は彼に対する嫌悪を隠さなかったヒンデンブルクが、いまはとりわけ彼を入閣させたいと考えているというパーペンの報告に気をよくしていた。例によってパーペンは狡猾にも、フーゲンベルクにはヒトラーが新たな選挙を望んでいるということは黙っていた。パーペンは、ヒンデンブルクによって首相に選ばれた人間の党として、ナチスがドイツ国家国民党に対して決定的な優位に立つ選挙運動という展望には、フーゲンベルクが尻込みすることを十分に承知していたのである。

フーゲンベルクは権力の共有に熱心だったので、パーペンの条件を受け入れることに傾いていた。しかし、二十九日午後、パーペンの執務室に集まっていた鉄兜団指導者デュスターベルクと何人かの著名な保守派は、そうした措置には強行に反対した。[37] 彼らはヒトラーを良心のない狂人と考えており、彼らの党がヒトラーを権力の座に押し上げる手助けをするという考えに仰天していた。そうした事態を阻止するため、彼らはフーゲンベルクにヒトラー内閣に入閣しないよう要請した。だが、民主主義と議会主義に反対だった彼らは、共和国の救済は求めていなかった。代わりに彼らは、ナチスを排除し、新たな選挙の期日を定めることなく国会を解散して、大統領の緊急令による権威主義的方法で統治を行なうパーペン大統領内閣案を再度提案した。

いまやパーペン自身でさえ憲法を無視するような一連の行動を避けようとしていたので、フーゲンベルクは、ヒトラー内閣に同意しないように、という彼らの提案を拒否した。彼の期待、すなわち経済政策に関連する四省のポストを支配すれば、ヒトラー内閣でも有力な発言権を保持できるという確信がそうした方向に導いた。もし彼の党がヒトラーとの同盟に入らなかったら、彼が軽蔑していたカトリック中央党がそうするかもしれない。そしてドイツ国家国民党は再び政府の政策に対する影響力のない政党となってしまうという懸念もあった。したがって、フーゲンベルクはパーペンのもくろみを推し進めることに賛成した。二十九日午後遅く、パーペンはナチスに自分の計画の最終的な障害は除去されたが、まだヒンデンブルクの最終的承認を得なければならないと伝えた。(38)

軽薄にもフーゲンベルクとパーペンが、実際ヒトラーをどれほど過小評価していたかは、ヒトラーを首相にすることを思い止まらせようとした保守派に対する彼らの応答に現れていた。二十九日の鉄兜団指導者デュスターベルクの抗議に対して、フーゲンベルクは「われわれがヒトラーを囲い込んだのだ」と答えた。(39) 同日、後にヒトラー独裁に反対して亡くなった保守的なプロイセンのユンカー貴族エヴァルト・フォン・クライスト＝シュメンツィンがパーペンのもくろみに反対した際、パーペンは答えた。「何をお望みか。私はヒンデンブルクの信頼を得ている。二ヵ月すれば、われわれはヒトラーを隅に追いやって、キーキー言わせてみせる」[40]。もうひとりの保守派〔シュヴェリーン・フォン・クロージク〕が、ヒトラーは独裁を望んでいると警告したのに対して、パーペンは「それは違う。われわれが彼を雇ったのだ」と答えた。[41]

一月二十九日、パーペンがヒトラー内閣の人事に忙殺されているあいだ、シュライヒャーは政治的に慌ただしく行動した。そうすることで彼は意図せずパーペンのもくろみを容易なものにしてしまった。前日にヒンデンブルクがパーペンに組閣を要請したことは、自分の前任者が後継者になるのではないか、というシュライヒャーの不安を強めさせた。ほとんどの軍指導者と同様、彼は首相として評判のよくないパーペンよりもヒトラーを好んだ。もしパーペンが首相に返り咲いたら、自分が国防相として留まる可能性はないと承知していたので、シュライヒャーは、ヒトラーの首相任命が軍への影響力を保持する唯一の可能性であると見ていた。もしそれが可能であれば、ヒトラーを制御することができると信じていた。マイスナーはあるときシュライヒャーが言ったことを回想している。「もしヒトラーが独裁を望めば、軍隊は独裁の中の独裁となるであろう」[42]。

一月二十九日朝、シュライヒャーは国防省で将軍たちと政治情勢について議論した。[43]少なくともひとりの将軍が、パーペン内閣を阻止するために武力に訴えることを提案した。しかし、シュライヒャーは大統領に反抗するといういかなる考えにも反対した。彼は同様の提案に対する返答として、前日こう説明したといわれている。自分の軍事訓練ではそうした不服従は教えていないと。「私は一介の将軍である。ヒンデンブルクは元帥である。私は服従を教えられてきた」[44]。

シュライヒャーは二十九日、パーペンの陰謀の進捗状況を知らずに、ヒトラーの好意を得ようとして、ナチ党指導者に提携の可能性を打診する決心をした。彼の依頼で、腹心のひとりである陸軍総司令官クルト・フォン・ハンマーシュタイン将軍が、その日の午後、裕福なナチ支持者のベルリンの邸宅で密かにヒトラーと会談した。[45] ハンマーシュタインはヒトラーに、これらの大統領のために活動している連中――パーペンのことを指していた――は首相職をめぐってヒトラーと真摯な交渉を行なっているのか、それともごまかしの行動を取っているのかどうか尋ねた。ハンマーシュタインは、もし後者の場合で、パーペンが自ら首相になることを求めているのであれば、ナチ党指導者の首相候補に有利になるよう軍の影響力を行使すると提案した。将軍はまた、もしヒトラーが首相になった場合、シュライヒャーを国防相として留任させるつもりがあるかどうか尋ねた。ヒトラーは自らの態度は保留し、パーペンのもくろみではシュライヒャーの地位はないと知りながら、質問には肯定的に答えた。新内閣のための交渉については、まだ連中の本気さ加減を図りかねている、と彼は語った。だが、

クルト・フォン・シュライヒャー将軍（右から二人目）
とクルト・フォン・ハンマーシュタイン将軍（BSV）

彼はもしこれ以上のことが判明すれば、ハンマーシュタインに連絡すると請け合った。

一月二十九日夜、ハンマーシュタインはシュライヒャー邸に出向き、ヒトラーとの会談について報告し、新たな展開について尋ねた。(46) 二人の将軍の会話に、ナチ指導部に出入り自由だった保守派の情報屋ヴェルナー・フォン・アルフェンスレーベンが加わり協議した結果、二人は彼を組閣の折衝状況を探るためゲッベルスの許に派遣した。そこではヒトラーとゲーリングが食事をしていた。アルフェンスレーベンが明確な回答を得られずに戻った後、ハンマーシュタインはヒトラーに電話して、自分たちは翌日既成事実に対処することになるかもしれないという憂慮の念を伝えた。その既成事実とは、ナチスを排除したパーペン内閣のことを意味していた。すぐにも首相に任命されるとパーペンは確約していたにもかかわらず、ヒトラーの態度はなお曖昧なままだった。

しかし、アルフェンスレーベンがゲッベルスの部屋を訪ねた際、彼はヒトラー、ゲッベルス、ゲーリングに警告していた。(47) アルフェンスレーベンは、軍指導部は自分たちの希望の内閣が形成されない場合には、武力を持って介入する用意があると述べた。彼の発言からナチ党指導者たちは、それがヒトラーの首相任命を阻止するための軍事クーデタのことではないかと憂慮した。とくに心配したヒトラーは、ベルリンの突撃隊に警戒態勢に入るよう指示し、親ナチ派の警官にも指示を送って、万一の場合に備えさせた。そのあいだゲーリングは、パーペンとマイスナーにこの新たな展開を伝えた。(48)

全くの事実無根だったが、クーデタの流言は急速にエスカレートし、その結果パーペンに計画の実行を急がせることになった。その流言がマイスナーとパーペンによって大統領官邸に届くまでに、シュライヒャーは軍を動員して、ヒンデンブルクを解任し、自分が大統領になるつもりであると伝えら

1933年1月30日、首相府で協議するヒトラー、パーペン、そしてフーゲンベルク。左にはフリックとオットー・ワーグナー（カメラに背を向けている）。(BPKb)

れた。[49] 激怒したオスカー・フォン・ヒンデンブルクは、シュライヒャーを裏切り者と非難した。彼の妻は、シュライヒャーが大統領の逮捕を命令し、彼を封印列車で故郷の邸宅に移送し、そこに監禁すると信じたといわれる。大統領の家族とその取り巻きは、シュライヒャーを悪く取る傾向があったので、誰も軍事クーデタ計画の流言が真実であるのかどうか敢えて確かめようともしなかった。

危機的状況を利用して、パーペンは二十九日の夜、ヒンデンブルクの同意を取りつけ、翌朝ヒトラー内閣を宣誓するとした。[50] 彼はまた閣僚人事についても大統領の承認を受けた。シュライヒャー内閣の無党派の閣僚、すなわち外務、財務、郵政・運輸の各閣僚は、雇用創出担当ゲーレケとともに留任となった。フーゲンベルクは中央・プロイセン双方の農業・経済相に、フォン・ブロンベルク将軍がシュライヒャーに代わり、鉄兜団のゼルテは労相となることになった。ヒトラー首相、フリック内相に加えて、第三のナチスはゲーリングだった。彼は無任所相、空軍担当となっていた。ゲーリングはまたプロイセン内相となり、警察への大きな権限を掌握した。パーペン自身は、単なる副首相（vice chancellor）ではなく、プロイセン全権委員を兼務する副首相（deputy chancellor）に任命されたが、これは言葉の上での変更で、憲法はこれらの肩書きのどちらの持ち主にも何の権威も与えていないという事実を変えるものではなかった。パーペンは、自分はあらゆる重要分野に発言権がある立場にあると述べ、大統領とヒトラー首相のあらゆる会合に出席すべきであるというヒンデンブルクの要請に応えた。

二十九日夜にヒンデンブルクの承認を受けて翌日発表された閣僚名簿から明らかになるのは、パーペンがヒトラー首班の内閣の性格について大統領を欺くために策略に訴えたということである。[51] パーペンは、ヒンデンブルクが繰り返しヒトラーを大統領内閣の首相にすることに反対していたことを承知していたので、この点で自分がヒトラーに譲歩したことを打ち明けるのを避けた。いまやクーデタの流言によって始まった騒乱を、パーペンは大統領が再びヒトラーを大統領内閣の首相に任命するのに尻込みさせない好機であると見た。新内閣が明朝早々に宣誓を行なうので、パーペンはこれ以上連合交渉の時間はないと考えた。そこでパーペンは、前日バイエルン国民党の特使フリッツ・シェーファーとの会談以来保持してきたカトリック・カードを切った。彼は閣僚名簿に司法相の地位を空白のままにすることによって、次のような印象を与えようとしたのである。その地位はカトリック党のために残しておいたもので、そのために最終的な連合交渉を未解決のままにしておいたのだと。ナチス、ドイツ国家国民党の票に加えてカトリック党の票があれば、国会で十分な多数派を形成し、ヒトラー内閣を大統領内閣よりも議会主義内閣とすることができる。

パーペンの閣僚名簿に司法相の名前がなかったことは、少なくともヒンデンブルクを信用させるために仕組まれたことだった。実際にはパーペンも、ヒトラーも、フーゲンベルクも、カトリック党と連合を組んだり、議会で彼らの支持に依存した新内閣を形成したりすることは毫も考えていなかった。にもかかわらず、パーペンは二十九日夜、大統領を欺いて、ヒトラーによる大統領内閣ではなく、むしろ議会主義内閣をつくる目的でカトリック党と交渉している最中であると信じ込ませようとした。翌朝新内閣が宣誓されさえすれば、パーペンは、カトリック党との話し合いは急遽中断されたことにするのは容易であると考えた。それまでにヒトラー内閣を鳴り物入りで発足させてしまえば、ヒンデンブルクは三人の前任者の裁量に任せてきた緊急令を新首相が使うのを拒否することはできないだろう。とくにもし大統領の信任厚い親友フランツ・フォン・パーペンがそうした措置を支持するとすれば。パーペンがどの時点で、ヒトラーとフーゲンベルクにこの策略を明らかにしたのかは不明である。しかし翌朝、ヒトラーとフーゲンベルクが司法相の座を空席のままにしておくことを受諾したこと、カトリック党との連合交渉が未解決であると見せかけたことは、彼らの共同謀議であることに何の疑いもない。ヒンデンブルクの大統領府官房長マイスナーの場合も同様だった。仮にこの詐欺行為が成功するような場合には、マイスナーの協力は重要だった。

一月二十九日日曜日の夜、ベルリン政界は錯綜する流言で騒然としていた。フランソワ＝ポンセ大使は、パーペンが新内閣組閣の努力を断念したと聞かされた。[52] 同様の報告は、パーペン内閣とシュライヒャー内閣で財務相を務めた無党派のシュヴェリーン・フォン・クロージク男爵にも届いた。[53] 彼は同日早朝、パーペンから、自分も含めたヒトラー内閣形成で合意を目指していると聞かされていた。

男爵への通報者は、フーゲンベルクが再びパーペンの首相返り咲きに圧力をかけたと報告した。さらに別の通報者は、シュヴェリーン・フォン・クロージクに対し、大統領はもはや責任能力がないという理由で、シュライヒャーがヒンデンブルクに軍隊を動員しようとしていると伝えた。流言の標的になったひとり、朝の二時に電話で起こされたオットー・マイスナーは、シュライヒャーが大統領とオスカー・フォン・ヒンデンブルクとならんで自分を逮捕しようとしていると警告された。(54)

一月三十日月曜日の朝、政治情勢は混沌としたままだった。イギリス大使ホレース・ランボルド卿は本国政府にパーペンが新首相になりそうだと伝えた。(55) またその朝、シュライヒャーの首相府官房長エルヴィン・プランクはシュヴェリーン・フォン・クロージク男爵に電話して、ヒトラーは交渉を中断して、おそらくすでにベルリンを去ったと伝えた。(56) プランクは男爵にパーペンが午前十一時、大統領に召喚され、首相宣誓を行なうと報告した。

プランクと話した直後、シュヴェリーン・フォン・クロージク男爵は大統領府から要請を受け、十一時に首相府に出頭し、再び財務相就任の宣誓をするよう指示された。しかし、誰が新内閣の首相となるかについては何の示唆もなかった。再度支持基盤の弱いパーペン内閣に狩り出されたくなかったので、当惑した男爵は外相フォン・ノイラートに電話した。外相もそうした新内閣成立に向けた動きに巻き込まれるのを拒否したが、非公式に首相府に十一時に来るようにという連絡を受けたことを伝えた。その後シュヴェリーン・フォン・クロージク男爵がパーペンに電話した際、彼はパーペンから素っ気なく様々な流言は無視するように言われた。パーペンは彼にヒトラー内閣は確実であると保証した。これはシュヴェリーンの困惑を増しただけだった。誰が首相として宣誓することになるか、なお分からないままに、彼は昼前に首相府に出向いた。

前日ヒンデンブルクの要請を受けたフォン・ブロンベルク将軍は三十日早朝、スイスからの夜行列車でベルリンに到着した。[57] 彼が駅のプラットホームに降り立った時、二人の陸軍将校がブロンベルクを待っていた。ひとりは、偶然ブロンベルクのベルリン到着を知った陸軍司令官フォン・ハンマーシュタイン将軍によって派遣された少佐だった。少佐の受けた命令は、ブロンベルクを国防省に連れて行くことだった。そこでシュライヒャーとハンマーシュタインはブロンベルクと会談する予定だった。両者とも国防相受諾を辞退するよう説得するつもりだった。ブロンベルクを待っていたもうひとりは、オスカー・フォン・ヒンデンブルク大佐だった。彼は将軍を首相府に連れて行くためにやって来た。そこで彼の父親がブロンベルクをヒトラー内閣の国防相に任命する予定だったのである。待機していた二人の将校に選択を迫られて、ブロンベルクはヒンデンブルク・ジュニアとともに出掛けた。彼は、もうひとりの少佐より地位が上であるばかりでなく、陸軍最高司令官の代理だった。

ブロンベルクとオスカー・フォン・ヒンデンブルクが首相府の大統領執務室に到着したとき、国防省の将校が将軍の列車を待っており、彼をシュライヒャーの許に連れて行こうとしたというニュースは、軍事クーデタが切迫しているとの流言に信憑性を与えた。軍事クーデタの危険性とこれに対処する緊急性を考えれば、一層混迷する政治状況を早急に解決する必要があった。先制攻撃としてブロンベルクは、九時直後に国防相としての就任宣誓をした。[58] それによってシュライヒャーから軍へのあらゆる権限を奪ったのである。

ブロンベルクが大統領の許に出掛けたことを知って、シュライヒャーはマイスナーに電話で、自分の国防相としての権限は憲法違反の措置によって侵害されたと抗議した。[59] しかし、さらに明らかな違法だったのは、ヒンデンブルクがその地位をブロンベルクに付与したことだった。憲法によれば、閣僚は首相の指名によって大統領から任命されることになっていた。ブロンベルクが一月三十日の朝宣誓した時点では、シュライヒャーはまだ事務管理内閣の国防相だった。だが、ブロンベルクの任命について、シュライヒャーの懸念は、部分的に的中したにすぎなかった。彼は、ブロンベルクがパーペン内閣の閣僚になるのではないかと懸念したが、ブロンベルクの任命は実際にシュライヒャー自身が好意を示してきたヒトラー内閣の成立に先手を打つものだったのである。シュライヒャーは、宿敵パーペンがヒトラー内閣で顕著な役割を果たしたり、彼自身が国防相を更迭させられるなどという可能性を考えることができなかった。

三十日の九時から十時のあいだ、フーゲンベルクが内務省のパーペンの執務室に到着した。[60] 同じくドイツ国家国民党の著名な国会議員オットー・シュミット＝ハノーファー、鉄兜団の共同指導者ゼルテとデュスターベルクも到着した。そこでパーペンは出席者に新内閣がすぐにも宣誓しない場合にはクーデタによってシュライヒャーの軍事独裁になると熱弁を振るった。パーペンは詰まらぬ議論をしている時間はないと主張した。デュスターベルクは後に「もし新内閣が十一時までに認証されない場合、軍隊が進軍を開始する。われわれはシュライヒャーとハンマーシュタインの軍事独裁による脅威にさらされているのだ」と語ったパーペンの警告を回想している。[61]

フーゲンベルクの同僚シュミット＝ハノーファーと鉄兜団のデュスターベルクは、まだヒトラーが首相に就任することに難色を示していた。[62] 彼らは、新内閣発足の速度をゆるめ、ナチスにドイツの五分の三の警察権を管轄するプロイセン内務省を与えずヒトラーの権限を制限することを望んだ。フーゲンベルクとゼルテの支持を積極的に勝ち得ることができなかったので、デュスターベルクとシュミット＝ハノーファーは、ヒンデンブルクに自分たちの懸念を伝えようと首相府に出掛けた。彼らは大統領との接見は拒否されたが、代わりにオスカー・フォン・ヒンデンブルクに会うことができた。(63)彼らはオスカーは、シュライヒャーのいわゆる裏切りを罵り、ヒトラーに関する彼らの懸念については全く興味を示さなかった。

パーペンの執務室に戻ってみると、デュスターベルクはそこにヒトラーとゲーリングが到着しているのに気づいた。(64)もしゼルテが鉄兜団の代表として入閣するとなれば、その同意が必要となったデュスターベルクは、ナチスに個人的な恨みを抱いていた。数ヵ月前、彼は遅ればせながら一方の祖父がユダヤ人であることを知った。(65)彼自身はキリスト教徒として洗礼を受けていた。この情報はすぐにナチ党機関紙の知るところとなり、ナチは自陣営に鉄兜団のメンバーを勧誘する活動の一環として、デュスターベルクをユダヤ人の子孫と呼び、鉄兜団をユダヤ人利益のための道具だと非難した。彼自身は鉄兜団の反ユダヤ主義グループに所属していたが、ナチスの攻撃はデュスターベルクの悩みの種だった。ヒトラーが首相に立候補した際、彼が冷淡な態度を取った理由のひとつは、ナチスに対する鬱積した怨恨にあった。

三十日朝、デュスターベルクは、ヒトラーとゲーリングがパーペンの執務室に到着した折、挨拶するのを故意に避けたが、このときデュスターベルクがゼルテのヒトラー内閣入閣を承認しない可能性は大いにあった。ヒトラーはこのことに気づき、鉄兜団の指導者の憤りを鎮めるよう振る舞った。(66)急遽相談して、彼とゲーリングは立ち上がり、友好的な雰囲気でデュスターベルクに近づいた。ヒトラーは厳粛な儀式用の取っておきの低い声で、デュスターベルクに告げた。自分はナチ党機関紙に貴殿を攻撃せよとの命令も許可もしていないと。ヒトラーは目を潤ませながら、誠実に心情を吐露して見せた。その態度に心を開いたデュスターベルクは反抗的な態度を止めた。こうして鉄兜団の支持を獲得するための最後の障害は除去されたのである。

それからパーペンは、ヒトラー、フーゲンベルク、デュスターベルク、ゼルテを案内して、先月彼がしばしば通った道を通り、内務省の裏手から庭へ、さらに外務省に通ずる塀の門を通り、それから首相府の庭に通じる門をくぐった。[67] 裏手から入って、彼らは十一時直前、首相府にあるマイスナーの一階の執務室に到着した。大臣に指名された他の人間もそれぞれにやって来た。シュヴェリーン・フォン・クロージク男爵は到着して初めて、パーペンではなくヒトラーが首相になるということを最終的に確認した。[68] 予定された内閣の宣誓が数分後に迫ろうとしていたとき、パーペンが未解決のままにしておいた問題が彼のもくろみを潰し、ヒトラーの首相任命を妨げそうになった。ヒトラー首相の下で実施される選挙については、フーゲンベルクが自党の敗北を懸念することを知っていたので、パーペンはドイツ国家国民党指導者にヒトラーが国会解散を要求していたことを隠していた。しかし、いまや宣誓のセレモニーまで数分しかない段階になって、ヒトラーは新内閣の首相となることに同意する前に、この点についての確約がなければならないと述べた。[69] フーゲンベルクは断固としてヒトラーの要求を拒否した。

予定された内閣の二人の中心人物が対立して、パーペンのもくろみは崩壊寸前に見えた。この問題

首相府の裏手（BAK）

が解決するまで新内閣はあり得なかったから、白熱した議論は予定の十一時を越えた。ヒトラーはフーゲンベルクをなだめるため、選挙の結果如何にかかわらず、内閣の構成は変更しないと誓った。この確約もフーゲンベルクの抵抗を打破することができなかったとき、パーペンはこのドイツ国家国民党の指導者を、重大な危機に際して苦労して作り上げた愛国主義同盟の結束を危うくするものであると非難した。選挙は内閣の構成に影響を与えないというヒトラーの確約を楯に、パーペンはフーゲンベルクに対して、ドイツ人の名誉に懸けて厳かに語ったヒトラーの言葉を疑うなど考えられないと語った。だが、フーゲンベルクは依然かたくなに新たな選挙には反対したままだった。

全体の計画が破綻しそうになったまさにそのとき、オットー・マイスナーがこの袋小路をヒトラーの有利になるように打開した。[70] マイスナーは時計を手に入室して、もう十一時十五分になっており、大統領は十一時から閣僚が来るのを待っておられる、大統領をこれ以上待たせるわけにはゆかない、と告げた。ヒンデンブルクの要請に対する唯一の障害が自分であることを理解して、フーゲンベルクは折れ、ヒトラーの新たな選挙という要求を承認した。それから一同は大統領の二階の執務室に向かった。そこでヒンデンブルクが彼らを迎えた。パーペンが提案された閣僚名簿を読み上げたが、司法相の座はまだ空席のままだった。このときになってもまだ、もうひとつの土壇場の妨害によって、急いで新内閣の宣誓を行なおうとする動きが頓挫する心配があった。財務相シュヴェリーン・フォン・クロージク男爵がパーペンに近寄り、自分は健全な財政と通貨政策が行なわれることが確認される場合にのみ再任を引き受けると告げた。[71] パーペンはすぐに男爵をヒトラーに紹介した。彼はヒトラーに会ったこともなかった。ナチ党指導者は、大臣の慌ただしい質問に曖昧に、しかし安堵させるような返答をした。このようないい加減な方法で、ドイツの新内閣をめぐる交渉は最終的に決着したのである。

一月三十日月曜日十一時半、大統領パウル・フォン・ヒンデンブルクはアドルフ・ヒトラーに首相職への宣誓式を行ない、彼をドイツ首相に任命した。いかなる客観的な基準から見ても偽誓行為であったが、ナチ党指導者は、長年彼が粉砕すると誓ってきた共和国の憲法と法律を守り、維持すると宣誓した。ヒンデンブルクがヒトラーを大統領内閣の首相として受け入れるのを渋ることのないようパーペンが考え出した策略を一貫して維持するため、公式声明には新内閣が基本的に議会主義内閣であることを意図している旨を示唆するように文案が考えられた。この文案作成は明らかに司法相がま

1933年1月30日のヒトラー内閣。座っているのは左から、ゲーリング、ヒトラー、パーペン。立っているのは左から、コンスタンティン・フォン・ノイラート男爵（外相）、ギュンター・ゲーレケ（雇用創出全権委員）、ルッツ・グラーフ・シュヴェリーン・フォン・クロージク（財務相）、ヴィルヘルム・フリック（内相）、ヴェルナー・フォン・ブロンベルク将軍（国防相）、アルフレート・フーゲンベルク（農業・経済相）。パウル・フォン・エルツ＝ルューベナッハ男爵（郵政・運輸相）は欠席した。（BPKb）

1933年1月30日、首相府を出るヒトラー首相とフリック内相。（BAK）

だ任命されておらず、ヒトラー首相がただちにカトリック党と交渉に入ることを明確に強調することによって行なわれた。

民主主義の不倶戴天の敵が首相になったにもかかわらず、共和国の擁護者たちは、ナチ党指導者が首相になったことに抵抗したり、示威行動を行なったりすることすらしようとしなかった。ナチスが暴力に訴えることは以前から予想していたが、政治的暴力がこの社会の常態となっていたので、彼らは油断したのである。カトリック中央党の指導者たちは、組閣の公式声明に防御的な態度を取って、入閣を拒否し、憲法無視の実験に警告を発した。[72] 社会民主党は、ヒトラーが合法的に権力を握るというあり得ない可能性に対処する方針を持ち合わせていなかった。[73] 愕然とした党の指導者たちは、約百万の党員、何十万もの国旗団、すなわち党と連携した半軍事組織に対して、いかなる行動も慎むようにと勧告した。党指導部は以下のような声明を出した。新内閣に憲法違反があれば労働者階級からの断固たる抵抗がなされるだろう。その間、無規律な行動を取るのは有害なだけである。社会民主党と国旗団の傘下にある全勢力は最終的な対決のために備えなければならないのである。事態の推移からすぐに明らかになったように、決着はすでについており、共和主義者たちの大義は失われていた。

何人かの共和主義者は恐ろしいことが起きたと認識したが、それでもなお、ヒンデンブルクが彼らを救済してくれると漠然とした希望にしがみついていた。三十日の夕刊で、ベルリンのフォス新聞は、一九三二年八月と十一月に大統領が政府をヒトラーに委ねることを拒否した言葉を引用した。[74] 同紙は、当時ヒンデンブルクがナチスについて語った言葉は依然として有効であると憂鬱そうに指摘した。社

1933年1月30日、ホテル・カイザーホーフにおけるヒトラー首相とナチ側近。左からオットー・ワーグナー、ヴィルヘルム・クベ、ハンス・ケルル、ヴィルヘルム・フリック(着席)、ヨーゼフ・ゲッベルス、ヒトラー、エルンスト・レーム、ヘルマン・ゲーリング、ヴァルター・ダレー、ハインリヒ・ヒムラー、ルドルフ・ヘス。(BAK)

上と同じ写真。ただし1934年6月にヒトラーの命令で殺害されたエルンスト・レームを削除するために修正されている。1年前に粛清されたワーグナーとクベを除くためその部分も切り取られた。(BSB)

上の二枚と同じ写真。1941年スコットランドに逃亡したヘスを削除するため再度切り取られた。(BSB)

「フーゲンベルクの自動車教習所」は、ヒトラー内閣が保守派に支配されるという通俗的見解を反映している。キャプションには「フーゲンベルク対パーペン」、「新参者〔ヒトラー〕は自分のしたいことをなんでもできると思っているが、われわれが経済路線を決定するのだ！」とある。（前進 1933 年 2 月 1 日、#53）

会民主党の機関紙、前進も同日の夕刊で、ヒンデンブルクに訴えた。「この内閣の任命によって、大統領はこれまでのどの政治家も担ったことのない恐ろしい責任を負った。この内閣が憲法を逸脱しないかどうか見守ること、この内閣が国会で多数派を確保できない場合には、すぐに解散させることが大統領の責務である」[75]。

　多くの政治評論家たちは、内閣においてナチス三人に対し保守派の大臣が数の上で勝っていることに安堵した。別の評論家は、真の権力はヒトラーではなく、パーペンかフーゲンベルクにあると見ていた[76]。さらに別の評論家は、計算されたものであったが、司法相の座が空席であることから生じる先行きの不透明さと、カトリック党の政権参加交渉がなお続いているという公式声明によって、新内閣の性格についてごまかされた。これらの誤解を招く指標によって、ほんの二、三人の古参の政治評論家だったが、彼らは当初、ヒトラーを大統領内閣ではなく議会主義内閣の首相として任命されたと考えた。[77] 彼らは、ヒトラー内閣が大統領緊急令を手にする必要がなく、代わりにカトリック党の参加ないしは黙認によって可能になる国会での多数派に依存することを期待した。共和主義的と見なされるベルリン日刊の普段は明敏な論説委員テオドア・ヴォルフは、もし新内閣が多数派を失った場合には他の議会主義内閣と同様に、辞職か新たな選挙をしなければならなくなると予言した。[78]

政治サークル以外のドイツ人が、ヒトラーの首相任命に対して示した当初の反応は、現実に生起したことのとてつもない重大性を考えてみれば、驚くほどに無関心だった。次から次への首相交代は珍しいことではなかったから、一般の多くの人たちは興味を失っていた。国中の映画館で広く流されるニュース映画でも、新内閣の発足は六つの出来事の最後に流された。[79] しかもスキーのジャンプ、競馬、そして馬術ショーの後に。ベルリンのタブロイド誌の若いユダヤ人編集者は、三十日夜、「ほんのわずかな感慨すらも抱かず、それが自分に影響を与えるかもしれないという危惧の念も抱かず」現実に起きたことに関する記事の校正を行なったと後に思い出した。[80]「ほとんどの人たちが何が自分たちを襲ったのか理解できなかった」と前進の論説委員フリードリヒ・シュタンプファーは回想している。[81]

外国の反応は一般に落ち着いたものだった。ベルリン駐在のチェコ外交官〔カミル・ホフマン〕は、新内閣の発足になんら重要な変化は見られないと考えた。こう日記に書いている。「ヒトラーの名前を付しているが、ナチ政府ではなく、まして革命政府でもない。第三帝国ではなく、二・五帝国ですらもない」。[82] イギリス大使ホレース・ランボルド卿は本国政府にヒトラーの首相任命は大統領内閣の実験の終焉を意味していると打電している。しかし、ランボルドは、ヒトラーとフーゲンベルクの議会主義体制をめぐる敵対関係を見れば、「憲法違反の手段以外には、彼らが……体制の変更を実現するのは困難である」と見ていた。[83] ドイツ問題に関してあるイギリスの評論家〔ウィッカム・スティード〕は、ロンドンのサンデー・タイムズ紙上で問うた。「大統領フォン・ヒンデンブルクと彼の「盟友」パーペン氏は、ヒトラーの首をひねる前に籠に入れたのか、あるいは彼らが籠に入ったのか」と。[84]

三十日夜、パリへの報告の中で、普段は自信たっぷりの大使フランソワ゠ポンセも、現実に起きたことについて狼狽の色を隠せなかった。[85] 彼は、カトリック陣営の人間がまだ新内閣に入閣していないことを指摘して、ヒトラーが議会多数派という手段で統治しようとしているのか疑問に思った。また、もし多数派の支持を獲得できなかった場合、ヒンデンブルクがヒトラーを支持するか疑問に思った。いずれにしても、ヒトラーの首相任命はフランソワ゠ポンセに衝撃を与えた。彼には狼を捕らえようとして、羊の群れに狼を入れたようなものと映じた。[86] ただちに新たな状況を正確に評価した数少ない外国人のひとりであるスイスの記者〔ゲルト・H・パーデル〕は簡潔に指摘した。「熊はやはり熊である。たとえ鼻に輪をつけ、鞭で調教したとしても」。[87]

三十日夜、アドルフ・ヒトラー首相は、執務室の開かれた窓に数時間立ち続け、数万の突撃隊の歓呼の挨拶に――これに鉄兜団も加わった――答礼した。彼らはヴィルヘルム街を松明を手に民族主義的な歌を歌いながら行進した。二、三ヤード離れた所では、大統領フォン・ヒンデンブルクが首相府の古い建物の窓からこの行進を眺めていた。それは目覚ましい政治的復権の最終的結果だった。ほんの一ヵ月前、ヒトラーは終わったと思われていた。彼の党は最後の選挙で大きな後退を余儀なくされ、三人に二人が彼の党を拒否した。さらに大きな損失が州や地方の選挙でも起きた。脱退、叛乱が落胆した支持者のあいだで起こった。経済回復の兆しが、不況以来彼が巧みに利用してきた問題を奪おうとしていた。だが、それからわずか三十日後、彼を繰り返し非難してきた大統領が、正式に彼を首相に任命したのである。自らの目標を実現して、以前もしばしばそうであったように、ヒトラーは万事休したと思われたまさにそのときに自分が救済されたことに驚いていると語ったという。(88)

この驚くべき事態の転回はドイツの新たな支配者に消えることのない痕跡を残した。それは、自分は運命の人間である、すなわち間違いなく自らの計画に従ってドイツを全面的に支配することに成功し、ドイツを人種的に浄化するとともに、征服によって国境を拡大し、今後ヨー

1933年1月30日午後、内閣の最初の閣議に出席するためホテル・カイザーホーフを出るヒトラー。(UB)

1933年1月30日夜、首相府別館の窓からヴィルヘルム街を行進する支持者に応えるヒトラー。(UB)

1933年1月30日夜、ヴィルヘルム街を行くナチ突撃隊の松明行進。(BAK)

後に行なわれたナチ宣伝映画のための松明行進の再演。(UB)

ロッパの支配的国家にするという運命を担った人間である、という信念を確固たるものにした。それはまた、権力を追求するに当たって、彼が採用した「一か八かの戦術」の正当性をも示した。こうして「権力掌握」として知られるようになったものは、ヒトラーに自分は無敵であり、敢えて危険を冒す覚悟を持たねばならないという感覚を植え付けることになった。その感覚は、ヒトラーの驚くべき外交上、軍事上の勝利を可能にしたが、十年後、スターリングラードの戦場で彼の命運が尽きるとともに霧散した。彼の第三帝国の神話の多くの場合と同様、一九三三年一月三十日はヒトラーによる権力の掌握だったという見解は見せかけにすぎない。実際には、ヒトラーは権力を掌握したのではなかった。それは当時のドイツの運命を左右した人間によってヒトラーに手渡されたのである。

第七章　確定性、偶然性、責任の問題

一九三三年一月三十日、ヒトラーは首相に任命され巨大な権力を手中に収めたが、それはまだ彼が求めた絶対的権限には遠く及ばなかった。彼がそれをいかにして獲得したかはまた別の問題であるが、要点は以下のように要約できる。一月三十一日、政治的行き詰まりの責任がカトリック側にあるとして、カトリック党との連合交渉を故意に妨害して、ヒトラーは、既存の国会多数派に支持された議会主義内閣の首相になるとの見せかけをかなぐり捨てた。二月一日、議会は解散され、選挙は三月初旬に設定された。空席だった司法相の座は、同日パーペンとシュライヒャーの下でその地位にあった大臣〔ギュルトナー〕の再任ということで決着した。二月四日、大統領フォン・ヒンデンブルクは新首相に対し、出版・集会の自由を制限する法律を発令できる大統領緊急令の使用を許可した。こうしてヒトラー内閣の本質について大統領を欺くためパーペンが考えた策略は見事に成功した。ヒトラーは、ヒンデンブルクが以前は決して渡さないとしていたものを手に入れた。いまや彼は、事実上大統領内閣の首相となったのである。

続く数ヵ月の間に、ヒトラーは急速にその権限を拡大した。二月末、彼は国会議事堂を焼いた不可解な放火事件によって、権限拡大に向かって大幅な一歩を踏み出すことができた。放火事件は共産党

ヒトラー支配以前の国会議事堂（BPKb）

第三帝国末期の国会議事堂。1933 年 2 月に全焼。その後、第二次世界大戦で爆撃を受けた。（UB）

蜂起の兆候であるとの怪しげな口実で、彼は大統領を説得して、包括的な緊急令を発令させた。それは様々な市民権を無制限に停止し、内閣の権限を大いに拡大するものだった。国会選挙戦が頂点に達したとき、数万の突撃隊が腹心の部下ヘルマン・ゲーリングによってプロイセンの補助警察に任命され、政治的敵対者を妨害し、脅迫し、逮捕した。ナチスはナチ党に投票させようと、国会議事堂の放火事件の結果生じた赤い恐怖とヒンデンブルクによって首相に任命されたヒトラーが新たに獲得した特権を利用した。にもかかわらず、彼らは自由選挙とは呼べない三月の選挙で過半数を獲得できなかったのである。全体で四三・九％の得票率だった。

三月二十三日、ヒトラーは共産党の国会議員を追放し、脅迫と虚偽によって全権委任法に必要な三分の二の票を新たな国会で確保した。委任法は立法権を内閣に移行させ、施行期間は表向き四年間とされた。ナチスの粛清の波が続き、次から次に組織が圧力に屈した。恣意的な支配が法による統治に代わり、それは的確にも「分割払いのクーデタ」と呼ばれた。[1]夏までにナチ党を除くすべての政党が解党した。フーゲンベルクは閣外に放り出された。大統領の信頼を獲得したことによって、ヒトラーはパーペンを無意味な存在に追いやった。それ以前にゲーリングは、パーペンからプロイセン政府の支配権をもぎ取っていた。一九三四年八月のヒンデンブルクの死に伴って大統領の権力を掌握するずっと以前から、ナチ党指導者はドイツの独裁者となっていたのである。

事態がこのように展開するには——それはまたその後に続く恐ろしい結果をもたらした——ヒトラーの首相就任は絶対必要な前提だった。ヒンデンブルクが大統領に居座っている限り、首相職のみがヒトラーに権力への道を提供したからである。さらに彼が認識していたように、もし自らの遠大な目標を実現するため必要な独裁権を手にしようとすれば、彼は首相として諸政党の連合に基づく議会多数派の予測不能の変化に左右されてはならない。それゆえ、彼はこれらの条件が整うのを忍耐強く待ち、困難にもめげず勝利者として立ち現れたのである。彼は背後にドイツ市民の少数派のみの支持しかない首相職を引き受け、首相に就任した時点ですでに回復し始めていた経済回復に率先して取り組み、平和的外交政策を次々に打ち出すことによって、絶大な人気を獲得しようとした。

一九三三年一月の最初の三十日の出来事だけでは、なぜヒトラーが権力を獲得したのか説明するには十分ではない。生起したことを十分に理解するためには、ドイツ史をより幅広く検証する必要がある。少なくとも一八四八年の失敗に終わった民主革命と政治的右翼がプロイセン主導の下に国家統一を目指す過程でナショナリズムの大義の虜になった時点にまで遡って言及する必要があろう。また半封建的エリートが帝国を支配していたことが考慮されなければならない。過激な労働者階級の政治運動を生み出し、最終的には厳しく敵対する党派への分裂を生んだ経済状況と社会的緊張も同様である。ドイツ自由主義の脆弱さと分裂、強固な軍国主義的伝統、一部市民の偽科学的人種論に影響されやすい傾向など、これらすべてがやがて来るべきものの中で、それぞれの役割を果たしたのである。ドイツ人は勝利すると信じ込まされていたが、その戦争の敗北の衝撃、過酷なヴェルサイユ条約、国の通貨体制を破壊したハイパーインフレ、そして大恐慌の強烈な衝撃も同様である。

こうした歴史的先行事例に焦点を当てることで、ヒトラーの台頭を説明しようとする様々な見解は、不幸にも決定論に傾く傾向がある。それらの見解は、実際に起きたことは巨大な非人間的な諸力のどうすることもできない結果であり、起こらざるを得ず、その他の選択肢はなかったという印象を与える。しかし、そうした結果になるにはそうした要因が必要だったかもしれないが、多くの点でそれだけでは不十分である。それらは第三帝国がひとつの可能性であったことを理解するには役立つが、第三帝国がいかにして現実のものとなったかを説明することはない。

ヒトラーを権力の座に導いた一連の出来事のうち、偶然性の強い要素を明らかにして、一九三三年一月の出来事を検証することにより、決定論的見解の影響を緩和することができる。第三帝国は疑いもなくドイツ史の産物である。しかしそれは、当時この国に開かれていた唯一の可能性だったわけではない。ヒトラーが首相になるまでは他の政治的解決も可能だった。ナチ党指導者の成功は、権力を獲得しようと意気軒昂たる運動の絶頂期にではなく、彼の運が下降し始めたときに生じたのである。彼が首相として宣誓するまさに三十日前、情報通はヒトラーの政治的死亡記事を書くのに忙しかった。華々しい登場から無名の存在へ、彼の党は勢いを失い、解党寸前だった。結局、将来の独裁者は、最終的に彼の成功で終わった出来事を自分から引き起こすどころか、彼が制御できなかった一連の予測不能の展開の結果生じた失敗によって助けられたのである。

ヒトラーを権力へと押し上げた運命のあり得ない逆転にとって決定的だったのは、ヒトラー以外の人間の行動だった。非人間的な諸力は事件を可能にするかもしれないが、何と言っても人間が事件を起こすからである。このことはとくに一九三三年一月のドイツに該当する。このとき、この大国の運命は一握りの人間の行動にかかっていた。多くの人たちの運命がほんのわずかな人間の手に握られていたということは、人間の世界においてしばしば見られることである。三人がドイツの運命を握っていた。大統領パウル・フォン・ヒンデンブルク、首相クルト・フォン・シュライヒャー、そして前首相フランツ・フォン・パーペンである。他の三人、オスカー・フォン・ヒンデンブルク、オットー・マイスナー、そしてアルフレート・フーゲンベルクは、先の三人に比べれば重要性は少ないとはいえ、それでも一連の出来事の中でそれなりに重要な役割を担った。これらの人間たちと比較すれば、ヒトラーの役割は本質的に状況の変化に反応したものだった。ヒトラーは、彼らに狡猾に反応したが、切り札は彼ではなく、彼らにあったのである。

もちろん、ドイツのそれ以前の歴史を理解することは、ヒンデンブルク、シュライヒャー、パーペンのような人間が、いかにしてこうした重大な政治的役割を演じることになったのか説明するために必須のことである。貴族階級がドイツ統一の際に果たしたその顕著な役割と、帝国政府における特権的地位によって彼らに付与された威信なしには、「フォン」の付いた人間たちが、共和主義的革命後も高位高官にふさわしい候補と見なされることはなかったであろう。同様にドイツの伝統に軍国主義という強力な要素がなかったら、なんの政治的能力もない敗軍の元帥が、共和国の大統領に、それも七十七歳で選出され、八十四歳で再選されるなどということはなかったであろう。また共和主義者たちが軍を有効な文民統制の下に置くことに成功していたら、クルト・フォン・シュライヒャーのような職業将校は、ドイツ政治における重要人物にはなれなかったであろう。ドイツ史をはるかに遡ったところに原因はあったが、議会制民主主義の破綻がなければ、この国の運命の決定権がこうした一連の人間に集中することはなかったであろう。あれやこれやの人間的要因を越えたものは、いかに個々人が出来事の推移に大きな影響を与えるようになったか説明するのに役立つが、個々人がいかにその影響を利用したのかを説明するものではない。

その行動によってヒトラーに権力を与えた人たちは、舞台裏で影響力を持つ既得権者の操り人形だったといわれてきた。しかし、半世紀に及ぶ研究は、そうした主張が信頼し得るものであるとはしてこなかった。それは、これらの人間がいかなる影響も受けなかったということではない。ヒンデンブルクは、経済的に困窮した東プロイセンのユンカー地主に対する憂慮の念を隠さなかった。ユンカーは彼を自分の仲間として喝采して迎えた。ユンカーのシュライヒャーへの反対、あるいはヒトラーへの共感は、大統領の判断に影響を与えたかもしれない。だがたとえそうであっても、それはヒンデンブルク側の感情の問題であって、彼の行動を制約するような利害の問題ではなかった。シュライヒャーはひたすら自分と軍の利害のために行動した。たしかに、彼が再軍備に関与したこと、数十万のナチ突撃隊を拡大した国防軍に組み込みたいと願ったことは、ヒトラーがもたらす危険に対して彼の判断を曇らせたかもしれない。しかし、それはシュライヒャーの判断力欠如の結果であって、やむを得ざる制約的状況の結果ではなかった。パーペンは、資本家の財政的、政治的支持を求め、彼らの経済的利害を優先する傾向があったが、彼は自らの判断で破滅的な政治路線を決定した。頑固者のフーゲンベルクは悪名高かったが、彼は自らの見解や目的と異なるいかなる陣営からの圧力にも抵抗した。オスカー・フォン・ヒンデンブルクは、彼の父親にのみ忠誠を誓った。オットー・マイスナーは自分にのみ忠誠を誓った。要するに、これらの人間は自分の好みに従って自由に政治的選択を行なったのである。

一九三三年一月に起きた出来事のうち、これら渦中にあった中心人物の人間関係に起きた重要な変化の結果ほど大きな偶然性を示すものはない。老大統領のパーペンへの強い愛着とシュライヒャーからの離反は、出来事の原因として重要だと思われる。同様にパーペンとオスカー・フォン・ヒンデンブルクの友情に取って代わったのは、シュライヒャーへの敵意だった。ドイツのような大国における権力構造がこうした個々人の小さな集団に依存していた状況下、人間感情の最も重要な要素のいくつか――個人的な愛情と嫌悪、傷つけられた感情、気まずくなった友情、復讐欲など――が大きな政治的影響を与えたのである。

幸運――偶然性のうち最も気まぐれなものである――は明らかにヒトラーの側にあった。彼は紳士クラブで偶然パーペンとフォン・シュレーダー男爵が出会ったことで孤立状態から救われた。それはケルン会談への道を開き、シュライヒャーに対する陰謀を誘発することになった。偶然にもリッペの州選挙は、彼にとっておあつらえ向きの時期に予定されていた。しかもそれはほとんど完璧と言っていい場所で行なわれた。その選挙は、不満を抱えた党員たちの落ち込んだ士気を奮い立たせるため、わずかな成功でも欲しかったまさにそのときに行なわれた。二週間後、シュライヒャー側のクーデタが差し迫っているという誤った流言が絶好のタイミングで起きた。それによってパーペンは、大統領フォン・ヒンデンブルクのなかなか消えない懸念を払拭し、新内閣は基本的に議会主義内閣であって大統領内閣ではないと誤解させて、急遽ヒトラーを首相に任命するよう説得することができたのである。

ますます士気が低下する党に対する支配を維持しようと奔走する中、ヒトラーの「一か八かの戦術」をめぐって、彼と決別した唯一のナチ党指導者がグレゴール・シュトラッサーだったという点でもヒトラーは幸運だった。この背教者は弟オットー・シュトラッサーとは非常に異なっていた。[2] オットー・シュトラッサーは、多くのナチスが抱いていた社会主義への願望に党指導者が無関心だったことが原因で、一九三〇年にナチ党を脱退した。非常に闘争的だったオットー・シュトラッサーは、対抗組織である「黒色戦線」を結成し、ヒトラーを運動の理念に対する裏切り者と容赦なく攻撃して、ヒトラーの支持者を獲得しようとした。だが、オットーの努力は無駄だった。彼の脱党が、ナチスが選挙で驚くべき成功を収め、それによってヒトラーが国内政治の重要人物となった時期と重なったからである。党内では弟よりもはるかに多くの支持者を持っていたグレゴール・シュトラッサーに指導された分派運動は、一九三二年十二月ないしは一九三三年一月、党を壊滅させるような分裂を引き起こしたかもしれなかった。このとき党が退潮傾向を示したことは、多くのナチスにその指導者の判断に対する疑念を抱かせた。しかし、ヒトラーにとって幸いだったことに、グレゴール・シュトラッサーは弟と異なり闘士ではなかった。

ヒトラーの最大の幸運は、クルト・フォン・シュライヒャーの個人的な性格その他の欠点にあった。シュライヒャーは一九三三年一月初旬、念願の首相職に就いており、ナチ党指導者の野望を妨害することもできたのにそうしなかった。彼の失敗が第三帝国への道を開いた。この将軍の躓きの多くは自ら招いたものである。その横柄な態度によって、シュライヒャーは老ヒンデンブルクの機嫌を損ねた。彼は、自らの統治のためにはヒンデンブルクの信頼を確保しておかなければならなかったにもかかわらず、である。彼の鋭い舌鋒は、旧友である大統領の過敏性の息子、すなわち最も信頼する友人との関係を取り返しのつかないほど疎遠にして、彼を不利な状況に置いた。彼はもうひとりの友人、浅薄で奸智に長けたフランツ・フォン・パーペンを首相にし、その後辞任させたことで彼を敵に回した。陰謀に長けた人物として知られていたにもかかわらず、シュライヒャーはパーペンの狡猾さをあまりにも過小評価していた。そしてパーペンの偽りの言葉に完全に幻惑された。

シュライヒャーはいわば首相としては不適格だった。以前は舞台裏の黒幕として、抜け目なさで知られていたが、自ら責任を背負うとなると、嘆かわしいほどの判断力の欠如と自己欺瞞の性癖を示した。政治的機知で有名なのに、ヒトラーを脅して自分に協力させるという非現実的な戦術に固執した。そうした戦術の成果は疑わしいと判明したにもかかわらず、彼はずっと後までそれにしがみつき、最悪の場合の代案を考えることができなかった。戦術的な失敗によって首相の座を保持する機会を逃し、機略縦横の才能も権力への貪欲さもないことを示した。文民への不信や秘密主義の結果、シュライヒャーは軍部の副官以外には心中を打ち明けることはなかった。彼は国家の重要事項に関しても彼らの助言に頼った。彼はますます孤立して、政治的現実を見ることができなかった。短期間職務に就き、最後に投降し、乱闘から身を引いたのである。そしてヒトラーが埋めることになる権力の空白状態を生み出した。そのあいだ、彼は軍部への支配は維持できるのではないかという希望にすがったが無駄だった。

もしシュライヒャーが政治にもう少し精通していて、権力保持に熱心だったら、ヒトラーが首相になる機会はなかっただろう。当時の状況ではナチ党指導者の権力掌握は不可避だったとしばしば主張されてきた。他のいかなる解決策も、大統領フォン・ヒンデンブルクが喜んで受け入れるような右翼政府に対する強力な大衆支持を確保することができなかったとされるからである。その議論によれば、そうした大衆の支持がなければ、右翼が統治することは不可能だったという。だが、この見解は軍事政権の現実の可能性を見落としている。ヒトラーはその危険性を認識していたため、軍事政権を恐れた。[3] 彼は軍事政権が明確な選択肢であることをよく知っており、他国で起きていることに注目せざるを得なかった。ドイツは決して民主主義が躓いた唯一の国ではなかったのである。戦間期のヨーロッパでは、一二カ国以上の国において、選挙で選ばれた内閣の実験が失敗したか、崩壊寸前だった。二、三の国においては、軍部あるいは半軍事政府が権力を引き継いだ。記録が明らかにしているように、これはファシズム運動による権力の獲得というよりも民主主義の失敗の結果だった。二つの事例においてのみ、すなわちイタリアとドイツにおいて、平和時にそうした政府が登場した。

シュライヒャーが首相だったとき、野心的で有能な将軍による軍事的支配が克服できない障害はなかった。共和国の軍隊は小規模だったが、それは長期の兵役を志願した厳しく訓練された職業兵士からなっていた。将校の中にはナチ支持者がいたが、彼らは組織されておらず指揮系統に忠実な将校と比較すると、数的に劣勢だった。シュライヒャーによって行なわれた改革の結果、一九三三年一月には、軍隊は国内の不穏な情勢に対処するのに、パーペン首相の最後の時期よりも準備が整っていた。いずれにしても、潜在力としての大衆の反対は政治的に分裂していた。ナチス、共産党、社会民主党、これらの諸勢力は和解できないほどに対立していた。一九三三年夏までに失業者の数を急速に減少させた経済回復基調への信頼を獲得すれば、軍事政権は大不況以降、ドイツの政治を混乱させてきた不満のほとんどを緩和することができた筈である。[4]

一九三三年初頭に憲法条項を巧みに回避して軍事政権を打ち立てるには、一般人を抵抗に駆り立てるような公然たるクーデタは必要なかっただろう。先の三年間に行なわれた大統領の緊急令による支配は、完全な権威主義的政府への段階的移行には理想的な政治的方策だった。大統領フォン・ヒンデンブルクは合法性から逸脱することに原則的に反対しなかった。彼はパーペン内閣時、新たな選挙を憲法に規定される六十日を越えて延期することに二度にわたって同意していた。たしかに、軍指導者であれば、最初はヒンデンブルクに従わねばならなかっただろう。だが、老ヒンデンブルクの余命は予測されていた。そして一九三四年の彼の死は、シュライヒャー将軍が国家の全責任を引き受ける道を切り開いたであろう。軍事的保護を受けた憲法違反の政府は望ましいものではないが、第三帝国と比較すれば、そうした種類の保守的政府ははるかに「より少ない害悪」だった筈である。軍事的支配がヒトラーの権力掌握に対する最も有効な選択肢であったときに、政府の頂点にいた将軍がその機会を摑む能力も意志も持っていなかったということはドイツの不幸だった。

もし軍事政権が、一九三三年初頭に見られた経済状況の回復の波に乗っていたら、ヒトラーへの影響はどのようなものだっただろう。あらゆる兆候からして、彼の運動内部での危機は一層先鋭化し続けた筈である。リッペでの選挙の成功とグレゴール・シュトラッサーが姿を消したにもかかわらず、一月のあいだ、ナチスの不満は募っていた。ヒトラーの首相就任のまさに二日前、ナチスの強いフランケン地方のある管区指導者は、党内の不平家の「目に見えない戦線」に警告を発していた。[5] もし軍事政権の樹立によって、ヒトラーが国家の支配権力を獲得する見込みがなくなっていたら、彼の運動は不況以前の党がそうであったように、おそらく急速に分派主義の泡沫集団に転落していただろう。権力の頂点に登り詰める寸前にあったので、彼はあまり重要でない政治的役割や文民の地位に満足して妥協するようなことはしなかっただろう。大いにありそうなことは、彼の征服戦争が全面的敗北で終わったときに彼がしばしばそうすると脅迫したり、最終的にはそうして見せたように、その失敗に対して自殺という行為によって反応しただろうということである。一九三三年一月の出来事が別の展開を見せていたら、ヒトラーは重要な活動家、扇動家のひとりとして大きく扱われる代わりに、せいぜいのところ二十世紀の歴史の中で簡単に扱われる人物で終わった筈である。

ヴァイマール共和国が第三帝国によってではなく、軍事政権によって引き継がれていたら、どのような相違があっただろうか。(6) 少し考えて見るだけで、そこには非常に大きな相違があるということにすぐに気づく筈である。軍事的支配は、ドイツやその他のヨーロッパのほとんどの国に、ヒトラーの第三帝国が行なったような深い傷ないしは広範囲に及ぶ傷を残すことはなかっただろう。そうした政府は基本的に保守的で、ナチスによって解き放たれた熱狂的な過激主義を取ることはなかった筈である。それは権威主義的ではあったろうが、全体主義的ではなかったであろう。民族主義的ではあったろうが、人種主義的ではなかったであろう。それは不快ではあっても、悪魔のごときものではなかったであろう。それは体制を破壊する恐れがあると見なされた見解については、その公的な意見表明を抑圧しようとしたかもしれないが、ドイツ人を強制的に政府の主張するイデオロギーに同意させたり、画一化したりしようとはしなかったであろう。それは政治的、市民的権利を停止ないしは抑圧したかもしれないが、これらの権利そのものを廃止しようとはしなかったであろう。それは政治的反対者を投獄したかもしれないが、強制収容所列島に閉じ込め、そこにサディストを置くようなことはしなかったであろう。それは反ユダヤ主義を政府の政策とはせず、ジェノサイドの体系的な綱領実施に着手しなかったであろう。国民主権を経験した国々におけるあらゆる軍事政権と同様、それは正統性を主張する点で困難を抱えており、その支配的な性格が永続することはなかったであろう。遅かれ早かれ将軍たちは自滅したであろう。そして再びドイツの共和主義者たちが国家の支配権を主張したであろう。

ドイツの軍事政権であれば、人類にホロコーストの恥辱を負わせるようなことはなかったであろう。それればかりでなく、第二次世界大戦の大虐殺と破壊をも阻止したであろう。その破局は、ヒトラーの無限の野心と人種主義的社会ダーウィニズムの消えることのない痕跡を残した。驚くべきことに、彼は強力な国民の独裁者として、自らの意志をヨーロッパに押しつける寸前までいった。しかし、最終的に彼は、彼が生存圏として夢想したものを、ドイツ人の将来の世代のためソヴィエト・ロシアの地に求めるという巨大な目標を追求する途上で失敗した。ヒトラーはまた、アジアを舞台にした第二次世界大戦勃発の引き金となった。日本の軍事政権はすでに権力を握る前、中国に対する侵略に着手していた。だが、東京の将軍たちは、ヒトラーがオランダ、フランスを敗北させ、またイギリスを大いに弱体化し、ソ連がその力をヒトラーの侵略に対抗するため集中せざるを得なくなるまで、西欧の植民地権力への攻撃を控えた。そうなって初めて日本軍国主義者たちは——アメリカ合衆国を含めて——西欧諸国に対して非常に大胆な行動を取るようになった。この真に最初の地球規模の戦争と呼べるものは、歴史上最も破壊的であったが、そのほとんどがアドルフ・ヒトラーの所業であった。

たしかに、ドイツの軍事政権の場合でも、別種の戦争となった可能性は大いにありそうである。指導的立場にあった将軍たちは、ヒトラーの再軍備実現の決意を共有していたし、そうするための最も早い好機を摑んだであろう。しかし、彼らの領土的目的はヒトラーのそれと比較すれば穏健なものだった。(7) 公的には認めなかったが、ベルリンの軍指導者たちはアルザスとロレーヌを回復しようとは望まなかった。それはドイツが一八七一年フランスから獲得したものであり、フランス人が一九一九年に返還を要求していた土地だった。アルザス人とロレーヌ人は非常に貧しいドイツ人となってて、いてもいなくてもなんとも思われない存在になっていた。軍指導部は、ヒトラーが信じたように、オーストリアとズデーテンラントとして知られるチェコスロヴァキアのドイツ人居住地域において、民族性がドイツへの統合を決定するとは考えなかった。

ポーランド回廊はまた別の問題だった。一九一九年、その帯状の領土を復活したポーランド国家へ割譲したことは、東プロイセンをドイツから切り離したばかりでなく、ドイツの東部防衛に大きな損害をもたらした。ベルリンの軍指導部は、できるだけ多くの領土を回復する決意を固めていた。同様にポーランド人も回廊を手放さないと決意していたから、ドイツが再軍備をして戦争が起こる可能性はあった。人的資源と資源格差がある状況下では、紛争は迅速なドイツの勝利で終わっただろう。

軍事政権によるポーランドに対する領土修正のためのドイツの戦争であれば、ヒトラーが一九三九年、ポーランドへの攻撃をもって開始したイデオロギー戦争とは大いに異なっていただろう。というのも、ヒトラーにとって対ポーランド戦争は、他国民を服従させ征服する基本的に無制限な活動の第一歩にすぎなかったからである。一九三九年のポーランドにおける彼の虐殺行為によって、イギリスとフランスはドイツへの宣戦布告を行なったのに対して、ベルリンの保守的軍事政権であったら、西欧諸国との摩擦は回避するよう努力した筈である。それは十分にあり得たことである。ヒトラーのそれ以前の度重なる挑発では、ためらいがちで乗り気でなかったロンドンやパリの政治家も、ヒトラー軍がポーランドを侵略して初めてドイツに宣戦布告するという保証をワルシャワに与えた。領土要求を限定し、ポーランドの抑圧に対して回廊内のドイツ民族少数派を保護するという建前で、ウィルソンの民族自決の原理を引き合いに出すことによって、ベルリンの軍事政権は間違いなく西側の干渉を防ぐことができたであろう。そのような紛争の場合、ドイツは東部でポーランドの領土をソ連と共有する見返りに、ソ連の黙認を当てにすることができた筈である。もっとも、ドイツは西欧の意見を考慮して、おそらくヒトラーとスターリンが共同で行なったようなポーランドの徹底的な分割は認めなかっただろう。

どれほど遺憾であろうと、そうした短期間のドイツ＝ポーランド紛争であれば、第二次世界大戦の地球規模の災厄と比較すれば小さな災厄であったろう。保守派の軍事的支援を受けてドイツが勝利した場合には、それはヨーロッパにおける国際的雰囲気を一新する方向に働いた筈である。ドイツの傷ついた誇りが癒され、縮小したポーランドを除いて、誰もがその結果に妥協して、ヴェルサイユ条約以降ヨーロッパの上に垂れ込めていた暗雲はほとんど雲散霧消したであろう。ドイツのソ連への侵略もなかっただろう。というのも、ヒトラーと異なりベルリンの軍指導部は、生存圏という夢想を抱いてはいなかったし、ソ連に対するなんらの敵意をも抱いていなかったからである。一九二〇年代以降、ドイツの将軍たちは赤軍と密かに連携することで十分満足していた。彼らはソヴィエトの軍事基地で共同訓練をしたり、武器を共同開発したりして、ヴェルサイユ条約の武装解除条項を回避していたのである。

ドイツの東部国境が修正され、国際紛争の主要な火種がなくなれば、ヨーロッパは緊張した歳月の後、落ち着きを取り戻したであろう。第二次世界大戦とそれがもたらした恐怖――ヒトラーが最初に手にするのではないかとの恐怖から生み出された原子爆弾を含めて――は不可避ではなかったし、ヒトラーが権力に到達することも不可避ではなかった。事実、後者の展開がなければ――その後遺症と多くの人たちがなお格闘している――地球規模の紛争は起こり得なかったであろう。

ヒトラーの第三帝国と彼が世界に対して行なった戦争がなかったら、一九三三年一月以降の世界の状況は全く異なっていただろう。「アウシュヴィッツ」という名に封じ込められたこれまで想像もつかなった恐怖がなかったら、人類はあり得ないほどに無知で楽観的なままだったろう。なぜなら、これまで知られていなかった町の名が、いまやあまりにも知られすぎた不吉な意味を帯びることになったからである。同じことは、恐怖の同義語となった第二の場所「ヒロシマ」にも当てはまる。現代の語法からは姿を消すであろうもうひとつの概念は「冷戦」である。アメリカ合衆国とソ連を思いも寄らない同盟関係へと向かわせたのはヒトラーの成功だった。そして戦後ヨーロッパで両国を紛争がらみの論争に投げ込んだのはヒトラーの敗北だった。その他の点では、両国のイデオロギー上の相違にもかかわらず、たとえこれら両国の間に軍事衝突に似たものがあったとしても、ほとんど衝突らしい衝突はなかった。冷戦という圧力の下でのみアメリカ合衆国は後に朝鮮とヴェトナムでの戦争に巻き込まれたのである。それらの戦争は、アメリカの重大な国民的利害に関わるものではなかった。

要するに、一九三三年以降世界を震撼させてきた原因の連鎖を、それらの起源にまで遡って跡づけて見ると、それ以降生起したことのほとんどは、あの一月ドイツが取った政治的方向転換に起因していたということが明らかになる。フランス革命が始まった一七八九年夏のパリのように、ベルリンはしばらくのあいだ人類の運命を左右する重要な場所となった。一月三十日正午、そこで起きたことは世界史的重要性を持った事件にほかならなかった。発展した工業国の権力が、世界の文明秩序を転覆させようとするひとりの男に委ねられた。彼のような人物が権力を用いた場合、少なからぬ人たちに大きな苦しみを、何千万もの人びとに暴力による死を、世界の多くの地域に先例のない物質的破壊をもたらすことになる。そのような政権が存在したということは、数世紀に及ぶ文明が人間の持つ底知れぬ悪の潜在的可能性を減少させることはなく、近代技術と官僚機構がこれまで想像もできなかったような規模の筆舌に尽くしがたい犯罪を可能にしたということを明らかにするものとなるであろう。

ヒトラーの権力掌握を決定論で説明するとなれば、それは災厄をもたらした展開とその広範囲に及ぶ結果に対する責任の問題を無視することになる。もしヒトラーの首相任命がこれに関与した個々人の制御の及ばない、非人間的な諸要素の避けることのできない結果であるとするならば、彼らに責任を押しつけるのは明らかに不当であろう。この事件に関与した何人かは、第三帝国の破局の後、まさにこうした理由で自己弁護しようとした。彼らは、ヒトラーの権力への台頭は不可避であり、阻止することは誰にもできなかったと主張した。しかし、もし決定論が否定される場合には、責任の問題が検討されざるを得ない。この事件の場合には、過失の所在を明確にする記録は十分に存在している。この事件の当事者の何人かの場合には、その過失が有罪であるとしか見なし得ない場合があるのである。

責任の一端――共犯よりも無作為の責任――はヴァイマール共和国の擁護者たちに振り分けられなければならない。意図的にそうしなかったことで、彼らはヒトラーの勝利への道を開いたのである。一九三〇年、国会が政府に対する抑止力としての機能を放棄したのは、共和主義的政治家たちが、議会主義制度の擁護を党派的利害の上に置くことに消極的であったためである。その後に起きた議会から大統領への権限の移行がなければ、ヒトラーは自らの無制限の権力という目的を、ほとんどないしは全く実現することはできなかったであろう。彼の党は、決して自由選挙で多数派を占めることはなかった。ヒトラーは、他党と議会における連合で権力を共有するつもりはなかったからである。

形骸化した共和国に固執した二つの政党、カトリック中央党と社会民主党の一九三三年一月の行動は底なしの愚行だった。その時点までに両党の指導者は政治的現実を見失っていた。彼らは憲法の合法性に固執する不毛な防衛戦にこだわったことによって、政治的に無力となってしまった。その憲法は、権力が議会から大統領に移行したことにより、また大多数の有権者が左右の急進主義に移ったことにより、ずっと以前から空洞化していた。共和主義陣営の指導者たちが、クルト・フォン・シュライヒャーのような将軍の下での憲法違反を――それはほんの幕間の統治にすぎなかった――アドルフ・ヒトラーのような独裁的な狂信者の憲法に基づく首相就任よりもはるかに「少ない害悪」であることを認識できなかったことは、古今を通じて最大の政治的失策のひとつである。

はるかに大きな責任は、自らの意志でヒトラーと彼の党に投票した数百万のドイツ人に振り分けられなければならない。しかしながら、ここにも見落としてしまいがちな盲点があった。ナチスを支持した多くの人たちは、ヒトラーの党の綱領に賛成したのではなく、むしろより広く共和国政府の失敗と見なされたものに対する抗議からそうしたのである。他の人たちは共産主義への恐怖からナチスに投票した。とくに大不況の起きた時点以降、現状に対する否定的態度がナチ党の得票を大きく膨らませる可能性があった。ヒトラーと彼の党に投票した人たちのほとんどは、アウシュヴィッツと第二次世界大戦を選択したのではなかった。ナチスは権力に近づいたとき、票を獲得するため反ユダヤ主義の主張を和らげた。(8) 彼らはすでに反ユダヤ主義者の支持を得ており、また多くのドイツ人が党綱領の反ユダヤ主義的見解には不快を感じていると認識していた。

第一次世界大戦の戦場の恐怖が残る状況下、ほとんどの人が軍事的紛争を回避したいと考えていることを認識していたので、ヒトラーもまた、彼の武器による侵略という計画を隠した。にもかかわらず、そうした侵略計画があることを確認したいと望んだ人たちは、『我が闘争』や他のナチスの発言の中に、ヒトラーと彼の党が大規模な戦争を引き起こしかねない外交政策にコミットすることを示唆する十分な証拠を手にすることができた。さらにナチスは、その暴力行為によって法を軽蔑し、敵対者を粉砕するために暴力を行使する用意のあることを存分に示していた。またヒトラーもその腹心たちも、民主的共和国を破壊し、これを独裁的一党支配に変えて、ドイツ国民から統治に関する発言権を奪うという決意を隠さなかった。数百万に上る人たちが自分たちの運命をそうした運動に委ねる覚悟を示したことは、市民が支配者を罷免してこれを代える手段を保持することがどれほど大切であるかほとんどのドイツ民衆が理解できなかったことを明らかにしている。

もちろん、ドイツの破局の最大の責任は、一九三三年一月のドラマの主役たちにあった。彼らの愚行の背後にはナチズムに対する驚くべき無知があった。通常そうした高い地位にある人間には、活発な大衆運動の指導者について判断を下す際に十分な情報を持ち合わせていることが期待される。しかしながら、ヒンデンブルク、シュライヒャー、あるいはパーペン、あるいはまた直接事件に巻き込まれた人間の誰一人、ヒトラーの『我が闘争』を読んだか、あるいはそれを読んだ人間と話し合った形跡はない。また彼らは、有能な高級官僚にナチズムの分析を要請したこともなかった。プロイセン州の共和主義的政府は、ヒトラーの党が重要な政治的要因となった後でいくつかのそうした研究を依頼した。[9] 研究の結果は、ナチズムがドイツに独裁を強いるばかりでなく、法による支配を廃止し、ユダヤ人市民を迫害する傾向のある暴力的運動であることを示唆していた。だが、あらゆる兆候から判断して、結果的にヒトラーの首相就任をもたらすことになった決定を下した人間はこうした研究ないしはその他のナチズムの本質に関する研究を活用することがなかったのである。

クルト・フォン・シュライヒャー首相と妻（LbsB）

　個々人の責任という点では、主役の中で最も過失の少ないのは無能なシュライヒャーである。彼は、自分の敵となりヒトラーの救済者となった人物、フランツ・フォン・パーペンを全くの無名の存在から政治的に重要な存在に取り立てたという歴史的責任を負っている。だが、一月の出来事でのシュライヒャーの役割は重大だったが、彼の貢献は意図した結果ではなく、彼の政治的能力と判断力の欠如に由来した結果だった。たしかに、彼は首相を辞任してから、パーペンよりもヒトラーに肩入れするようになった。しかし、彼はすでにその時点で、事件の推移に直接的な影響を与えることはなかったのである。彼の側でクーデタの流言を流すことによって、シュライヒャーがヒトラーに取り入ろうとした不器用な最後の試みは、間接的にパーペンにヒンデンブルクを説得して急いでナチ党指導者を首相にするよう迫らせる結果となった。シュライヒャーは、その不注意な後押しや首相だった間のナチ党への寛大な態度に対して、ヒトラーから感謝を受けることはなかった。一九三四年六月の「長い匕首の夜」に、彼とその妻は自宅で独裁者の政府の手先によって射殺された。

一層重大な過失は、オスカー・フォン・ヒンデンブルク、オットー・マイスナー、そしてアルフレート・フーゲンベルクにある。大統領の息子は、自らのシュライヒャーへの個人的憎悪のあまり、最も重要な国家的問題に関する見解を歪めるという基本的な誤りを犯した。過失の程度は小さいが、同じ過失は大統領府官房長オットー・マイスナーにもある。オスカー・フォン・ヒンデンブルクがほとんど感情的な動機から行動したのに対し、マイスナーは自分の利害で日和見主義的に行動した。シュライヒャーの影響力が弱まっていると見るや、彼は新しい主人を捜しヒトラーに賭けた。フーゲンベルクもまた日和見主義的な動機から行動した。彼の場合には、思い通りにならなかった政治的経歴の最後が近づいたとき、権力を獲得したいという絶望的な願望から行動したのである。

ヒトラーの権力掌握に手を貸した後で、フーゲンベルクはすぐに疑念を募らせ、わずか一日後、友人にこう語ったと言われる。「私は昨日、人生最大の愚行を犯してしまった。史上最大の扇動家と同盟を結んでしまった」[10]。ヒトラーとの同盟は五ヵ月と続かなかった。一九三三年六月、党員のナチ党への脱党の結果、ドイツ国家国民党は解党し、ドイツの経済的独裁者になるという野望がヒトラー内閣内部で妨害されたので、フーゲンベルクは貪欲に求めてきた地位を諦め、引退して私的生活に入った。オスカー・フォン・ヒンデンブルクもまたすぐに無名の存在に追いやられた。しかしそれは、一九三四年八月の大統領の死を受けて、ヒトラーを自分の父が選んだ後継者であるとラジオで国民に向かって表明した後のことである[11]。オットー・マイスナーは、いまや国家元首アドルフ・ヒトラーの忠僕として、ナチ時代も共和国時代と同様の存在であり続けた。彼はフーゲンベルクやオスカー・フォン・ヒンデンブルクとともに第三帝国を生き延びた。この三人は亡くなるまで自分たちが共謀したことについて後悔することはなかった。

ヒトラー内閣の副首相として演説するフランツ・フォン・パーペン、1934年。(BPKb)

フランツ・フォン・パーペンの場合——重大犯罪に加担した責任という意味で——有罪である。彼は事件を災厄に満ちた結果に導いた中心人物であり、他の誰にも増して事件の張本人としての罪を負うべき人物である。彼がシュライヒャーに復讐しようとせず、権力の座に復帰しようと望まなかったら、一九三三年一月に起きた出来事の何ひとつとして可能ではなかったろう。パーペンの行動は十分にコンラート・アデナウアーの判断を確認させるものである。中央党の同僚として、彼はパーペンを「その第一の関心が目立ったことをしたいという極めて野心的な人間」と見ていた。アデナウアーが記しているように「彼は原則の問題には興味がなかった」[12]。野心以外の何物にも動かされなかったパーペンは、自分の唯一の財産——老大統領を掌握する力——を冷徹に利用した。彼が最も厚かましい種類の詐欺行為に繰り返し訴えたことは、もうひとりの知己〔モーリッツ・J・ボン〕の判断を導く。彼はパーペンを「おそらく前代未聞の途方もない嘘つき」と述べた[13]。パーペンがヒトラーとの共謀をも辞さないとした態度を、世をすねた考え方のためと見るのは、彼を評価に値する以上の知的な深みを持っている人物と信じることになる。彼の態度の特徴は、とりわけ自らに対する無限の過大評価と、ヒトラーとその運動の脅威に対する不注意と呼ばざるを得ないほどの軽視である。

パーペンはナチ党には加わらなかったが、その激動の期間一貫して第三帝国に忠実に奉仕した。一九三四年春、彼は良心の閃きを見せ、法と市民権に対する政府の軽視について疑念を表明する演説をして、ヒトラーを攻撃した。もっとも、その政府は彼のおかげで成立したものだった。だが、彼は自宅に監禁され、二人の副官が「長い匕首の夜」に殺害されたにもかかわらず、副首相という空虚な肩書きにしがみつき続けた。彼は一九三四年八月、外交官として遠ざけられ、第三帝国の終焉まで大使という地位でヒトラー政府を代表し続けた。一九四七年、ニュルンベルクの国際軍事法廷で戦争犯罪の罪は逃れたが、ドイツ非ナチ化法廷で統治に深く関わったと認定され、八年の禁固判決を受けた[14]。

しかし、彼はその判決の一部にのみ服役したにすぎず、ほとんどの期間を病院で過ごした。上訴審は彼の過失の度合いを二度にわたって引き下げ、占領初期に接収された彼の財産のほとんどを返却した。一九六九年、八十九歳で亡くなる前、パーペンは自分の災厄に満ちた経歴を自らの利益になるよう二巻の本で修正しようとした。そして戦後の西ドイツ連邦共和国の政策を批判し、(15)ヴァチカンから栄誉ある称号を受けた。(16)

パーペンよりも一層罪が重かったのは、最終意志決定者である大統領パウル・フォン・ヒンデンブルクである。力強さや英知という一般的イメージと異なり、彼は政治的経歴の重大な局面において意志薄弱で不幸にも人に操られやすいという性向を示した。シュライヒャーを政府の頂点に据えた後、大統領はシュライヒャーの憲法違反の提案に対する疑義のためではなく、フランンツ・フォン・パーペンによる首相への陰謀によって煽られた個人的嫌悪のために彼を辞職させた。大統領はシュライヒャーを解任し、それに対するなんらの現実的な対案も持たないまま危機を作り出した。さらに底なしの無知をさらけ出した政治的判断によって、彼は国家の最重要課題の処理を向こう見ずのパーペンに委任した。パーペンが早々に首相として失敗したにもかかわらず、ヒンデンブルクは、パーペンがヒトラーに道を譲るまで、彼を再任するつもりだった。ヒンデンブルクが当初の本能的なヒトラー不信を保持していたら、ドイツやその他の世界の多くの国々は甚大な不幸と破壊を免れていたであろう。彼はそうせず、パーペン、息子オスカー、そして官房長オットー・マイスナーの説得に屈し、ナチ党指導者を首相にするという致命的な一歩を踏み出したのである。

老齢という情状酌量すべき要因、ヒトラー内閣の性格に関してパーペンが土壇場で詐欺行為を働い

1933年1月30日、ドイツ首相として首相の机の前に立つアドルフ・ヒトラーの最初の写真。(BPKb)

たという点を斟酌しても、ヒンデンブルクこそがヒトラーに権力を付与した最終的な歴史的責任を取らなければならない。首相任命の権限は彼にしかなかったのである。ドイツ共和国を破壊する意志を公言してはばからなかった人物を首相に任命することで、大統領は彼の憲法への誓いを裏切ったばかりでなく、前年その投票によって彼の再選を支持した数百万の共和主義者をも裏切った。さらに彼の最後の十八ヵ月間の行動は、数百万のドイツ人が注視する中でナチ独裁者を正当化することに貢献したのである。ヒンデンブルクが一九三三年一月三十日に権力を託した人物の破滅的政策が、最終的に誇り高きドイツ国民国家の抹殺で終わったということは実に皮肉なことである。その帝国の成立を老大統領は一八七一年に個人的に目撃していた。

ヒトラーは他の人間の政治的盲目と失策によってのみ、一九三三年から一九四五年にかけて、犯罪的意図を実現する機会を得たのである。これは、彼だけがその支配のあいだ行なわれた極悪な犯罪に責任がある、ということではない。それはドイツ国民の永続的恥辱であるが、彼の政府の倒錯した基準によって危険であると見なされたり、あるいは劣等人種であると見なされたりした人たちを迫害し、服従させ、殺害することに熱心な追従者がヒトラーには多数いたのである。たとえ彼の権力への努力が挫折していたとしても、ハインリヒ・ヒムラー、ラインハルト・ハイドリヒ、そしてアドルフ・アイヒマンのような人間たちはいまも地上を闊歩していたであろう。しかし、もし政府の支持がなければ、彼らは決して大量虐殺者にはならなかった。もしヒトラーが首相にならなかったら、彼らとその他の同類の連中は、その時代を邪悪ではあっても、権力を持たない無意味な存在として過ごしていた筈である。

ナチ独裁者の生涯は否定的な遺産しか残さなかったが、それは後の世代に力強い教訓を与えてくれる。人間によってつくられた最も強力な制度——それはまた潜在的には最も致命的にもなり得る——すなわち近代国家に対する支配権が付与される人物を選択する場合には、細心の注意が必要であるという教訓である。ヒトラーがいかに犯罪を実行する権力を獲得したのかに関しては、この物語は以下のことを想起させるものとして役立つであろう。人間界の出来事においては、変化そのものはどうすることもできないが、それ以外には不可避的なものは何ひとつなく、個々人の行動が差異を生み、重大な道徳的責任は国家を統治する人間の肩に掛かっているということを。

付録　モスクワ・ドキュメント

本書の研究にとって大きな障害は、クルト・フォン・シュライヒャー首相に関して残されている記録が少ないということである。シュライヒャーは習慣的に書類をあまり残さなかったし、個人的記録として残っているものはすべて、彼の殺害後、明らかにナチ政府によって押収され失われた。残されている公式の記録はあまりに少なく、シュライヒャーの思想と意図の解明に光を投げかけるものはほとんどない。

したがって、私はシュライヒャーの狙いがなんであったのかを確認するにあたって、ソースの多くを主に当時の記者たちが残した記述に頼らざるを得なかった。彼らはそれをシュライヒャーや彼の側近と会談した直後に書き留めた。これらの記述の中で最も広範囲におよびかつ有益なものは、これまで機密だったモスクワのソヴィエト文書館で最近発見されたパーペン文書のフォルダ五番にある（ツェントラルィヌィ・ガスゥダールストヴェンヌィ・アルヒーフ）。記述は匿名で書かれており、私はそれを本書の註で「モスクワ・ドキュメント」として引用した。それはシングルスペースのタイプ原稿六頁の報告書で、日付は「十四・一」（一月十四日）とあり、下線の入った「極秘」の見出しがついている。それは一九三三年一月十三日の夜、首相府の報道室にある応接間で、シュライヒャーが開いた晩餐会の際、彼が招待した記者団にシュライヒャーが語ったものの記述である。

通常、そうした著者不詳の記録は、問題のある情報源となろうが、この場合には決定的な典拠による確証がある。それは同じく同席していた記者団によって書かれたものであるが、シュライヒャーが同じ食卓で語った内容に関する二つの付加的な記述である。これらの記者団のうちのひとりは、共和主義的なベルリンの新聞、フォス新聞を発行していたウルシュタイン出版社のヨーゼフ・ライナーである。シュライヒャーとの晩餐会に出席した後、ライナーはダブルスペースのタイプ原稿四頁の報告を書いて、ウルシュタイン社の主筆ハンス・シェーファーに送った。それには手書きで見出しに「十三・一・三三」〔一九三三年一月十三日〕とあった。それはミュンヘンの現代史研究所のシェーファー文書（ＥＤ九三）の第三十三巻にある。

一月十三日の晩餐会について報告を書いた第三の記者は、ゲオルク・デルティンガーである。彼は後にゲッベルスの宣伝省で働き、戦後東ドイツ共産主義政府の初代外相となった。一九三三年一月、デルティンガーは保守的な報道機関、ディーナタークで働いていた。それは首都発のニュースを新聞社に配信していた。ハンス・ボルマン編『戦前のナチ新聞規制』（全四巻、ミュンヘン、一九八四年）第一巻、六〇―六五頁参照。一月十三日の晩餐会でシュライヒャーが語ったことに関するデルティンガーのダブルスペースのタイプ原稿四頁の報告、「一月十四日の情勢報告」と題された文書は、彼のその他の同様の報告とともに、ドイツ連邦文書館コーブレンツの「ブラマーコレクション」（現代史コレクション一〇一―二六）にある。

モスクワ・ドキュメントをライナーとデルティンガーによる報告と比較すると、明らかなことは、それが一月十三日夜の晩餐会に出席した、ある程度右翼的な見解であるとしても情報を正確に書き留め、優れた伝達能力を持った記者の手になるものであるということである。三つのドキュメントすべてが、シュライイヒャーによって議論された主題と、彼のものとされる見解に関して緊密な類似性を示している。モスクワ・ドキュメントは三つの報告の中で最も詳細であるので、私は著者不詳であるが、理解しにくいシュライイヒャーの思想を再現しようとする努力の中で、異例であるが主としてこの極めて有益なソースに依拠した。この文書がフランツ・フォン・パーペンの書類の中に収められていたということは、その文書がいかにして、そしていつ、シュライイヒャーの不倶戴天の敵の手に渡ったのか、その文書がパーペンにシュライイヒャーの見解に関心を抱かせたのかどうかという興味深い問題を提起する。残念ながら、モスクワ・ドキュメントも、かつてソヴィエト文書館にあったパーペン文書の小さなコレクションにある他の記録も、この点に関しては何らの手掛かりも与えてくれない。

訳者あとがき

本書はHenry Ashby Turner JR., *Hitler's Thirty Days to Power: January 1933*, 1996の全訳である。

ヘンリー・アシュビー・ターナー・ジュニアは一九三二年四月、米ジョージア州アトランタに生まれた。一九五四年にワシントン・アンド・リー大学を卒業し、フルブライト奨学生として独ミュンヘン大学とベルリン自由大学に留学している。一九六〇年には、米プリンストン大学でPh.D.を取得、以後四十四年間にわたってイェール大学で教鞭を取った。彼は二〇〇八年十二月十七日、メラノーマの合併症により七十六歳で亡くなっている。

ターナーの名前がよく知られるようになったのは、一九八五年に出版された*German Big Business and the Rise of Hitler*, Oxford University Pressによってである。彼はその中で、ドイツの大資本がアドルフ・ヒトラーの権力掌握を財政的に支援したばかりでなく、促進したという通説に反論した。

対する彼の主張は、ヒトラーとナチ党への企業の支援の程度はあまりに誇張されてきたというものである。主要なドイツの企業とナチ党の未公開の記録を綿密に検証して、ターナーは、台頭期のナチスの資金は党員やその他の一般大衆からの献金、党大会への寄付、党出版物の収入などであったということ、大企業からの献金は伝統的なドイツ国民党とドイツ国家国民党に流れたと結論付けた。

大企業が莫大な資金援助をした唯一の選挙運動は、ナチスがすでに権力の座にあった一九三三年三月五日のそれであった。ここにはターナーの厳密な史料批判に基づく緻密な記述と定説への挑戦的姿勢が見られる。

一九九六年刊行の本書『独裁者は30日で生まれた――ヒトラー政権誕生の真相』で、ターナーはヒトラーを半合法的手段によって権力の座につけたのは、ヒンデンブルクやパーペン、シュライヒャーなど少数の個々人であったと主張している。

ヒトラーは選挙で一度も過半数を獲得したことはなく、彼に首相就任への道を開いたのは、彼らの政治的無能とパーペン・シュライヒャー間の個人的ライバル関係だったのである。

ターナーは本書を執筆するにあたって、現在では決して主流とは言えない物語（narrative）という形式に依拠している。彼は「物語史（narrative history）というのは歴史家が人間の自由を扱うために発展させた唯一の手段である」と述べている。

これに関連して、彼は歴史的因果関係を説明するにあたり、条件と原因、必要条件と十分条件を区別する。本書においては、ヒトラーの台頭に与った諸条件、一八四八年の革命の失敗、ナショナリズムの台頭、労働運動の激化、経済的社会的緊張、自由主義の脆弱さ、権威主義的文化、軍国主義の伝統、疑似人種主義理論、匕首伝説、ヴェルサイユ条約、ハイパーインフレ、大恐慌――などが必要条件と捉えられる。

これらはヴァイマール共和国の崩壊を準備したかもしれないが、第三帝国がいかにして現実のものとなったのか説明するものではない。こうした条件の中で、ヒトラーを現実に権力の座につけたのは、一握りの個々人の怨恨と陰謀であり、これこそが十分条件と見なされる。

歴史を長期的な、非人間的要因に還元することは、過去の決定論的見解につながる。それは直接的な環境と個々人の選択から生まれた偶然の影響を排除することになる。その結果、生起したことはそうならざるを得なかったという「後付の歴史学」になる可能性がある。

これに対して、ターナーは歴史における個々人の役割を強調し、同時に偶然の重要性を主張する。一九三三年一月の出来事と同じく、歴史における無数の重要な転換点は、その決定的要因が歴史家には理解できないような、たまさかの偶然やその他の原因によって決定的に形成された、という豊富な証拠が存在するという。

ターナーはさらに、過去に対する決定論的見解は、それが実際には起きなかった状況を考慮せず、過去の開かれた性質を曖昧にするという点で、事実を歪曲する効果を持っていると主張する。こうした見解がこれまでヒトラーとその運動を説明する研究を誤らせてきた。一九三三年一月のドイツにおける政治情勢を開かれたものとして認識することは、それ以降に起きた出来事の重要性を減じるものではない。ターナーは、歴史に敢えて「仮定」を投げ入れて、もうひとつの可能性を吟味しようというのである。

＊＊＊

本書の翻訳を思い立ったのは、ドイツ現代史に関わっているにもかかわらず、ヒトラーは合法的に首相に選ばれたという主張に即座に反論できなかったためである。本書はこの問題を真正面から取り上げ、推理小説のごとくその謎を解いて見せた第一級の「古典」である。

二〇一三年七月、麻生太郎元首相が、ヒトラーは一九三三年一月に「選挙で選ばれた」結果首相になった、また共和国憲法は誰も気づかないうちにナチ憲法に取って代わったという趣旨の発言をした。

ヒトラーは一九三三年一月に選挙で選ばれて首相になったのではない。憲法は第一党の党首が首相に任命されるとは規定していない。大統領が首相その他の大臣の任命権を有しているのである。本書の主張に沿って見れば、ヒトラーは当時政治的影響力を持っていた陰謀を好む好事家パーペン、権威主義的軍人シュライヒャーとオスカー・フォン・ヒンデンブルク、自らの保身と野望のために政治と関わったオットー・マイスナーとアルフレート・フーゲンベルクらの怨恨と陰謀の果てに、そして何よりも、誰よりも、大統領パウル・フォン・ヒンデンブルクによって首班指名を受けたのである。

共和国憲法は一九三三年三月二十三日の全権委任法によって失効した。市民の基本権を停止するこの全権委任法は、社会民主党や共産党の国会議員を強制的に排除して、暴力的に成立したものである。市民が誰もその事実を知らなかったということはあり得ない。またその憲法は形式的には一九四九年五月二十三日の基本法が成立するまで存続していたのである。

麻生氏の発言の揚げ足を取る気持ちは毛頭ない。これがドイツの政治史に関する我が国の政治家の一般的な認識であるとは受け止めたくはないが、それでもわれわれもこうした曖昧な認識を持ち続けているのではないかと自省せざるを得ない。このような認識を反省する材料として本書を読んでいただければ幸いである。

本訳書の出版はひとえに白水社の竹園公一朗氏の熱意と尽力の賜物である。深く感謝したい。本文中の〔　〕は訳者が補足したものである。翻訳に当たっては、イギリス人英語教師イアン・パンターさんに不明な部分に目を通していただいた。ここに感謝の意を表したい。時折「老驥櫪に伏すとも、志千里に在り。烈士暮年、壮心已まず」（曹操）を思い出しながら仕事をしてきた老馬をこれまでずっと支えてきてくれた愚妻（「愚かな私」の賢い妻）に心底から感謝したい。

二〇一五年四月十五日

関口宏道

ヒトラー暗殺

R・ムーアハウス［著］
高儀進［訳］

独裁者は共産主義者や爆弾犯、敵スパイや軍幹部などから何度も暗殺されかけたが、執拗に生き延びた。その数約四十二件……。綿密調査と圧倒的筆力で描く、手に汗握るナチ裏面史。

軍服を着た救済者たち

ドイツ国防軍とユダヤ人救出工作

W・ヴェッテ［編］
関口宏道［訳］

抑圧と密告が支配するドイツ国防軍でなぜユダヤ人救済が行なわれたのか？　軍隊文化の両義性に着目して、救済と抵抗の複雑な綾を解きほぐし、「抵抗か協力か」の旧来図式を相対化する。

ヒトラーと哲学者

哲学はナチズムとどう関わったか

Y・シェラット［著］
三ッ木道夫、大久保友博［訳］

ハイデガー、C・シュミット、アーレント、アドルノ等、ナチスの加担者と亡命者の言動を描き出し、〈思想と行動〉の倫理的基盤を鋭く問う注目すべき迫真の哲学ノンフィクション！

廃墟の零年　1945

I・ブルマ［著］
三浦元博、軍司泰史［訳］

「戦後七〇年」の今日まで続く、新たな時代の起点となった歴史的な一年。敗戦国と戦勝国、屈辱と解放を通して、「1945年」をグローバルに描いた歴史ノンフィクション。

運命の選択　1940-41（上下）

世界を変えた10の決断

I・カーショー［著］
河内隆弥［訳］

第二次大戦の趨勢と戦後の支配と構造を決めた、米英ソ、日独伊の首脳たちが下した決断に至る道程を詳説。英国の権威が、錯綜する動向と相関性を究明する大著。

訳者略歴
関口宏道（せきぐち・ひろみち）
一九四二年生まれ。東京外国語大学ドイツ語学科卒業、早稲田大学大学院文学研究科博士課程修了。独マンハイム大学、ビューレフェルト大学に留学。玉川大学教授を経て、現在、松蔭大学教授。主な訳書にモムゼン『ヴァイマール共和国史』（水声社）、ヴェッテ編『軍服を着た救済者たち』（白水社）。

独裁者は30日で生まれた
ヒトラー政権誕生の真相

二〇一五年 五 月一五日 印刷
二〇一五年 五 月三〇日 発行

著　者　H・A・ターナー・ジュニア
訳　者 © 関口宏道
発行者　及川直志
印刷所　株式会社 理想社
発行所　株式会社 白水社
東京都千代田区神田小川町三の二四
電話　営業部 〇三（三二九一）七八一一
　　　編集部 〇三（三二九一）七八二一
振替　〇〇一九〇―五―三三二二八
郵便番号　一〇一―〇〇五二
http://www.hakusuisha.co.jp
乱丁・落丁本は、送料小社負担にてお取り替えいたします。

株式会社松岳社

ISBN978-4-560-08428-1

Printed in Japan

文献

Adams, Henry M., and Robin K. Adams. *Rebel Patriot: A Biography of Franz von Papen*. Santa Barbara, Calif., 1987.

Adenauer, Konrad. *Briefe 1945–1947*. Bonn, 1983.

Allen, William Sheridan. *The Nazi Seizure of Power*. Rev. ed. New York, 1984.

Altendorfer, Otto. *Fritz Schäfer als Politiker der Bayerischen Volkspartei*. Munich, 1993.

Arndt, Fritz, "Vorbereitungen der Reichswehr für den militärischen Ausnahmezustand." *Zeitschrift für Militärgeschichte* 4 (1965).

Bach, Jürgen A. *Franz von Papen in der Weimarer Republik*. Düsseldorf, 1977.

Becker, Josef. " 'Der Deutsche' und die Regierungsbildung des 30. Januar 1933." *Publizistik* 6 (1961).

Becker, Josef, and Ruth Becker, eds. *Hitlers Machtergreifung*. Munich, 1983.

Bendersky, Joseph W. *Carl Schmitt*. Princeton, NJ., 1983.

Bennett, Edward W. *German Rearmament and the West*. Princeton, N.J., 1979.

Berghahn, Volker R. *Der Stahlhelm*. Düsseldorf, 1966.

Berndorff, Hans Rudolf. *General Zwischen Ost und West*. Hamburg, 1951.

Bessel, Richard. *Political Violence and the Rise of Nazism*. New Haven, Conn., 1984.

Besson, Waldemar. *Württemberg und die deutsche Staatskrise 1928–1933*. Stuttgart, 1959.

Bloch, Michael. *Ribbentrop*. London, 1992.

Böhnke, Wilfried. *Die NSDAP im Ruhrgebiet*. Bonn, 1974.

Bohrmann, Hans, ed. *NS–Presseanweisungen der Vorkriegszeit*, 4 vols. Munich, 1984.

Bonn, Moritz J. *Wandering Scholar*. New York, 1984.

Bracher, Karl Dietrich. *Die Auflösung der Weimarer Republik*. Stuttgart and Düsseldorf, 1957.

Braun, Magnus von. *Weg durch vier Zeitepochen*. Limburg/ Lahn, 1965.

Braun, Otto. *Von Weimar bis Hitler*. New York, 1940.

Breitman, Richard. "On German Social Democracy and General von Schleicher 1932–33." *Central European History* 9 (1976).

Brügel, Johann Wilhelm, and Norbert Frei, eds. "Berliner Tagebuch 1932–1934." *Vierteljahrshefte für Zeitgeschichte* 36 (1988).

Brüning, Heinrich. *Memoiren, 1918–1934*. Stuttgart, 1970.

Buchheim, Christoph. "Zur Natur des Wirtschaftsaufschwungs in der NS–Zeit." In *Zerissene Zwischenkriegszeit*, edited by Harold James, Christoph Buchheim and Michael Hutter. Baden–Baden, 1994.

Bullock, Alan. *Hitler: A Study in Tyranny*. London, 1952ff.

Caro, Kurt, and Walter Oehme. *Schleichers Aufstieg*. Berlin, 1933.

Childers, Thomas. "The Limits of National Socialist Mobilisation." In *The Formation of the Nazi Constituency, 1919–1933*, edited by Thomas Childers. Totowa, N.J., 1986.

Ciolek–Kümper, Jutta. *Wahlkampf in Lippe*. München, 1976.

Cline, Theodore Albert. "The Chancellorship of General Kurt von Schleicher." Ph.D. diss., University of Texas, 1976.

Craig, Gordon A. "Brief Schleichers an Groener." *Die Welt als Geschichte* 11 (1951).

Demant, Ebbo. *Von Schleicher zu Springer*. Mainz, 1971.

Dietrich, Otto. *Mit Hitler in die Macht*. Munich, 1934.

———. *12 Jahre mit Hitler*. Cologne, [1955].

Domarus, Max. *Hitler: Reden und Proklamationen 1932–1945*. 2 vols. Munich, 1965.

Dorpalen, Andreas. *Hindenburg and the Weimar Republic*. Princeton, 1964.
Düsterberg, Theodor. *Der Stahlhelm und Hitler*. Wolfenbüttel and Hanover, 1949.
Erdmann, Karl Dietrich and Hans Booms, eds. *Akten der Reichskanzlei. Kabinett von Schleicher* (Boppard, 1986).
Erdmann, Karl Dietrich, and Hans Booms, eds. *Akten der Reichskanzlei: Kabinett von Papen*. 2 vols. Boppard, 1989.
Eschenburg, Theodor. *Die improvisierte Demokratie*. Munich, 1963.
Fest, Joachim. *Hitler*. New York, 1974.
Fischer, Conan. *Stormtroopers*. London, 1983.
Fischer, Rudolf. *Schleicher: Mythos und Wirklichkeit*. Hamburg, 1932.
Foertsch, Hermann. *Schuld und Verhängnis*. Stuttgart, 1951.
François–Poncet, André. *Souvenirs d'une ambassade à Berlin*. Paris, 1946.
Gereke, Günther. *Ich war königlich–preussischer Landrat*. Berlin, 1970.
Geyer, Michael. "Das zweite Rüstungsprogramm (1930–1934)." *Militärgeschichtliche Mitteilungen* 17 (1975).
———. *Aufrüstung oder Sicherheit*. Weisbaden, 1980.
Gies, Horst. "NSDAP und landwirtschaftliche Organisationen in der Endphase der Weimarer Republik." *Vierteljahrshefte für Zeitgeschichte* 15 (1967).
Goebbels, Joseph. *Die Tagebücher von Joseph Goebbels: Sämtliche Fragmente*, edited by Elke Fröhlich. Munich, 1987ff.
————. *Vom Kaiserhof zur Reichskanzlei*. Munich, 1934.
Graf, Christoph. *Politische Polizei zwischen Demokratie und Diktatur*. Berlin, 1983.
Haken, Bruno Nelissen. *Stempelchronik*. Hamburg, 1932.
Hale, Oren J. *The Captive Press in the Third Reich*. Princeton, N.J., 1964.
———. "Adolf Hitler: Taxpayer." *American Historical Review* 60 (1955), pp. 830–42.
Hambrecht, Rainer. *Der Aufstieg der NSDAP in Mittel–und Oberfranken* (1925–1933). Nuremberg, 1976.
Hammerstein, Kunrat von. *Spähtrupp*. Stuttgart, 1963.
———. "Schleicher, Hammerstein und die Machtübernahme 1933." *Frankfurter Hefte* 11 (1956).
Hanfstaengl, Ernst. *Hitler: The Missing Years*. London, 1957.
Hayes, Peter. " 'A Question Mark with Epaulettes'? Kurt von Schleicher and Weimar Politics." *Journal of Modern History* 52 (March 1980).
Heiden, Konrad. *Der Fuehrer*. Boston, 1944.
Hentschel, Volker. *Weimars letzte Monate*. Düsseldorf, 1978.
Hoch, Anton, and Christoph Weisz. "Die Erinnerungen des Generalobersten Wilhelm Adam." In *Miscellanea: Festschrift für Helmut Krausnick zum 75. Geburtstag*, edited by Wolfgang Benz et al. Stuttgart, 1980.
Horkenbach, Cuno. *Das Deutsche Reich von 1918 bis heute*. Berlin, 1932.
Hom, Wolfgang. *Führerideologie und Parteiorganisation in der NSDAP*. Düsseldorf, 1972.
Hüls, Hans. *Wähler und Wahlverhalten im Land Lippe während der Weimarer Republik*. Detmold, 1974.
International Military Tribunal. *Der Prozess gegen die Hauptkriegsverbrecher vor dem Internationalen Militärgerichtshof*. 24 vols. Munich, 1984.
Ishida, Yuji. *Jungkonservativen in der Weimarer Republik*. Frankfurt, 1988.
Jäcket, Eberhard. *Hitler's Weltanschauung Middletown*, Conn., 1972.
Jacobsen, Hans–Adolf. *Nationalsozialistische Aussenpolitik, 1933–1938*. Frankfurt, 1968.
Jonas, Erasmus. *Die Volkskonservativen, 1928–1933*. Düsseldorf, 1965.
Jones, Larry Eugene. " 'The Greatest Stupidity of My Life'." *Journal of Contemporary History* 27

(1992).
———. "Why Hitler Came to Power." In *Geschichtswissenschaft vor 2000*, edited by Konrad H. Jarausch, Jörn Rüsen and Hans Schleier. Hagen, 1991.
Junker, Detlef. "Die letzte Alternative zu Hitler." In *Das Ende der Weimarer Republik und die nationalsozialistische Machtergreifung*, edited by Christoph Gradmann and Oliver von Mengersen. Heidelberg, 1994.
———. *Die Deutsche Zentrumspartei und Hitler 1932/ 33*. Stuttgart, 1969.
Kempner, Robert M. W., ed. *Der verpasste Nazi–Stopp*. Frankfurt, 1983.
Kissenkoetter, Udo. *Gregor Strasser und die NSDAP*. Stuttgart, 1978.
Kleist–Schmenzin, Ewald von. "Die letzte Möglichkeit." *Politische Studien* 10 (1959).
Knickerbocker, Hubert R. *The German Crisis*. New York, 1932.
Koehl, Robert Lewis. *The Black Corps*. Madison, 1988.
Kolb, Eberhard, and Wolfram Pyta. "Die Staatsnotstandsplanung unter den Regierungen Papen und Schleicher." In *Die Deutsche Staatskrise 1930–33*, edited by Heinrich August Winkler. Munich, 1992.
Kracauer, Siegfried. *From Caligari to Hitler*. New York, 1960.
Krebs, Albert. *Tendenzen und Gestalten der NSDAP*. Stuttgart, 1959.
Leopold, John A. *Alfred Hugenberg*. New Haven, Conn., 1977.
Longerich, Peter. *Die braunen Bataillone*. Munich, 1989.
Ludecke, Kurt. *I Knew Hitler*. New York, 1937.
Marcon, Helmut. *Arbeitsbeschaffungspolitik der Regierungen Papen und Schleicher*. Frankfurt, 1974.
Meissner, Hans–Otto. *30. Januar '33*. Esslingen, 1976.
Meissner, Otto. *Staatssekretär unter Ebert— Hindenburg— Hitler*. Hamburg, 1950.
Mommsen, Hans. *The Rise and Fall of Weimar Democracy*. Chapel Hill, N.C., 1996.
Morsey, Rudolf. "Die deutsche Zentrumspartei." In *Das Ende der Parteien 1933*, edited by Erich Matthias and Rudolf Morsey. Düsseldorf, 1960.
———, ed. *Die Protokolle der Reichstagsfraktion und Fraktionsvorstands der Deutschen Zentrumspartei 1926–1933*. Mainz, 1969.
Müller, Klaus– Jürgen. *Das Heer und Hitler*. Stuttgart, 1969.
Münchner Stadtmuseum. *München— "Hauptstadt der Bewegung."* Munich, 1993.
Muth, Heinrich. "Das 'Kölner Gespräch' am 4. Januar 1933." *Geschichte in Wissenschaft und Unterricht* 37 (1986).
———. "Schleicher und die Gewerkschaften 1932." *Vierteljahrshefte für Zeitgeschichte* 29 (1981).
Neliba, Günter. *Wilhelm Frick*. Paderborn, 1992.
Noakes, Jeremy. *The Nazi Party in Lower Saxony, 1921–1933*. London, 1971.
Noakes, Jeremy, and Geoffrey Pridham, eds. *Documents on Nazism 1919–1945*. New York, 1974.
Oldenburg–Januschau, Elard. *Erinnerungen*. Leipzig, 1936.
Orlow, Dietrich. *The History of the Nazi Party*. 2 vols. Pittsburgh, 1969–73.
Ott, Eugen. "Ein Bild des Generals Kurt von Schleicher." *Politische Studien* 10 (1959).
Padel, Gerd H. *Die politische Presse der deutschen Schweiz und der Aufstieg des Dritten Reiches 1933–1939*. Zurich, 1951.
Papen, Franz von. *Der Wahrheit eine Gasse*. Munich, 1952.
———. *Europa was nun?* Göttingen, 1954.
———. *Vom Scheitern einer Demokratie*. Mainz, 1968.
Patch, William L., Jr. *Christian Trade Unions in the Weimar Republic*. New Haven, Conn., 1985.
Paul, Gerhard. *Aufstand der Bilder*. Bonn, 1990.
Petzold, Joachim. *Franz von Papen*. Munich and Berlin, 1995.
Picker, Henry. *Hitlers Tischgespräche im Führerhauptquartier*. Stuttgart, 1976.

Plehwe, Friedrich–Karl von. *Reichskanzler Kurt von Schleicher*. Esslingen, 1983.
Post, Gaines, Jr. *The Civil–Military Fabric of Weimar Foreign Policy*. Princeton, N.J., 1973.
Pridham, Geoffrey. *Hitler's Rise to Power*. New York, 1974.
Pünder, Hermann. *Politik in der Reichskanzlei*. Stuttgart, 1961.
Reiche, Eric G. *The Development of the SA in Nürnberg, 1922–1934*. New York, 1986.
Repgen, Konrad, and Hans Booms, eds. *Akten der Reichskanzlei: Regierung Hitler*. Part 1. Boppard, 1983.
Ribbentrop, Joachim von. *Zwischen London und Moskau*. Leoni am Starnberger See, 1961.
Riess, Curt. *Das waren Zeiten*. Vienna, 1977.
Ritter, Gerhard. *Carl Goerdeler und die deutsche Widerstandsbewegung*. Stuttgart, 1954.
Rolfs, Richard W. *The Sorcerer's Apprentice: The Life of Franz von Papen*. Lanham, Md., 1996.
Rosenhaft, Eve. "The Unemployed in the Neighborhood." In *The German Unemployed*, edited by Richard J. Evans and Dick Geary. London, 1987.
Schmidt–Hannover, Otto. *Umdenken oder Anarchie*. Göttingen, 1959.
Schneider, Michael. *Das Arbeitsbeschaffungsprogramm des ADGB*. Bonn–Bad Godesberg, 1975.
Schneider, Thomas Martin. *Reichsbischof Ludwig Müller*. Göttingen, 1993
Schön, Eberhard. *Die Entstehung des Nationalsozialismus in Hessen*. Meisenheim am Glan, 1972.
Schröder, Arno. *"Hitler geht auf die Dörfer."* Detmold, 1938.
———. *Mit der Partei Vorwärts*. Detmold, 1940.
Schulze, Hagen, ed. *Anpassung oder Widerstand?* Bonn–Bad Godesberg, 1975.
———. *Otto Braun oder Preussens demokratische Sendung*. Frankfurt/ Main, 1977.
Schwerin von Krosigk, Lutz Graf. *Es geschah in Deutschland*. Tübingen, 1951.
———. *Staatsbankrott*. Göttingen, 1974.
Semmler, Rudolf. *Goebbels–the man next to Hitler*. London, 1947.
Severing, Carl. *Mein Lebensweg*. 2 vols. Cologne, 1950.
Sösemann, Bernd. *Das Ende der Weimarer Republik in der Kritik demokratischer Publizisten*. Berlin, 1976.
Sontheimer, Kurt. "Der Tatkreis." *Vierteljahrshefte für Zeitgeschichte* 7 (1959), pp. 239–60.
Stachura, Peter. *Gregor Strasser and the Rise of Nazism*. London, 1983.
———. "Der Fall Strasser." In *The Shaping of the Nazi State*, edited by Peter Stachura. London, 1978.
Stampfer, Friedrich. *Die vierzehn Jahre der ersten deutschen Republic*. Offenbach/ Main, 1947.
Stelzner, Fritz. *Schicksal SA*. Berlin, 1936.
Stokes, Lawrence D. *Kleinstadt und Nationalsozialismus*. Neumünster, 1984.
Struve, Walter. *Aufstieg und Herrschaft des Nationalsozialismus in einer industriellen Kleinstadt*. Essen, 1992.
Treviranus, Gottfried. *Das Ende von Weimar*. Düsseldorf, 1968.
Turner, Henry Ashby, Jr. *German Big Business and the Rise of Hitler*. New York, 1985.
———, ed. *Hitler— Memoirs of a Confidant*. New Haven, Conn., 1985.
———. *Geisel des Jahrhunderts: Hitler und seine Hinterlassenschaft*. Berlin, 1989.
Vogelsang, Thilo. *Kurt von Schleicher: Ein General als Politiker*. Göttingen, 1965.
———. "Neue Dokumente zur Geschichte der Reichswehr." *Vierteljahrshefte für Zeitgeschichte* 2 (1954).
———. *Reichswehr, Staat und NSDAP*. Stuttgart, 1962.
———. "Zur Politik Schleichers gegenüber der NSDAP 1932." *Vierteljahrshefte für Zeitgeschichte* 6 (1958).
Weiland, Ruth. *Die Kinder der Arbeitslosen*. Berlin, 1933.
Weiss, Hermann, and Paul Hoser, eds. *Die Deutschnationalen und die Zerstörung der Weimarer*

Republik. Munich, 1989.

Werner, Andreas. "SA und NSDAP." Ph.D. diss., Erlangen–Nürnberg, 1964.

Wessling, Wolfgang. "Hindenburg, Neudeck und die deutsche Wirtschaft." *Vierteljahrschrift für Sozial– und Wirtschaftsgeschichte* 64 (1977).

Wheeler–Bennett, John W. *The Nemesis of Power*. London, 1956.

Wiesemann, Falk. *Die Vorgeschichte der nationalsozialistischen Machtübernahme in Bayern 1932–1933*. Berlin, 1975.

Winkler, Heinrich August. *Der Weg in die Katastrophe*. Berlin, 1987.

———. *Weimar 1918–1933*. Munich, 1993.

Wörtz, Ulrich. "Programmatik und Führerprinzip: Das Problem des Strasser–Kreises in der NSDAP." Ph.D. diss., Erlangen–Nürnberg, 1966.

註

略号

AdR	Archiv der Republik (Vienna)
AdRk/ KvP	*Akten der Reichskanzlei: Kabinett von Papen*, edited by Karl Dietrich Erdmann and Hans Booms (2 vols., Boppard, 1989)
AdRk/ KvS	*Akten der Reichskanzlei: Kabinett von Schleicher*, edited by Karl Dietrich Erdmann and Hans Booms (Boppard, 1986)
AHR	*American Historical Review*
AzDAP	*Akten zur Deutschen Auswärtigen Politik*
BA/ FA	Bundesarchiv/ Filmarchiv (Berlin)
BAK	Bundesarchiv Koblenz
BA/ MA	Bundesarchiv/ Militärarchiv (Freiburg i. Breisgau)
BAP	Bundesarchiv Potsdam
BDC	Berlin Document Center
BPKb	Bildarchiv Preussischer Kulturbesitz
BSB	Bayerische Staatsbibliothek
BSV	Bilderdienst Süddeutscher Verlag
BT	*Berliner Tageblatt*
BVz	*Bayerische Volkszeitung (Nuremberg)*
CEH	*Central European History*
DA	*Der Angriff*
DAZ	*Deutsche Allgemeine Zeitung*
DB–Z	*Deutsche Bergwerks–Zeitung*
DBFP	*Documents on British Foreign Policy*
DDF	*Documents Diplomatiques Française*
DDS	*Documents Diplomatiques Suisse*
DHM	Deutsches Historisches Museum
DoN	*Documents on Nazism 1919–1945*, edited by Jeremy Noakes and Geoffrey Pridham (New York, 1974)
FAHV	F. A. Herbig Verlagsbuchhandlung
FAZ	*Frankfurter Allgemeine Zeitung*
FH	*Frankfurter Hefte*
FZ	*Frankfurter Zeitung*
G	*Germania*
GiW&U	*Geschichte in Wissenschaft und Unterricht*
IfZ	Institut für Zeitgeschichte
IMT	International Military Tribunal (Nuremberg)
Jd	*Der Jungdeutsche* (Berlin)
JCH	*Journal of Contemporary History*
JMH	*Journal of Modern History*
KV	*Kölnische Volkszeitung*
KZ	*Kölnische Zeitung*
LbsB	Landesbildstelle Berlin

MM	*Militärgeschichtliche Mitteilungen*
MNN	*Münchner Neueste Nachrichten*
MZ	*Münchener Zeitung*
NAUSA	National Archives, Washington, D.C.
NFP	*Neue Freie Presse* (Vienna)
NPA	Neues Politisches Archiv (in Archiv der Republik, Vienna)
NPZ	*Neue Preussische Zeitung* (Berlin)
NSHSAH	Niedersächsisches Hauptstaatsarchiv Hannover
PS	*Politische Studien*
RA	*Regensburger Anzeiger*
RF	*Rote Fahne* (Berlin)
R–MVz	*Rhein–Main Volkszeitung*
SBWB	Senatsverwaltung für Bau–und Wohnungswesen Berlin
SEG	*Schulthess' Europäischer Geschichtskalender*
TbJG	*Die Tagebücher von Joseph Goebbels: Sämtliche Fragmente*, edited by Else Fröhlich (Munich, 1987ff)
TR	*Tägliche Rundschau* (Berlin)
TsGA	Tsentralnyi Gosudarstvennyi Arkhiv, Moscow
UB	ULLSTEIN Bilderdienst
V	*Vornvärts (Berlin)*
VB	*Völkischer Beobachter*
VfS&Wg	*Vierteljahrschrift für Sozial– und Wirtschaftsgeschichte*
VfZ	*Vierteljahrshefte für Zeitgeschichte*
VZ	*Vossische Zeitung (Berlin)*
ZfM	*Zeitschrift für Militärgeschichte*
ZS	Zeugenschriftum (IfZ)
ZSg	Zeitgeschichtliche Sammlungen (BAK)

第１章

(1) *FZ*, January 1, 1933 (#1–2).
(2) *VZ*, January 1, 1933 (#1).
(3) *V*, January 1, 1933 (#1).
(4) *KV*, January 1, 1933 (#1).
(5) *BT*, January 1, 1933 (#1).
(6) Heinrich August Winkler, *Weimar 1918–1933* (Munich, 1993), and Hans Mommsen, *The Rise and Fall of Weimar Democracy* (Chapel Hill, NC, 1996).
(7) ヒンデンブルクについては最近出版された評伝はない。最新の研究によって多くの点が修正されているものの、依然として有益なのは Andreas Dorpalen's *Hindenburg and the Weimar Republic* (Princeton, N. J., 1964).
(8) Winkler, *Weimar*, pp. 334ff.
(9) Winkler, *Weimar*, 462ff.
(10) Thilo Vogelsang, *Reichswehr, Staat und NSDAP* (Stuttgart, 1962), pp. 203ff; Winkler, *Weimar*, PP477f.
(11) Jürgen A. Bach, *Franz von Papen in der Weimarer Republik* (Düsseldorf, 1977).
(12) この党の起源と発展については Dietrich Orlow, *The History of the Nazi Party* (2 vols., Pittsburgh, 1969–73).
(13) 最良の評伝は Alan Bullock, *Hitler: A Study in Tyranny* (London, 1952ff.) and Joachim Fest, *Hitler* (New York, 1974).
(14) Winkler, *Weimar*, pp. 478ff.
(15) Winkler, *Weimar*, pp. 510f.
(16) 大統領はヒトラーを「オーストリアの伍長」あるいは「ボヘミアの伍長」と評したとしばしば言われるが、ヒンデンブルクの息子オスカーは1949年3月14日、非ナチ化裁判において自分の父親は「例の伍長」と語ったにすぎないと証言している。NSHSAH, Spruchkammerverfahren gegen Oskar von Hindenburg, Nds. 171 Lüneburg, Uzn/ Nr. 11363, Bd. 3, p. 58.
(17) *AdRk/ KvP*, I, p. 392, n. 5.
(18) Winkler, *Weimar*, pp. 518f.
(19) *ibid.*, pp. 522ff.
(20) *AdRk/ KvP*, vol. 2, pp. 984–86, 988–1000.
(21) *ibid.*, pp. 988–1000.
(22) Rudolf Fischer, *Schleicher: Mythos und Wirklichkeit* (Hamburg, 1932), p. 54. ジャーナリステックな記述でシュライヒャーの首相に至るまでの政治的キャリアを跡付けている。
(23) *AdRK/ KvP*, vol. 2, p. 1017.
(24) Fischer, *Schleicher*, p. 25.
(25) Winkler, *Weimar*, pp. 546ff.
(26) シュライヒャーについて信頼に足る十全な評伝はない。素描として役立つのは Thilo Vogelsang, *Kurt von Schleicher: Ein General als Politiker* (Göttingen, 1965). 示唆に富み洞察力ある論文としては Peter Hayes, " 'A Question Mark with Epaulettes'? Kurt von Schleicher and Weimar Politics," *JMH* 52 (1980), pp. 35–65. A Ph.D. dissertation by Theodore Albert Cline, "The Chancellorship of General Kurt von Schleicher" (University of Texas, 1976) は現在では多くの点で古くなっている。Friedrich–Karl von Plehwe, *Reichskanzler Kurt von Schleicher* (Esslingen, 1983) や Hans Rudolf Berndorff, *General Zwischen Ost und West* (Hamburg, 1951), Kurt Caro and Walter Oehme, *Schleichers Aufstieg* (Berlin, 1933) は信頼できない。
(27) Fischer, *Schleicher*, p. 11 (quoting the conservative journalist Adolf Stein, who published

under the pseudonym Rumpelstilzchen).

(28) John W. Wheeler–Bennett, *The Nemesis of Power* (London, 1956), p. 237f., n. 3.

(29) *Acht–Uhr Abendblatt* of Berlin, in *DA*, December 6, 1932 (#254) からの引用。

(30) Hayes, "A Question Mark," p. 35.

(31) Vogelsang, *Reichswehr*, p. 410.

(32) Winkler, *Weimar*, pp. 559f, 562.

(33) *AdRk/ KvS*, p. 26, n. 4.

(34) William L. Patch, Jr., *Christian Trade Unions in the Weimar Republic, 1919–1933* (New Haven, Conn., 1985), p. 215.

(35) シュライヒャーの首相府報道官エーリヒ・マルクスは1月10日、ある記者に首相が反パーペン内閣に結集した議会外勢力を打破する彼の狙いを成功裏に達成したと自慢してみせた。"Informationsbericht vom 11. Januar 1933," by Georg Dertinger, in BAK, Sammlung Brammer, ZSg 101/ 26.

(36) Schleicher to Wilhelm Groener, March 25, 1932, in Gordon A. Craig, "Briefe Schleichers an Groener," *Die Welt als Geschichte* 11 (1951), p. 130.

(37) ナチス入閣に賛成だった人物には、社会民主党指導者でかつての財務相ルドルフ・ヒルファーディングがいる。彼はドイツ国家国民党の政治家ラインホルト・クヴァーツに1932年11月18日、こうしたアプローチこそがナチの過激主義を緩和する最善のものであると語った。*Die Deutschnationalen und die Zerstörung der Weimarer Republik*, edited by Hermann Weiss and Paul Hoser (Munich, 1989), p. 211; またベルリンの銀行家オスカー・ヴァッサーマンが1932年4月にイギリス大使に語った言葉も参照のこと。*DBFP 1919–1939*, series 2, vol. 3 (London, 1948), p. 128. 同様の見解は1932年9月ハンブルクの銀行家カール・メルヒオールとウルシュタイン出版社の社長で前財務省高官だったハンス・シェファーによっても表明されている。Henry Ashby Turner, Jr., *German Big Business and the Rise of Hitler* (New York, 1985), p. 277.

(38) Hayes, "A Question Mark," p. 43; also reports of the British ambassador, December 21, 1932, and January 11, 1933: *DBFP, 1919–1939*, series 2, vol. 4 (London, 1950), pp. 383f., 386.

(39) Schleicher to Wilhelm Groener, March 25, 1932, in Craig, "Briefe Schleichers," p. 130.

(40) Hayes, "A Question Mark," pp. 48f.

(41) *ibid.*, pp. 45f; Michael Geyer, "Das zweite Rüstungsprogramm (1930–1934)," *MM* 17 (1975), pp. 125–72; Edward W. Bennett, *German Rearmament and the West* (Princeton, NJ., 1979), pp. 284–88.

(42) The papers of Schleicher's aide at the Defense Ministry, Ferdinand von Bredow, in BA/ MA, esp. the "Kurzorientierungen" of July 26, 1932(N97/ 1), December 19, 1932 (N97/ 2), and January 5, 6, 16, 20, and 23, 1933 (N97/ 3). Also Schleicher's letter to Röhm of November 4, 1931, in Carl Severing, *Mein Lebensweg* (Cologne, 1950), vol. 2, p. 322.

(43) シュライヒャーの国防省の副官ハンスヘニング・フォン・ホルツェンドルフによって1946年に作成された "Die Politik des Generals von Schleicher gegenüber der NSDAP 1930–33," manuscript, IfZ, ZS/ A 36/ 1, p. 5 より引用。

(44) Hayes, "A Question Mark," pp. 49f.

(45) シュライヒャーは11月23日に行なわれたヒトラーとの会談について、11月25日のパーペン内閣の閣議で報告している。*AdRk/ KvP*, vol. 2, p. 1013. 首相に任命される前夜、彼は国防省の副官を派遣してヒトラーに彼の提案を繰り返させた。結果は同様の否定的な返答だった。Vogelsang, *Reichswehr*, p. 330.

(46) シュトラッサーについては Udo Kissenkoetter, *Gregor Strasser und die NSDAP* (Stuttgart, 1978) and Peter Stachura, *Gregor Strasser and the Rise of Nazism* (London, 1983).

(47) シュライヒャーの戦術上の目的としての労働枢軸という概念はベルリン日刊紙、日刊展望《テークリヒ・ルントシャウ》の主筆だったハンス・ツェーラーによるものであったらしい。シュライヒャーが1932年

夏、ツェーラーと彼の新聞の購入のために何ほどかの資金を流用したということはありそうなことではあるが、ツェーラーがシュライヒャーを擁護したとか、シュライヒャーが首相だった時に彼と親密な関係にあったという証拠はない。正反対の見解を確認するには、Ebbo Demant, *Von Schleicher zu Springer* (Mainz, 1971), pp. 101–11 を参照。パーペンの悪名高い回想録がしばしばこの問題に関しての情報源として引き合いに出されるが、この問題に関する彼の発言に信憑性を認める根拠や、彼がこの問題に関して内情を承知していたとする根拠はない。

(48) Otto Braun, *Von Weimar bis Hitler* (New York, 1940), pp. 431ff. 1932 年 12 月 8 日にシュライヒャーが語ったことをブラウンは回想しているが、それは同時代の史料によっても裏付けられる。Vogelsang, *Reichswehr*, pp. 341f. また、首相側近にアクセスできた 2 人の記者の報告も参照。Heinz Brauweiler, "A.–Brief Nr. 311," December 7, 1932, in Nachlass Brauweiler, IfZ, 102/ 2; R.K. (Robert Kircher), "Ein vergeblicher Fühler Goerings," *FZ*, December 13, 1932. (#930). 1932 年 12 月 13 日のゲッベルスの日記も参照のこと。*TbJG*, part 1, vol. 2, p. 304.

(49) Kissenkoetter, *Gregor Strasser*, pp. 170f.

(50) "38.1 Prozent Verlust," *VZ*, December 31, 1932 (#628), an analysis of the official results.

(51) 選挙は 11 月 13 日にリューベックとザクセンで行なわれた。Cuno Horkenbach, *Das Deutsche Reich von 1918 bis heute* (Berlin, 1932), p. 378. ブレーメンの地方選挙は 11 月 27 日に行なわれた。"Flucht aus der Nazipartei," *V*, November 29, 1932 (#561).

(52) Goebbels, *TbJG*, part 1, vol. 2, pp. 292f.

(53) Winkler, *Weimar*, pp. 559f.

(54) *AdRk/ KvS*, pp. 22–24 (minutes of the cabinet).

(55) Goebbels, *TbJB*, part 1, vol. 2, p. 295.

(56) 実際の手紙は見つかっていないが、草稿は保存されている。Kissenkoetter, *Gregor Strasser*, pp. 202f.

(57) シュトラッサーが語りかけたグループは、彼が当時任命した地方監督官からなっていた。これに出席したひとりであるヒンリヒ・ローゼの事後の説明を参照のこと。Hinrich Lohse, in *DoN* (1974), pp. 141f.

(58) Kissenkoetter, *Gregor Strasser*, p. 173.

(59) Goebbels, *TbJG*, part 1, vol. 2, p. 295. 武器に関する詳細は出版された日記の中でゲッベルスによって付け加えられた。*ibid.*, p. 297.

(60) Hinrich Lohse in *DoN* (1974), pp. 143–46.

(61) Goebbels, *TbJG*, part 1, vol. 2, pp. 298–300.

(62) "Gregor Strassers Beurlaubung," *DA*, December 9, 1932 (#257). その月の後半、ナチスは彼の辞職に関する流言を否定する記事を掲載している。それはシュトラッサーの要請に基づくものであったとされるが、彼が辞職に関して言及したもともとの声明とは矛盾したものだった。"Alles Kombinationen!" *VB*, December 21, 1932 (#356).

(63) Kissenkoetter, *Gregor Strasser*, p. 177.

(64) "Eine Erklärung Feders," *FZ*, December 10, 1932 (#923); Goebbels, *TbJG*, part 1, vol. 2, pp. 298–99.

(65) Ulrich Wörtz, "Programmatik und Führerprinzip: Das Problem des Strasser–Kreises in der NSDAP" (Ph.D. diss., Erlangen–Nurnberg, 1966), pp. 236f.

(66) "Die Börse im Jahre 1932," *Wirtschaft und Statistik*, January 25, 1933 (vol. 13, no. 2), p. 61.

(67) Quarterly report of the Institut für Konjunkturforschung, quoted in the "Frankfurter Handelsblatt" of the *FZ*, January 1, 1933 (#1–2).

(68) *ibid.*

(69) Goebbels, *TbJG*, part 1, vol. 2, p. 314.

第２章

(1) このパラグラフと次のパラグラフはエルンスト・ハンフシュテングルの回想録に基づいている。*Hitler: The Missing Years* (London, 1957), pp. 194f; Münchner Stadtmuseum, *München–"Hauptstadt der Bewegung"* (Munich, 1993), p. 124 (catalog published for an exposition with the same tide).

(2) Hanfstaengl, *Hitler*, p. 195.

(3) Oren J. Hale, "Adolf Hitler: Taxpayer," *AHR* 60 (1955), pp. 830–42.

(4) Speech of March 14, 1936, in Max Domarus, *Hitler: Reden und Proklamationen 1932–1945* (Munich, 1965), vol. 2, p. 606.

(5) 最良の導入は Eberhard Jäckel, *Hitler's Weltanschauung* (Middletown, Conn., 1972).

(6) Albert Krebs, *Tendenzen und Gestalten der NSDAP* (Stuttgart, 1959), p. 137.

(7) "Adolf Hitlers Kampfbotschaft für 1933," *VB*, January 1-2, 1933 (#1–2) .

(8) Goebbels, *TbJG*, part 1, vol. 2, p. 319f.

(9) "Reichstag am 24. Januar," *FZ*, January 5, 1933 (#13); "24. Januar Reichstag," and "In Verlegenheit," *BT*, January 5, 1933 (#7); "Reichstag erst am 24. Januar," V, January 5, 1933 (#7).

(10) Otto Dietrich, *Mit Hitler in die Macht* (Munich, 1934), pp. 169f.

(11) 最近二冊の評伝が刊行された。Joachim Petzold, *Franz von Papen* (Munich and Berlin, 1995) and Richard W. Rolfs, *The Sorcerer's Apprentice* (Lanham, Md., 1996). Henry M. and Robin K. Adams, *Rebel Patriot* (Santa Barbara, Calif., 1987) はあまり信頼できない。パーペンの全２巻の回想録を参照のこと。２巻目は最初の巻の繰り返しではあるが。 *Der Wahrheit eine Gasse* (Munich, 1952) and *Vom Scheitern einer Demokratie* (Mainz, 1968).

(12) André François–Poncet, *Souvenirs d'une ambassade à Berlin* (Paris, 1946), pp. 42f.

(13) *DDS, 1848–1945*, vol. 10, (Bern, 1982), p. 505.

(14) *DBFP*, 2d series, vol. 4, pp. 389f.

(15) Adenauer to Countess Fürstenberg–Herdringen, October 22, 1946, in Adenauer, *Briefe 1945–1947* (Bonn, 1983), p. 350.

(16) François–Poncet, *Souvenirs*, p. 44.

(17) François–Poncet, *Souvenirs*, P. 44.

(18) Papen, *Gasse*, pp. 250f.

(19) It is reproduced opposite p. 225 of Papen, *Gasse*.

(20) パーペン、シュライヒャー、ヒトラーの許で財務相を務めたルッツ・グラーフ・フォン・シュヴェリーン・クロージクはこの人づてに聞いた逸話に 1952 年 4 月 24 日のインタビューで言及している。IfZ, ZS 145. また、その逸話はシュライヒャーからその話を聞いたもうひとりの同時代人によって 1951 年に伝えられた。Karl Dietrich Bracher, *Die Auflösung der Weimarer Republik* (Stuttgart and Düsseldorf, 1957), p. 519, n. 179.

(21) これは 1932 年と 1933 年に国防省でシュライヒャーの副官だったヘルマン・フェルチュが 1953 年 1 月 28 日と 31 日のインタビューで回想したものである。IfZ, ZS 37, p. 10.

(22) *AdRk/ KvS*, p. 102.

(23) Papen, *Scheitem*, pp. 336f.

(24) Turner, German Big Business, pp. 315ff.; Heinrich Muth, "Das 'Kölner Gespräch' am 4. Januar 1933," *GiW&U* 37 (1986), pp. 463–80, 529–41.

(25) Schröder's affidavit of July 21, 1947, for the American war crimes prosecution at Nuremberg: NAUSA, RG 238, NI–7990.

(26) Goebbels, *TbJG*, part 1, vol. 2, p. 332, entry of January 10.

(27) これはニュルンベルクのアメリカ戦争犯罪刑事訴追のために 1947 年 7 月 21 日に書かれたシュレーダーの宣誓供述書に基づいている。NAUSA, RG 238, NI–7990. パーペンの２巻

本の回想録の説明は信用できない。*Gasse*, p. 256, and Scheitern, pp. 334–39. シュライヒャー内閣の雇用創出委員だったギュンター・ゲーレケは1月5日、ある記者に以下のように語った。——大統領ヒンデンブルクは彼にクリスマスと元日の間にパーペンがヒトラーと会談する計画を承認している。BAK, Sammlung Brammer, ZSg 101/ 26, "Informationsbericht vom 5. Januar," by Georg Derringer. しかし、これは真実とは思われない。もしヒンデンブルクがこの会談を前もって承認したのであれば、パーペンはおそらく彼自身がシュライヒャーに対して陰謀を企てたという非難から身を守るために、遅くとも戦後にはこの承認があったことを引き合いに出していた筈である。

(28) Papen, *Gasse*, p. 251.

(29) "Hitler schwenkt zu Papen," *Jd*, January 3, 1933 (#2).

(30) "Aufmarsch zum Wahlkampf," *Jd*, January 5, 1933 (#4), citing Papen's statement to the Telegraphen–Union, a wire service.

(31) "Keine Unterredung Hitler–Papen," *DA*, January 3, 1933 (#2).

(32) パーペンはこのことに関して1933年5月21日ミュルトナー・フォン・ミュルンハイム少佐宛の手紙で不平を述べた。彼はパーペンとシュライヒャーの間を調停しようとしたが不首尾に終わった仲介者である。Papen Papers, TsGA, vol. 5. また以下を参照のこと。Papen, *Gasse*, p. 255. そこではその写真家を探偵としている。

(33) その歯科医はヘルムート・エルブレヒターだった。1945年の彼の声明と1953年1月10日のブリューニングの手紙、さらに以下を参照のこと。Kissenkoetter, *Gregor Strasser*, pp. 205–7. Gottfried Treviranus, *Das Ende von Weimar* (Düsseldorf, 1968), pp. 346f., 355f.

(34) Brüning, *Memoiren, 1918–1934* (Stuttgart, 1970), p. 639.

(35) *TR*, January 5, 1933. (#4). その日早くに印刷された新聞は同じ日付と号になっているが、第1面のトップには「国会は1月24日にようやく開会」という見出しがつけられていた。

(36) "Eine Erklärung von Papens," *KV*, January 6, 1933 (#6).

(37) "Eine Auslassung des Freiherm von Schröder," *FZ*, January 7, 1933 (#19).

(38) "Eine gemeinsame Erklärung Papens und Hitlers," *FZ*, January 7, 1933 (#19).

(39) "Die Unterredung Hitler–Papen," *DA*, January 6, 1933 (#5).

(40) "Das Zusammentreffen Adolf Hitlers mit Papen," *VB*, January 6, 1933 (#6).

(41) "Das Zusammentreffen Adolf Hitlers mit Papen," *VB*, January 7, 1933 (#7).

(42) Turner, *German Big Business*, pp. 316f.

(43) "Hitler beim Herrenklub. In flagranti (sic) ertappt," *V*, January 6, 1933 (#10).

(44) "Bei den 'feinen Leuten'," *RF*, January 6, 1933 (#5).

(45) 例えば以下を参照。"Geheime Verhandlungen Hitler–Papen bei rheinischen Bankfürsten," *RF*, January 6, 1933 (#5); "Der Agent der Grossindustrie," *V*, January 7, 1933 (#11); "Die Unterredung v. Papen Hitler," *Jd*, January 7, 1933 (#6). シュライヒャーでさえ資本家の関与を疑い始める。1月10日、彼はある記者に次のように語った。——元帝国銀行総裁ヒャルマール・シャハトがこの会談の背後にいたのは「周知のことだった」。IfZ, ED 93, Bd. 33, "Dienstag, den 10. Januar 1933 Unterhaltung mit Reichskanzler von Schleicher," by Josef Reiner of the Ullstein Verlag.

(46) "Die Unterredung Hitler–Papen," *FZ*, January 6, 1933 (#16); "Hitler klopft an die Hintertüren," *VZ*, January 6, 1933 (#9); "Anderthalbstündige Aussprache Schleicher–Papen," *DAZ*, January 9, 1933 (#14); "Die Lage des Kabinetts Schleicher," *FZ*, January 10, 1933 (#26).

(47) "Reichsregierung und Nationalsozialisten," *KV*, January 6, 1933 (#6).

(48) "Was war in Kön?" *BT*, January 6, 1933. (# 10); "Das Komplot," *BT*, January 6, 1933 (#9).

(49) Otto Meissner, *Staatssekretär unter Ebert—Hindenburg—Hitler* (Hamburg, 1950), p. 261.

(50) Theodor Eschenburg, *Die improvisierte Demokratie* (Munich, 1963), p. 280.

(51) Gaines Post, Jr., *The Civil–Military Fabric of Weimar Foreign Policy* (Princeton, N.J., 1973), pp. 302–3; Michael Geyer, *Aufrüstung oder Sicherheit* (Wiesbaden, 1980), PP. 47, 181.

(52) François–Poncet's dispatch to Paris of January 7, 1933: *DDF, 1932–1939*, series 1, vol. 2, p. 375.
(53) Papen, *Gasse*, p. 260.
(54) "Informationsbericht vom 14. Januar 1933," by Georg Dertinger: BAK, Sammlung Brammer, Zsg 101/ 26. Moscow Document（付録を参照）.
(55) Goebbels, *TbJG*, part 1, vol. 2, p. 332 (entry of January 10).
(56) "Schleicher's Political Dream," *The New Statesman,and Nation*, July 7, 1934. この 1933 年 3 月のシュライヒャーとの会話の匿名の記述の信憑性は他のいろいろな証拠によって裏付けられる。
(57) Meissner, *Staatssekretär*, p. 261.
(58) Papen, *Gasse*, p. 261.
(59) François–Poncet's dispatch to Paris of January 7. *DDF, 1932–1939*, series 1, vol. 2, p. 375.
(60) Meissner's Nuremberg testimony of May 4, 1948: NAUSA, RG 238, Case 11, p. 4612; Meissner, *Staatssekretär*, pp. 261f.

第３章

(1) Arno Schröder, "*Hitler geht auf die Dörfer*" (Detmold, 1938), p. 131.
(2) Jutta Ciolek–Kümper, *Wahlkampf in Lippe* (München, 1976), pp. 313–15.
(3) "Adolf Hitler diniert und konferiert," *V*, January 7, 1933 (#12); "Sturm über Lippe," *V*, January 9, 1933 (#14).
(4) Ciolek–Kümper, *Wahlkampf*, pp. 164f.
(5) *ibid.*, pp. 137f.
(6) Hans Hüls, *Wähler und Wahlverhalten im Land Lippe während der Weimarer Republik* (Detmold, 1974), pp. 79f.
(7) John A. Leopold, *Alfred Hugenberg* (New Haven, Conn., 1977), p. 133.
(8) Ciolek–Kümper, *Wahlkampf*, 165f. 他の事例として以下参照。William Sheridan Allen, *The Nazi Seizure of Power* (rev. ed., New York, 1984), p. 80f., 124.
(9) Sir Horace Rumbold to Arthur Henderson, December 17, 1929. *DBFP, 1919–1939*, series IA, vol. 7, p. 261.
(10) Ciolek–Kümper, *Wahlkampf*, 233ff.
(11) Arno Schröder, *Mit der Partei vorwärts* (Detmold, 1940), p. 40 より引用。
(12) *Bielefelder Volkswacht*, quoted in Schröder, *Mit der Partei*, pp. 42f.
(13) Ciolek–Kümper, *Wahlkampf*, pp. 324ff.; Schröder, *Mit der Partei*, pp. 30f.
(14) Geoffrey Pridham, *Hitler's Rise to Power* (New York, 1974), p. 291 より引用。
(15) Turner, *German Big Business*, pp. 111ff.
(16) *ibid.*, pp. 292f; Walter Struve, *Aufstieg und Herrschaft des Nationalsozialismus in einer industriellen Kleinstadt* (Essen, 1992), pp. 155f.
(17) *ibid.*; Jeremy Noakes, *The Nazi Party in Lower Saxony, 1921–1933* (London, 1971), pp. 233f.; Allen, *Nazi Seizure*, p. 133.
(18) Noakes, *Lower Saxony*, p. 235; Allen, *Nazi Seizure*, p. 138f; Struve, *Kleinstadt*, p. 162.
(19) Lawrence D. Stokes, *Kleinstadt und Nationalsozialismus* (Neumünster, 1984), p. 365.
(20) Speech by party treasurer Franz Xaver Schwarz to the Nuremberg party congress of 1935, September 13, 1935: BDC, Non–Biographic Collection, Ordner 266.
(21) Allen, *Nazi Seizure*, p. 139; Rainer Hambrecht, *Der Aufstieg der NSDAP in Mittel– und Oberfranken (1925–1933)* (Nuremberg, 1976), p. 385; Stokes, *Kleinstadt*, p. 366; Goebbels, *TbJG*, part 1, vol. 2, p. 329.
(22) Stokes, *Kleinstadt*, pp. 364–66.

(23) Ciolek–Kümper, *Wahlkampf*, p. 90f.; Schröder, *Dörfer*, p. 104; " 'Kampfschatz' gepfandet," *V*, January 9, 1933 (#14); "Die demoralisierte SA," *BT*, January 11, 1933 (#17).
(24) Noakes, *Lower Saxony*, p. 243; Allen, *Nazi Seizure*, p. 134.
(25) 以下 Ciolek–Kümper, *Wahlkampf*, pp. 88–91.
(26) *ibid.*, p. 141.
(27) *ibid.*, p. 140.
(28) Otto Dietrich,*12 Jahre mit Hitler* (Cologne,[1955]), p. 187.
(29) Schröder, *Dörfer*, p. 192.
(30) Kissenkoetter, *Gregor Strasser*, pp. 185–90; Volker Hentschel, *Weimars letzte Monate* (Düsseldorf, 1978), pp. 150–54.
(31) "Strasser–Krise greift um sich," *VZ*, December 17, 1932 (#603); "1600 Austritte in Hessen," *FZ*, December 18, 1932 (#945); 管区指導者カール・レンツのものとされる手紙も参照のこと。その手紙には健康上の理由で辞職したと述べられている。"Aus allem wird eine 'Sensation'," *VB*, December 21, 1932 (#356). それにもかかわらず、レンツはすぐに親シュトラッサーの出版物に寄稿している。Kissenkoetter, *Gregor Strasser*, pp. 185f.
(32) Goebbels, *TbJG*, part 1, vol. 2, p. 333.
(33) *ibid.*
(34) *ibid.*, pp. 334, 336–38.
(35) Ciolek–Kümper, *Wahlkampf*, pp. 217–26; Hüls, *Wähler*, p. 161; "Die Abtrünnigen," *BT*, January 13, 1933 (#22).
(36) Peter Longerich, *Die braunen Bataillone* (Munich, 1989), pp. 161f; Robert Lewis Koehl, *The Black Corps* (Madison, 1988), pp. 56–58; "Die demoralisierte SA," *BT*, January 11, 1933 (#17). ベルリンの親衛隊員の回想録も参照のこと。Fritz Stelzner, *Schicksal SA* (Berlin, 1936), pp. 137–39.
(37) Richard Bessel, *Political Violence and the Rise of Nazism* (New Haven, Conn., 1984), pp. 92–96.
(38) Thomas Childers, "The Limits of National Socialist Mobilisation," in *The Formation of the Nazi Constituency, 1919–1933*, edited by Thomas Childers (Totowa, NJ., 1986), p. 249f.
(39) "Partei oder Kampfbund?" *TR*, January 3, 1933 (#2), signed by "v.F.", who was presumably Werner von Fichte, leader of Gruppe Nord, with his base in Düsseldorf.
(40)「シュテークマンの叛乱」については以下参照。Hambrecht, *Der Aufstieg*, pp. 323f., 371–89; Eric G. Reiche, *The Development of the SA in Nürnberg, 1922–1934* (New York,1986), pp. 146–63; Pridham, *Hitler's Rise*, pp. 291ff.; Wolfgang Horn, *Führerideologie und Parteiorganisation in der NSDAP* (Düsseldorf, 1972), pp. 411f.
(41) "Revolte in der fränkischen SA," *V*, January 12, 1933 (#19); "S.A. Franken," *BT*, January 12, 1933 (#20); "Schwerer Konflikt in der SA," *VZ*, January 12, 1933 (#19); "Die Abtrünnigen," *BT*, January 13, 1933 (#22); "Stegmann wird degradiert," *VZ*, January 13, 1933 (#21); "NSDAP in der Krise," *NPZ*, January 15, 1933 (#15).
(42) Schröder, *Mit der Partei*, p. 49.
(43) *DDF*, 1932–1939, series 1, vol. 2, p. 479, dispatch of January 19, 1933.
(44) "Der gefährliche Bülowplatz," *BT*, January 22, 1933 (#37).
(45) "Für faule Kompromisse weniger die Zeit denn je!" *VB*, January 17, 1933 (#17).
(46) "Signal Lippe!", *DA*, January 16, 1933 (#13).
(47) Ciolek–Kümper, *Wahlkampf*, pp. 365f.
(48) "Hitler wiederholt seine Kampfansage," *FZ*, January 17, 1933 (#45).
(49) Goebbels, *TbJG*, part 1, vol. 2, p. 340.
(50) *ibid.*
(51) *AdRk/ KvS*, p. 233, n. 13. Letter from a Nazi informant to Prince Wilhelm, January 17, 1933,

forwarded by the latter to Schleicher on January 19.

(52) Kurt Ludecke, *I Knew Hitler* (New York, 1937), pp. 499, 502; Heinrich Muth, "Schleicher und die Gewerkschaften 1932," *VfZ* 29 (1981), p. 206.

(53) Goebbels, *TbJG*, part 1, vol. 2, pp. 343, 346.

(54) Kissenkoetter, *Gregor Strasser*, pp. 192f.

(55) *ibid.*, p. 194.

(56) 以下は Leopold, *Hugenberg*.

(57) Hugenberg to Hitler, December 28, 1932 and January 4, 1933. In BAK, Nachlass Schmidt–Hannover, file 72.

(58) *AdRk/ KvS*, p. 234, n. 15; p. 282, n. 1.

(59) Goebbels, *TbJG*, part 1, vol. 2, p. 341.

(60) これは、ラインホルト・クヴァーツの日記に記録されている、フーゲンベルクの説明に基づく。Weiss and Hoser, eds., *Deutschnationalen*, p. 223.

(61) Goebbels, *TbJG*, part 1, vol. 2, p. 341.

(62) Michael Bloch, *Ribbentrop* (London, 1992).

(63) Rudolf Semmler, *Goebbels—the man next to Hitler* (London, 1947), p. 18f.; Hans-Adolf Jacobsen, *Nationalsozialistische Aussenpolitik, 1933–1938* (Frankfurt, 1968), pp. 255f.

(64) Joachim von Ribbentrop, *Zwischen London und Moskau* (Leoni am Starnberger See, 1961), p. 36f.

(65) *ibid.*, p. 37.

(66) *ibid.*, p. 38: Goebbels, *TbJG*, part 1, vol. 2, pp. 333f.

(67) Ribbentrop, *Zwischen*, p. 39.

(68) "Hitler und Thyssen bei Kerrl," *VZ*, January 19, 1933 (#31); NAUSA, RG 238, NI–220, Wilhelm Keppler to Baron Kurt von Schröder, January 21, 1933.

(69) "Aussprache Papens mit Hitler," *MNN*, January 19, 1933 (#18); "Papen—Hitler—Schleicher," *VZ*, January 18, 1933 (#30); "Noch kein Fortschritt," *G*, January 19, 1933 (#19); "Wieder Hitler und Papen," *KZ*, January 19, 1933 (#36); "Trommelfeuer auf Schleicher," *TR*, January 20, 1933 (#17).

(70) Alfred Kliefoth to secretary of state, January 23, 1933. NAUSA, State Department Central Files, 862.00/ 2892.

(71) Oren J. Hale, *The Captive Press in the Third Reich* (Princeton, N.J., 1964), pp. 59f.; BAP, Nachlass Bracht, Bd. 2, Bl. 177, memorandum, "vertraulich," to Franz Bracht by Scholtz, November 9, 1932.

(72) Allen, *Nazi Seizure*, p. 139; Stokes, *Kleinstadt*, p. 366; "Neue Umgruppierungen der Hitlerfront," *VZ*, January 21, 1933 (#36).

(73) Hambrecht, *Der Aufstieg*, pp. 384–89; Reiche, *SA in Nürnberg*, pp. 160–63; Kissenkoetter, *Gregor Strasser*, pp. 183f.; "Stegmanns Freikorps Franken," *VZ*, January 20, 1933 (#34); "Stegmann hält Generalprobe in Nürnberg," *BVz*, January 23, 1933 (#18).

(74) Hambrecht, *Der Aufstieg*, p. 388; Reiche, *SA in Nürnberg*, p. 162; " 'Freikorps Franken'," *FZ*, January 26, 1933 (#68–69).

(75) Kissenkoetter, *Gregor Strasser*, pp. 184, 187.

(76) *ibid.*, pp. 137–42; "Die Meuterei in der Kasseler S.A.," *BT*, January 3, 1933 (#3); "Die SA–Meuterei in Kassel," *FZ*, January 3, 1933 (#5–6); "SA–Meutereien in Kassel," *R–MVz*, January 3, 1933 (#2).

(77) Eberhard Schön, *Die Entstehung des Nationalsozialismus in Hessen* (Meisenheim am Glan, 1972), p. 139.

(78) "Bewegung im Abstieg," *RA*, January 24, 1933 (#24).

(79) Conan Fischer, *Stormtroopers* (London, 1983), p. 210.

(80) Kissenkoetter, *Gregor Strasser*, p. 184.
(81) "Hitlers SA schlägt SA.–Köpfe ein," *V*, January 3, 1933 (#3); "SS gegen SA.!" *V*, January 7, 1933 (#11). On the rivalry, see Schön, *Die Entstehung*, pp. 142–44; Andreas Werner, "SA und NSDAP" (Diss., Erlangen–Nürnberg, 1964), p. 586.
(82) "Die Hintermänner des Fememordes," *BT*, January 2, 1933 (#2); "Der grosse Katzenjammer," *V*, January 5, 1933 (#8).
(83) Fischer, *Stormtroopers*, pp. 208–17; Wilfried Böhnke, *Die NSDAP im Ruhrgebiet* (Bonn, 1974), P. 157.
(84) Childers, "Limits," pp. 234–55.
(85) Bernhard von Bülow to Friedrich von Prittwitz und Gaffron, German ambassador in Washington, January 19, 1933. In *AzDAP*, series C, vol. 1, p. 22, n. 2.
(86) Engerth to Dollfuss, December 19, 1932: AdR, NPA 57.
(87) Kissenkoetter, *Gregor Strasser*, p. 188.
(88) Fischer, *Stormtroopers*, p. 210.
(89) "Der Weg zur Freiheit muss erkämpft werden," *VB*, January 22–23, 1933 (#22–23).
(90) *DDF, 1932–1939*, series 1, vol. 2, p. 528.
(91) Goebbels, *TbJG*, part 1, vol. 2, pp. 343f, 354.
(92) *ibid.*, pp. 342f.
(93) Siegfried Kracauer, *From Caligari to Hitler* (New York, 1960), pp. 261–63.
(94) "Der Weg zur Freiheit muss erkämpft werden," *VB*, January 22–23, 1933 (#22–23).

第 4 章

(1) "Politische Hellseherei," *V*, January 3, 1933 (#3).
(2) "Eine blutige Silvesternacht," *V*, January 2, 1933 (#2); "Mörder aus der Ackerstrasse verhaftet," *V*, January 8, 1933 (#19).
(3) "Die Bluttat in der Sylvesternacht," *FZ*, January 10, 1933 (#24–25).
(4) "Drei politische Morde," *BT*, January 2, 1933 (#2); "Drei Todesopfer der Neujahrsnacht," *VZ*, January 2, 1933 (#2).
(5) *ibid.*
(6) Eve Rosenhaft, "The Unemployed in the Neighborhood," in *The German Unemployed*, edited by Richard J. Evans and Dick Geary (London, 1987), p. 207.
(7) Hubert R. Knickerbocker, *The German Crisis* (New York, 1932), pp. 23–25.
(8) Rosenhaft, "The Unemployed," pp. 207f.; Ruth Weiland, *Die Kinder der Arbeitslosen* (Berlin, 1933), PP. 8–15.
(9) Bruno Nelissen Haken, *Stempelchronik* (Hamburg, 1932); Knickerbocker, *Crisis*, pp. 26–28.
(10) *AdRk/ KvS*, pp. 101–17.
(11) IfZ, ED 93, Bd. 33, "Dienstag, den 10. Januar 1933 Unterhaltung mit Reichskanzler von Schleicher," by Josef Reiner of the Ullstein Verlag; BAK, Sammlung Brammer, ZSg 101/ 26, "Informationsbericht vom 14. Januar 1933," by Georg Dertinger; Moscow Document (付録参照).
(12) シュライヒャーの報道官は、この戦術について 1 月 10 日にある記者に説明している。BAK,Sammlung Brammer, ZSg 101/ 26, "Informationsbericht vom 11. Januar 1933," by Georg Dertinger.
(13) 1933 年 1 月 21 日、シュライヒャーのために準備された「簡単な説明」の中で、国防省の副官フェルディナント・フォン・ブレドウ大佐は、「徴集兵と職業軍人からなる軍隊」に関する「我々の考え」を宣伝した旨を報告した。これに対してシュライヒャーは余白に「よろしい」と書き込んだ。Bredow Papers, BA/ MA, N 97/ 3. 1 月 13 日、記者団との晩餐会の席上、シュ

ライヒャーは、自分は民兵組織を国民皆兵を実現する手段と見なしていると述べた。IfZ, ED 93, Bd. 33, "13.I.33," by Josef Reiner of the Ullstein Verlag.

(14) Braun, *Von Weimar*, pp. 436–38; Heinrich August Winkler, *Der Weg in die Katastrophe* (Berlin, 1987), p. 831, n. 143.; Hagen Schulze, *Otto Braun oder Preussens demokratische Sendung*, (Frankfurt/ Main, 1977), pp. 773–76.

(15) Schleicher's draft of a letter to the *Vossische Zeitung*, January 30, 1934, Thilo Vogelsang, "Zur Politik Schleichers gegenüber der NSDAP 1932," *VfZ* 6 (1958), p. 90.

(16) Thilo Vogelsang, "Neue Dokumente zur Geschichte der Reichswehr," *VfZ* 2 (1954), pp. 426–29.

(17) IfZ, ED 93, Bd. 33, "Dienstag, den 10. Januar 1933 Unterhaltung mit Reichskanzler von Schleicher," by Josef Reiner of the Ullstein Verlag; *DBFP, 1919–1939*, 2d series, vol. 4, p. 386, Rumbold to Simon, January 11, 1933.

(18) シュライヒャーがナチ党を分裂させようとしていたと考える人間には、パーペン (*Gasse*, p. 244) とマイスナー (Quaatz diary entry of December 16, 1932) がいる。Weiss and Hoser, eds., *Deutschnationalen*, p. 218. シュライヒャーの財務相ルッツ・グラーフ・シュヴェリーン・フォン・クロージクは、後に回想録を書いた時点でもなお、それがシュライヒャーの意図であったと信じていた。Schwerin von Krosigk, *Staatsbankrott* (Göttingen, 1974), p. 156.

(19) この会談の日付は様々に言われているが、シュライヒャーの首相府報道官は 1 月 10 日、ある記者にそれは 1 月 6 日に行なわれたと述べている。BAK, Sammlung Brammer, ZSg 101/ 26, "Informationsbericht vom 11. Januar 1933," by Georg Dertinger. この秘密に関しては Gustav Stolper, "Umsturz," *Der Deutsche Volkswirt* 7 (1933), p. 564.

(20) Meissner, *Staatssekretär*, pp. 251f; またパーペンの非ナチ化裁判におけるマイスナーの証言は January 31, 1947: Amtsgericht München, Spruchkammerakten F. von Papen, S. 218.

(21) Moscow Document（付録参照）.

(22) *AdRk/ KvS*, pp. 233, 235.

(23) Braun, *Von Weimar*, p. 432; *DDF, 1932–1939*, series 1, vol. 2, p. 375, dispatch of January 7 by Ambassador François–Poncet, フランソワ＝ポンセ大使はシュライヒャーがヒトラーに圧力をかけようとしていると認識していた。

(24) BAK, Sammlung Brammer, ZSg 101/ 26, "Informationsbericht vom 11. Januar 1933" by Georg Dertinger (reporting on long conversation with Erich Marcks, Schleicher's Chancellery press spokesman, on January 10); Moscow Document（付録参照）; "Die Lage des Kabinetts," *FZ*, January 15, 1933 (#39–40).

(25) BAK, Sammlung Brammer, ZSg 101/ 26, "Informationsbericht vom 14. Januar 1933," by Georg Derringer; "Gregor Strasser war bei Hindenburg," *DAZ*, January 12, 1933 (#19); "Schleicher warnt," *DAZ*, January 14, 1933 (#24); "Die Lage des Kabinetts," *FZ*, January 15, 1933 (#39–40); "Kass bei Schleicher," *BT*, January 17, 1933 (#27); "Dem neuen Kampf entgegen," *FZ*, January 18, 1933 (#17); *DBFP, 1919–1939*, 2d series, vol. 4, p. 387, Rumbold to Simon, January 16, 1933.

(26) IfZ, ED 93, Bd. 33, "Dienstag, den 10. Januar 1933 Unterhaltung mit Reichskanzler von Schleicher," by Josef Reiner of the Ullstein Verlag.

(27) Moscow Document（付録参照）.

(28) BAK, Sammlung Brammer, ZSg 101/ 26,"Informationsbericht vom 14. Januar 1933," by George Dertinger; Moscow Document（付録参照）.

(29) Diary of Colonel von Thaer for July 1918, quoted in Vogelsang, *Schleicher*, p. 18.

(30) IfZ, ED 93, Bd. 33: "Dienstag, den 10. Januar 1933 Unterhaltung mit Reichskanzler von Schleicher," by Josef Reiner of the Ullstein Verlag.

(31) Vogelsang, "Neue Dokumente," p. 426.

(32) BAK, Sammlung Brammer, ZSg 101/ 26, "Informationsbericht vom 14. Januar 1933," by

Georg Dertinger; Moscow Document（付録参照）.

(33) Brüning, *Memoiren*, pp. 395–98; Papen, *Gasse*, p. 280; Magnus von Braun, *Weg durch vier Zeitepochen* (Limburg/ Lahn, 1965), p. 258; Erasmus Jonas, *Die Volkskonservativen, 1928–1933* (Düsseldorf, 1965), p. 148, n. 8.

(34) この皇太子の情報提供者は前少将フランツ・リッター・フォン・ヘアラウフだった。彼はナチ党の「軍務局」を統括していた。たとえば彼の手紙を参照のこと。Hentschel, *Weimars letzte Monate*, pp. 150–54; *AdRk/ KvS*, pp. 154–56, 221–24, 233, n. 13.

(35) BAK, Sammlung Brammer, ZSg 101/ 26: "Informationsbericht vom 11. Januar 1933," by Georg Dertinger; IfZ, ED 93, Bd. 33: "Dienstag, den 10. Januar 1933 Unterhaltung mit Reichskanzler von Schleicher," by Josef Reiner of the Ullstein Verlag.

(36) *ibid.* (Reiner).

(37) BAK, Sammlung Brammer, ZSg 101/ 26: "Informationsbericht vom 11. Januar 1933," by Georg Dertinger. "Gregor Strasser war bei Hindenburg," *DAZ*, January 12, 1933 (#19).

(38) IfZ, ED 93, Bd. 33: "Dienstag, den 10. Januar 1933 Unterhaltung mit Reichskanzler von Schleicher," by Josef Reiner of the Ullstein Verlag; *AdRk/ KvS*, p. 230, n. 3 (quotation from *MZ* of January 13–14).

(39) *ibid.*; BAK, Sammlung Brammer, ZSg 101/ 26: "Informationsbericht vom 11. Januar 1933," by Georg Dertinger; "Dreigespann Strasser–Hugenberg–Stegerwald?", *VZ*, January 14, 1933 (#23); Peter Reinhold, "Das System," *VZ*, January 15, 1933 (#25); *DBFP, 1919–1939*, 2d series, vol. 4, p. 387, Rumbold to Simon, January 16, 1933.

(40) Quaatz's diary entry of January 21, 1933: Weiss and Hoser, eds., *Deutschnationalen*, p. 224.

(41) *AdRk/ KvS*, p. 234, n. 15; "Wird Hugenberg Krisenminister?" *NPZ*, January 14, 1933 (#14); "Unsere Meinung," *DAZ*, January 17, 1933 (#28).

(42) *Der Deutsche*, January 16, quoted in "Was wird Schleicher tun?" *FZ*, January 17, 1933 (#45).

(43) "Kaas bei Schleicher," *VZ*, January 17, 1933 (#27); "Kaas drängt auf Entscheidung," *VZ*, January 17, 1933 (#28); *AdRk/ KvS*, p. 234; Rudolf Morsey, "Die deutsche Zentrumspartei," in *Das Ende der Parteien 1933*, edited by Erich Matthias and Rudolf Morsey (Düsseldorf, 1960), p. 335.

(44) *AdRk/ KvS*, p. 234.

(45) Weiss and Hoser, eds., *Deutschnationalen*, pp. 224f.

(46) *SEG* (1933), p. 26. A slightly different version, found in Hugenberg's papers, is in *AdRk/ KvS*, pp. 282f.

(47) Otto Schmidt–Hannover, *Umdenken oder Anarchie* (Göttingen, 1959), pp. 323f.

(48) Quaatz's diary entry for that date: Weiss and Hoser, eds., *Deutschnationalen*, p. 224.

(49) BAK, Sammlung Brammer, ZSg 101/ 26, "Informationsbericht vom 11. Januar 1933," by Georg Dertinger, 彼に対してシュライヒャーの報道官エーリヒ・マルクスは 1 月 10 日、2 日前のハンブルガー・ナーハリヒテンとアルゲマイネ・ツァイトゥンクにおける彼の攻撃に対する首相の怒りを伝えた。また 1 月 13 日の同じ右系の記者に対するシュライヒャーの激怒に関する報道を参照のこと。Moscow Document（付録参照）.

(50) IfZ, ED 93, Bd. 33, "13.I.33," by one of those present, Josef Reiner of the Ullstein Verlag. Moscow Document（付録参照）.

(51) *AdRk/ KvS*, p. 231.

(52) 例えば"Hitler in Berlin," *DAZ*, January 17, 1933 (#28); "Schleicher und Hitler kampfbereit," *FZ*, January 20, 1933 (#54); *AdRk/ KvS*, p. 267, n. 2.

(53) *AdRk/ FvP*, vol. 1, p. 477 (Schleicher to cabinet meeting of August 30, 1932); IfZ, ED 93, Bd. 33, "Dienstag, den 10. Januar 1933 Unterhaltung mit Reichskanzler von Schleicher," by Josef Reiner of Ullstein Verlag.

(54) The letter of Centrist leader Ludwig Kaas to Schleicher, January 26, 1933: *AdRk/ KvS*, pp.

304f.

(55) "Eine Warnung Breitscheids an Hitler," *FZ*, January 21, 1933 (#55–56).

(56) "Unsere Meinung," *DAZ*, January 18, 1933 (#29); "Staatsnotstand," *NPZ*, January 22, 1933 (#22).

(57) Official statement of January 24. *SEG* (1933), p. 27.

(58) IfZ, ZS 37, interview of Hermann Foertsch, press aide to Schleicher at the Defense Ministry, by Wolfgang Sauer, January 28 and 31, 1953, pp. 11f.

(59) パーペン内閣では 1 週間に平均して 2 日以上閣議が行なわれていたのに対して、シュライヒャー内閣では 1 週間に 1 日あるかないかだった。*AdRk/ FvP* and *AdRk/ KvS*.

(60) ゲーレケは 1 月 5 日のある記者との会話の中で、シュライヒャーの彼に対する扱いについて不満を漏らした。BAK, ZSg 101/ 26, Sammlung Brammer, "Informationsbericht vom 5. Januar 1933," by Georg Dertinger.

(61) *AdRk/ KvS*, p. 1, n. 5; p. 106.

(62) 以下参照。The letter of Agriculture Minister Magnus von Braun to Schleicher, January 5, 1933, in *AdRk/ KvS*, pp. 186–89.

(63) von Braun, *Weg*, p. 261. 外需に関して、フォン・ブラウンはシュライヒャー内閣をはるかに肯定的な観点から描いている。イギリス大使ホレース・ランボルド卿の 1 月 29 日の彼との会話に関する報告は以下を参照のこと。*DBFP, 1919–1939*, 2d series, vol. 4, p. 397.

(64) 例えば Weiss and Hoser, eds., *Deutschnationalen*, p. 218 (Quaatz diary, December 16, 1932); Jonas, *Volkskonservativen*, p. 129, n. 3.

(65) BAK, Sammlung Brammer, ZSg 101/ 26, "Informationsbericht vom 11. Januar 1933," by Georg Dertinger（シュライヒャー首相府報道官エーリヒ・マルクスとの 1 月 10 日の会話に関する報告）。同日、シュライヒャーはこの件に関して別の記者に以下のように確言して平静を装った。――自分と大統領、さらにその息子オスカーとの関係は改善している。IfZ, ED 39, Bd. 33, "Dienstag, den 10. Januar 1933 Unterhaltung mit Reichskanzler von Schleicher," by Josef Reiner of the Ullstein Verlag.

(66) 1 月 10 日、シュライヒャー首相府報道官エーリヒ・マルクスと記者との会話の中でその問題が話題に上った時､その記者はマルクスが「彼らしからぬ」ほど興奮してシュライヒャーがパーペンを見捨てたという流言を否定したと述べている。BAK, Sammlung Brammer, ZSg 101/ 26, "Informationsbericht vom 11. Januar 1933," by Georg Dertinger.

(67) BAK, R43 I/ 1504, Bl. 93: Meissner to Planck, December 14, 1932.

(68) 1 月 13 日の記者団との晩餐会の際、シュライヒャーはパーペンの「ロマンティックな決まり文句」に軽蔑的な発言をした。パーペンの無謀な声明の結果、彼は記者団にそう語ったのだが、もしパーペンがその職務にあと 3 日留まっていたら、ゼネストが起き、その場合彼（シュライヒャー）はやむなく機関銃を持った軍隊を街頭に送り込まなければならなくなっていただろう。IfZ, ED 93, Bd. 33, "13.I.33," by Josef Reiner of the Ullstein Verlag. 現場にいた記者の報告はすぐにパーペンの許に届いた。Moscow Document.

(69) Gereke's memoirs, *Ich war Königlich–preussischer Landrat* (Berlin, 1970), pp. 176ff.

(70) Hans–Otto Meissner, *30. Januar '33* (Esslingen, 1976), pp. 186–88.

(71) *ibid.*

(72) *ibid.*, p. 187; Vogelsang, *Schleicher*, p. 72.

(73) 憲法問題に関して、彼はオイゲン陸軍中佐を頼みとした。*AdRk/ KvP*, vol. 1, pp. 579–80, esp. n. 11. シュライヒャーはもうひとりの将校ハンスヘニング・フォン・ホルツェンドルフに移住に関する仕事を任せた。 IfZ, ZS/ A, 36/ 2, Holtzendorff to Graf Borke, May 3, 1949. シュライヒャーの国防省の第一副官であるフェルディナント・フォン・ブレドウ大佐はより一般的な政治問題を多く扱った。Bredow's papers: BA/MA, N 97/ 1–3.

(74) AdR, NPA 11 (Gesandtschaftsberichte Berlin), Josef Meindl, Geschäftsträger, to Engelbert Dollfuss, February 9, 1933.

(75) *AdRk/ KvS*, pp. 206–08.
(76) *ibid.*, pp. 208–14. See also a later version of the meeting by one of the Nazis among the League spokesmen present: Bracher, *Die Auflösung*, pp. 697f.
(77) Horst Gies, "NSDAP und landwirtschaftliche Organisationen in der Endphase der Weimarer Republik," *VfZ* 15 (1967), pp. 341–76. シュライヒャーはこの連盟においてナチスが支配的であることに気づいていた。1月13日の記者団に対する彼の発言を参照のこと。IfZ, ED 93, Bd. 33, "13.I.33," by Josef Reiner of the Ullstein Verlag.
(78) *AdRk/ KvS*, p. 214, n. 16.
(79) *ibid.*
(80) Wolfgang Wessling, "Hindenburg, Neudeck und die deutsche Wirtschaft," *VfS& Wg* 64 (1977), PP. 41–73.
(81) Gies, "NSDAP und landwirtschaftliche Organisationen," p. 374, n. 164.
(82) BAK, R43 II/ 192, Bl. 109. For the cabinet's action of January 17 on foreclosure protection, *AdRk/ KvS*, pp. 247f.
(83) *SEG* (1933), pp. 23–24. *AdRk/ KvS*, p. 237, n. 22; p. 319, n. 15.
(84) Vogelsang, "Neue Dokumente," p. 427 (Schleicher to a meeting of generals, December 13–15, 1932).
(85) *DDF, 1932–1939*, series 1, vol. 2, p. 547 (François–Poncet to Paul–Boncour, February 1, 1933).
(86) BAK, Sammlung Brammer, ZSg 101/ 26, "Informationsbericht vom 11. Januar 1933," by Georg Dertinger.
(87) Moscow Document（付録参照）; BAK, Sammlung Brammer, ZSg 101/ 26, "Informationsbericht vom 14. Januar 1933," by Georg Dertinger.
(88) *ibid.*
(89) Moscow Document（付録参照）.
(90) IfZ, interview of March 30, 1951, with Erich Freiherr von dem Bussche–Ippenburg, 彼は1930年から1933年まで国防省の人事局を統括した。IfZ, ZS 217. 1934年1月30日付の手紙の草稿で、彼はそれをフォス新聞宛てに書いたが、明らかに送付されなかった。シュライヒャーは「大統領が厳かに誓った支持の約束」を突然反古にしたことについて言及した。Vogelsang, "Zur Politik Schleichers," p. 90. またシュライヒャーの妹の発言も参照のこと。Vogelsang, *Reichswehr*, p. 336, n. 1590. 国防省の他のスタッフ、オイゲン・オットによれば、シュライヒャーは1月中にヒンデンブルクを信頼してよいものか懐疑的であると口にしていた。IfZ, ZS 279, Ott's "Bemerkungen zu den Akten des Instituts für Zeitgeschichte," February 18, 1952, p. 7.
(91) *AdRk/ KvS*, p. 235.
(92) IfZ, ZS/ A–20, Bd. 4,「始まりと終わり」(ルッツ・グラーフ・シュヴェリーン・フォン・クロージクの日記より抜粋)、記入日が1月22日となっている11頁（シュライヒャーとの会話には日付がない)。1934年1月シュライヒャーによって書かれたが、公刊されなかったフォス新聞論説委員への手紙の草稿の中で、彼は辞職の14日前、大統領が自分に議会の解散を迫ったと書いた。Vogelsang, "Zur Politik Schleichers," p. 90.
(93) BAK, Sammlung Brammer, ZSg 101/ 26, "Informationsbericht vom 19. January 1933," by Georg Dertinger.
(94) Gereke, *Landrat*, pp. 213ff.; Moscow Document（付録参照）; Helmut Marcon, *Arbeitsbeschaffungspolitik der Regierungen Papen und Schleicher* (Frankfurt/ Main, 1974), pp. 303–10; Michael Schneider, *Das Arbeitsbeschaffungsprogramm des ADGB* (Bohn–Bad Godesberg, 1975), pp. 200–202.
(95) The notes of Gustav Krupp von Bohlen und Halbach on his conversation with Schleicher on January 12, 1933: Krupp–Archiv, FAH 23/ 793, Bl. 226–29. シュライヒャーの農業連盟スポー

クスマンへの発言は *AdRk/ KvS*, pp. 210–12.

(96) Moscow Document（付録参照）; IfZ, ED 93, Bd. 33, "13.I.33," by Josef Reiner of the Ullstein Verlag.

(97) *SEG* (1933), pp. 19f., speech to Kyffhäuserbund in Berlin. Geyer, *Aufrüstung oder Sicherheit*, pp. 302f.

(98) "Aussprache Papens mit Hitler," *MNN*, January 19, 1933 (#18); "Papen–Hitler–Schleicher," *VZ*, January 18, 1933 (#30); "Wahlen am 19, Februar?" *NPZ*, January 19, 1933 (#19).

(99) Goebbels, *TbJG*, part 1, vol. 2, p. 344; "Vertagung bis 31. Januar," *VZ*, January 21, 1933 (#35); "Die NSDAP weicht aus," *FZ*, January 21, 1933 (#57); "Reichstag vertagt," *V*, January 21, 1933 (#35); "Unbequeme Wahrheit," *V*, January. 21, 1933 (#36); "Reichstag vertagt sich wieder!" *TR*, January 21, 1933 (#18); "Reichstag am 31. Januar," *KZ*, January 21, 1933 (#40); "Acht Tage Aufschub," *BT*, January 21, 1933 (#35); "Ein kurzer Zeitgewinn," *G*, January 21, 1933 (#21); "Das schlechte Gewissen," *BT*, January 22, 1933 (#37).

(100) Günter Neliba, *Wilhelm Frick* (Paderborn, 1992), pp. 66–68. 1月初旬、フリックは演説の中で自分は国会の再開延期に賛成であると語った。"Hitlers Abstecher mach Berlin," *FZ*, January 12, 1933 (#32).

(101) *TbJG*, part 1, vol. 2, p. 343.

(102) "Hitlers Schwenkung," *BT*, January 11, 1933 (#18); "Das schlechte Gewissen," *BT*, January 22, 1933 (#37); "Kein Staatsnotstand!" *VZ*, January 24, 1933 (#40).

(103) On the Center Party's readiness, see Brüning, *Memoiren*, p. 645. On that of the German–Nationals, see remarks of Oskar Hergt in "Geldnot der N.S.D.A.P.," *BT*, January 12, 1933 (#19); also "Reichstag am 31. Januar," *KZ*, January 21, 1933 (#40).

(104) Brüning, *Memoiren*, p. 645.

第5章

(1) 以下の記述は下記に基づいている。"Abgekapselt," *VZ*, January 23, 1933 (#38); "Bannmeile um den Bülowplatz," *V*, January 23, 1933 (#38); "Das Spiel mit dem Bürgerkrieg," *V*, January 23, 1933 (#38); "Berlin bleibt rot!" *V*, January 23, 1933; (#38); "Militärische Lage," *V*, January 24, 1933 (#39); "Wunder der Strategie," *BT*, January 24, 1933 (#39); "Bülowplatz 22. Januar," *BT*, January 24, 1933 (#39); "Ein kleineres Übel—riesengross," *VZ*, January 24, 1933 (#39).

(2) Stelzner, *Schicksal SA*, pp. 142f.

(3) *TbJG*, part 1, vol. 2, P. 347.

(4) *ibid.*, p. 345.

(5) "Anklage und Aufruf," *V*, January 22, 1933 (#37); Theodor Wolff; "Der gefährliche Bülowplatz," *BT*, January 22, 1933 (#37).

(6) "Schöpferische Vorsicht?" *G*, January 22, 1933 (#22).

(7) "Entweder—oder," *FZ*, January 24, 1933 (#64).

(8) 以下の記述はその死後、息子によってマイスナーのものと認定されたものに基づいている。Hans–Otto Meissner, *30. Januar*, pp. 230f. オスカー・フォン・ヒンデンブルクはマイスナー・ジュニアが最初にそれを公刊した雑誌への手紙の中で、オペラ訪問に関するこの説明に疑義を呈した。"Von Neudeck ist nicht gesprochen worden ... ," *Weltbild*, December 1957 (vol. 12, no. 26), p. 14. ニュルンベルク戦争犯罪裁判所のため1945年9月28日に書かれた宣誓供述書のもともとの草案では、老マイスナーはリッベントロップ邸に行く前にオペラ座にいたと語っている。NAUSA, RG 238, 3309–PS.

(9) Meissner's testimony at the trial of German Foreign Ministry officials before the American tribunal at Nuremberg, May 4, 1948: NAUSA, RG 238, Case 11, pp. 4612f.

(10) Ribbentrop, *Zwischen*, p. 39.

(11) François–Poncet, *Souvenirs*, p. 43.

(12) Vogelsang, *Schleicher*, p. 18.

(13) 1947 年 1 月 28 日、パーペンの非ナチ化裁判の証言の際、シュライヒャーとの関係を尋ねられ、オスカーは個人的な問題で自分たちは仲違いしたと述べた。Amtsgericht München, Spruchkammerakten F. von Papen, Bl. 104. 1933 年 1 月 29 日、2 人をよく知る保守政治家ゴットフリート・トレヴィラーヌスはイギリス大使ホレース・ランボルド卿に以下のように語った。——ヒンデンブルク・ジュニアが「不作法にも父親の副官としての権能を逸脱した行動を取った」のでトラブルが発生した。*DBFP, 1919–1939*, 2d series, vol. 4, p. 396. しかし 1932-33 年の間、国防省でシュライヒャーの側近だったひとりは、戦後この問題について尋ねられた時、仲違いはシュライヒャーがオスカーに対してあざけりの言葉を投げかけたためであったとした。 IfZ, ZS 37, interview of Hermann Foertsch by Wolfgang Sauer, January 28 and 31, 1953, p. 9. 当時国防省に勤務していた将校エーリヒ・フライヘル・フォン・ブッシェーイッペンブルクは 1953 年に書かれた手紙の中で、シュライヒャーがオスカー・フォン・ヒンデンブルクをあざ笑ったことに言及している。Kunrat von Hammerstein, “Schleicher, Hammerstein und die Machtübernahme 1933,” *FH* 11 (1956), p. 119.

(14) Magnus von Braun, *Weg*, p. 259.

(15) François–Poncet, *Souvenirs*, p. 43f.

(16) 以下は戦後のマイスナーの説明に基づく。Meissner, *Staatssekretär*, pp. 263f; NAUSA, RG 59, Microcopy M679, roll 2, report on the interrogation of Meissner, October 26, 1945; NAUSA, RG 238, 3309–PS, affidavit of November 28, 1945; testimony of January 31, 1947, at Papen's de–Nazification trial, Amtsgericht München, Spruchkammer Akten F. von Papen, Bl. 222; testimony of May 4, 1948, at the trial of Foreign Ministry officials before the American tribunal at Nuremberg, NAUSA, RG 238, Case 11, pp. 4615f.; affidavit of February 3, 1949, for Oskar von Hindenburg's de–Nazification trial of March 14–17, 1949: NSHSAH, Nds. 171 Lüneburg Uzn/ 11363, Spruchkammer Verfahren gegen Oskar von Hindenburg, Bd. I, Bl. 2f. Oskar's testimony of March 14, 1949, at his own de–Nazification trial, Bl. 26f, and at Papen's de–Nazification trial on January 28, 1947 (see above), p. 110. Unreliable is Papen's testimony of March 15, 1949, at Oskar's de–Nazification trial: Bl. 133f; also Papen, *Gasse*, pp. 265f.; *Scheitern*, pp. 369f.

(17) このドキュメントは、老ヒンデンブルクの文書からのもので、1932 年 11 月 21 日の日付のものであるが、1949 年 3 月 14 日のオスカーの非ナチ化裁判の記録に読み込まれた（先の註を参照）, Bl. 25–27. ギュンター・ゲーレケは同日の裁判で以下のように証言している。1933 年 1 月、ベルリンのティアガルテンを長い時間散歩していた時、オスカーはヒトラーの首相任命には強く反対した。Bl. 51. オスカーの裁判に関連して、1949 年 2 月 3 日の宣誓供述書の中で、マイスナーは 1 月末までオスカーがヒトラーの首相任命に反対し、パーペンの復帰に賛成していたと証言している。Bd. I, Bl. 2. 外務省職員の裁判で、1948 年 5 月 4 日の証言でもマイスナーは同じ証言をしている。NAUSA, RG 238, Case 11, p. 4615.

(18) 老ヒンデンブルクが 1927 年頁プロイセンの領地を贈与された際、大統領が死去した場合の相続税対策として名義人をオスカーにしたことを暴露するとヒトラーは強迫したといわれている。Wessling, “Hindenburg, Neudeck,” pp. 41–54.

(19) NSHSAH, Nds. 171 Lüneburg Uzn/ 11363 , Spruchkammerverfahren gegen Oskar von Hindenburg, 14.–17. März 1949, Bl. 26–28.

(20) *TbJG*, part 1, vol. 2, p. 349f.

(21) NAUSA, RG 59, Microcopy M679, report on interrogation of Meissner, October 26, 1945; *ibid.*, RG 238, 3309–PS, affidavit by Meissner, November 28, 1945; *ibid.*, Case 11, p. 4616, Meissner's testimony of May 4, 1948, at the trial of Foreign Ministry officials before the American tribunal at Nuremberg.

(22) Ribbentrop, *Zwischen*, P. 39.

(23) Ewald von Kleist–Schmenzin, "Die letzte Möglichkeit," PS 10 (1959), p. 89.

(24) NAUSA, RG 238, Case 11, pp. 4614, Meissner's testimony at the trial of Foreign Office officials before the American tribunal at Nuremberg, May 4, 1948.

(25) NAUSA, RG 59, Microcopy M679, report on interrogation of Meissner, October 26, 1945; NAUSA, RG 238, 3309–PS, affidavit by Meissner, November 28, 1945.

(26) *AdRk/ KvS*, pp. 241–43.

(27) *ibid.*, p. 242, n. 39; Ernst Fraenkel, "Verfassungsreform und Sozialdemokratie," *Die Gesellschaft* 9 (1932), 486, 493–95; Walter Simons, "Die Stellung des Reichspräsidenten," *Deutsche Juristen–Zeitung* 38 (1933), pp. 22–27; Joseph Bendersky, *Carl Schmitt* (Princeton, NJ., 1983), pp. 180f.; Eberhard Kolb and Wolfram Pyta, "Die Staatsnotstandsplanung unter den Regierungen Papen und Schleicher," in *Die Deutsche Staatskrise 1930–33*, edited by Heinrich August Winkler (Munich, 1992), p. 157, n. 6.

(28) キリスト教・社会国民奉仕党の代表であるジンフェンデルファーは彼の提案を 1 月 19 日直接シュライヒャーに、その後 1 月 24 日書簡で提出した。*AdRk/ KvS*, pp. 297–300.

(29) The memorandum of Franz Sperr, December 1, 1932, in Vogelsang, *Reichswehr*, pp. 482–84.

(30) *AdRk/ KvS*, p. 299, Simpfendörfer to Schleicher, January 24, 1933. Waldemar Besson, *Württemberg und die deutsche Staatskrise 1928–1933* (Stuttgart, 1959), pp. 264–73.

(31) BAK, Sammlung Brammer, ZSg 101/ 26, "Informationsbericht vom 14. Januar 1933," by Georg Dertinger; Moscow Document（付録参照）.

(32) *AdRk/ KvS*, p. 243, n. 40.

(33) Brüning, *Memoiren*, p. 645.

(34) Wolfram Pyta, "Vorbereitungen für den militärischen Ausnahmezustand unter Papen/ Schleicher," *MM* 51 (1992), pp. 393f, 410–28; Kolb and Pyta, "Die Staatsnotstandsplanung," p. 178f; Fritz Arndt, "Vorbereitungen der Reichswehr für den militärischen Ausnahmezustand," *ZfM* 4 (1965), pp. 202f.

(35) *AdRk/ KvS*, p. 284f.

(36) このことは大統領府によって準備されたヒンデンブルクとの 1 月 23 日の会談に関するメモには記録されていないが、シュライヒャーは 1 月 26 日の 2 人の労働組合指導者との話し合いの際に言及している。*AdRk/ KvS*, p. 303.

(37) Max Domarus, *Hitler: Reden und Proklamationen 1932–1945* (2 vols., Munich, 1965), Erster Halbband, p. 140, speech at Königsberg, October 17, 1932.

(38) "Auflösung ohne Neuwahl?" *VZ*, January 24, 1933 (#39); "Staatsstreich–Pläne," *V*, January 24, 1933 (#39); "Debatte ohne Abstimmung?" *BT*, January 25, 1933 (#41); "Bayerische Volkspartei gegen 'Staatsnotstand'," *VZ*, January 2S, 1933 (#41); "Gegen reaktionäre Staatsstreichpläne!" *V*, January 26, 1933 (#43); "Warnung vor Staatsstreich," *BT*, January 26, 1933 (#43).

(39) *AdRk/ KvS*, pp. 302f.

(40) *ibid.*, pp. 311f.

(41) Richard Breitman, "On German Social Democracy and General Schleicher 1932–33," *CEH* 9 (1976), pp. 352–78. また "Für ein sozialistisches Deutschland" *V*, January 25, 1933 (#41), テオドール・ライパートの演説に関する報告。この自由労働組合の指導者は、社会民主党と連携した。社会民主党は以前シュライヒャー内閣に融和的な姿勢を取ったが、反対の立場を取るにいたった。

(42) 中央党については Detlef Junker, *Die Deutsche Zentrumspartei und Hitler 1932/ 33* (Stuttgart, 1969), pp. 118–26; Winkler, *Weimar*, p. 593f.

(43) Winkler, *Weimar*, p. 572; "Eine Erklärung der Deutschen Volkspartei," *FZ*, January 10, 1933 (#24–25); "Volkspartei und Regierung," *G*, January 16, 1933 (#16).

(44) *DDF, 1932–1939*, series 1, vol. 2, pp. 478–81, dispatch of January 19, 1933.

(45) "Wieder Kanzlersturz?" *VZ*, January 27, 1933 (#45); "Der Beschluss des Ältestenrates," *VZ*,

January 28 1933 (#47); "Dienstag Reichstag," *V*, January 28, 1933 (#47).

(46) *AdRk/ KvS*, pp. 316f.

(47) Brüning, *Memoiren*, p. 649.

(48) See the excerpts from Wolff's unpublished manuscript, "Grabmal," quoted in Bernd Sösemann, *Das Ende der Weimarer Republik in der Kritik demokratischer Publizisten* (Berlin, 1976), p. 229f., n. 155.

(49) Brüning, *Memoiren*, p. 648.

(50) IfZ, ZS 37, Hermann Foertsch in interview with Wolfgang Sauer, January 28 and 31, 1953, p. 12. Another aide, Eugen Ott, recalled Schleicher's saying essentially the same thing: IfZ, ZS 279/ 270/ 52, interview of February 22, 1952.

(51) *DDF, 1932–1939*, series 1, vol. 2, p. 375f.

(52) 1月13日の記者団との晩餐会で、右派系新聞の批判的記事に彼が突然激怒した様子を参照のこと。BAK, Sammlung Brammer, ZSg 101/ 26, "Informationsbericht vom 14. Januar 1933," by Georg Dertinger.

(53) イギリス大使ホレース・ランボルド卿は1932年12月21日、シュライヒャーがその日彼に語ったこと、すなわち彼は首相府は居心地悪く、むしろ国防省に戻りたいと言ったことを報告している。*DBFP, 1919–1939*, 2d series, vol. 4, p. 384. オットー・ブラウンはシュライヒャーとの1932年1月6日の会話の中でシュライヒャーの同様の言葉を回想している。Braun, *Von Weimar*, p. 437. Weiss and Hoser, eds., *Deutschnationalen*, pp. 221f. 1933年1月21日、マイスナーはクヴァーツにシュライヒャーが国防省に戻る件について話していたと告げている。*ibid.*, p. 224. また、国防省の彼の副官オイゲン・オットの回想録も参照のこと。Eugen Ott: "Ein Bild des Generals Kurt von Schleicher," *PS* 10 (1959), p. 371.

(54) Vogelsang, *Reichswehr*, p. 310, n. 1470.

(55) "Papen mit Hitler?" *VZ*, January 27, 1933 (#46); "Hugenberg am Werke," *BT*, January 27, 1933 (#45); "Wieder Kanzlersturz?" *VZ*, January 27, 1933 (#45); "Nochmals Papen?" *BT*, January 28, 1933 (#47); Rudolf Morsey, ed., *Die Protokolle der Reichstagsfraktion und Fraktionsvorstands der Deutschen Zentrumspartei 1926–1933* (Mainz, 1969), p. 610; Turner, *German Big Business*, pp. 318f.

(56) 1935年にハンマーシュタインによって書かれた説明を参照のこと。Bracher, *Die Auflösung*, p. 733. ハンマーシュタインはこの会話とヒンデンブルクとの会合の日付を1月26日としているが、ブッシェーイッペンブルク（次の註を参照）は彼らがヒンデンブルクと会ったのは1月27日であるとしている。この日付の方が確かである。というのは、ブッシェーイッペンブルクの毎週定例のヒンデンブルクとの会談は金曜日に行なわれていたからである。

(57) *Ibid.*; also the later accounts of the other general present, Erich Freiherr von dem Bussche–Ippenburg, "Hammerstein und Hindenburg," *FAZ*, February 5, 1952 (#30); IfZ, ZS 217, Aktenvermerk, dated April 7, 1951, on interview with Bussche–Ippenburg on March 30, 1951, p. 4.

(58) *AdRk/ KvS*, pp. 306–8.

(59) *ibid.*, pp. 310f.

(60) Ribbentrop, *Zwischen*, p. 41; Papen, *Gasse*, p. 267.

(61) *ibid.*

(62) *AdRk/ KvS*, pp. 308f., 317.

(63) *ibid.*, pp. 309f.

(64) *Statistische Beilage zum Reichsarbeitsblatt 1933*, no. 34, p. 1. ペンシルヴァニア州立大学のダン・P・シルバーマン教授の最近の研究の中で、同教授はこれらの統計を精密に分析して、これらの数字は何人かの学者たちが主張しているようにナチ政府によって大いに水増しされていると確信をもって述べている。

第6章

(1) *SEG* (1933), p. 30.
(2) Ribbentrop, *Zwischen*, p. 39. エヴァルト・フォン・クライスト＝シュメンツィンは1934年、以下のように回想している。1月25日、パーペンは自分がヒトラーを首相にすることの裁可をヒンデンブルクに求めようとしていることを認めた。“Die letzte Möglichkeit,” p. 90.
(3) Volker R. Berghahn, *Der Stahlhelm* (Düsseldorf, 1966).
(4) Hermann Punder, *Politik in der Reichskanzlei* (Stuttgart, 1961), p. 125.
(5) Geyer, *Aufrüstung oder Sicherheit*, p. 303; Berghahn, *Stahlhelm*, pp. 192ff:, 233, 238.
(6) Leopold, *Hugenberg*.
(7) François–Poncet, *Souvenirs*, p. 30.
(8) Reinhold Quaatz's diary entry of December 23, 1932: Weiss and Hoser, eds., *Deutschnationalen*, p. 219.
(9) Ribbentrop, *Zwischen*, p. 40.
(10) *ibid.*; Schmidt–Hannover, *Umdenken*, p. 332f.; Weiss and Hoser, eds., *Deutschnationalen*, p. 228; Goebbels, *TbJG*, part 1, vol. 2, p. 353. プロイセンの警察については Christoph Graf, *Politische Polizei zwischen Demokratie und Diktatur* (Berlin, 1983).
(11) Ribbentrop, *Zwischen*, p. 40.
(12) *ibid.*, p. 41.
(13) *ibid.*
(14) *ibid.*
(15) *ibid.*
(16) *ibid.*, pp. 41f.
(17) Papen, *Gasse*, pp. 269f.; Schmidt–Hannover, *Umdenken*, p. 334.
(18) The diary of Schwerin von Krosigk in *AdRk/ KvS*, pp. 317f.
(19) Schäffer's testimony at Papen's de–Nazification trial on January 27, 1947: Amtsgericht München, Spruchkammerakten F. von Papen, Bl. 49, 56.
(20) *ibid.*, Bl. 49, 55, 56, 57. 後にシェーファーが戦後ドイツの政界において重要人物となった時、彼はカトリック党がヒトラー内閣に参加することを提案したことを否定し、パーペン内閣への支持を提案しただけだったと主張した。これは多くの歴史家によって受け入れられてきた見解である。信頼できる説明として以下を参照のこと。Falk Wiesemann, *Die Vorgeschichte der nationalsozialistischen Machtübernahme in Bayern 1932–1933* (Berlin, 1975), pp. 162–64; Otto Altendorfer, *Fritz Schäfer als Politiker der Bayerischen Volkspartei* (Munich, 1993), part 2, pp. 686–88.
(21) *TbJG*, part 1, vol. 2, pp. 353f.
(22) “Auflösung wahrscheinlich unvermeidlich,” *FZ*, January 26, 1933 (#70); “Hoffiiung auf Hindenburg,” *VZ*, January 27, 1933 (#45); “Acht nutzlose Tage,” *BT*, January 27, 1933 (#46); “Warnung vor dem Staatsstreich,” *V*, January 28, 1933 (#47); “Kanzlersturz und dann?” *VZ*, January 29, 1933 (#49); “Auf gefährlichem Wege,” *BT*, January 29, 1933 (#49).
(23) Ribbentrop, *Zwischen*, pp. 39f.
(24) Meissner, *Staatssekretär*, pp. 265f. In his own memoirs, Oldenburg–Januschau referred only very generally to conversations with Hindenburg: *Erinnerungen* (Leipzig, 1936), pp. 218f.
(25) NAUSA, RG 238, Case 11, pp. 4617f., testimony on May 4, 1948 by Meissner (who said that he had relayed the message from Göring to Hindenburg).
(26) Papen, *Gasse*, p. 271.
(27) *Ibid.* ゲーリンクは1938年、ブロンベルクはナチスによってではなくヒンデンブルクによって選ばれたと確言した。Anton Hoch and Christoph Weisz, “Die Erinnerungen des Generalobersten Wilhelm Adam,” in *Miscellanea: Festschrift für Helmut Krausnick zum 75.*

Geburtstag, edited by Wolfgang Benz et al. (Stuttgart, 1980), p. 41.
(28) Papen, *Gasse*, p. 271.
(29) Oskar von Hindenburg's testimony at his de–Nazification trial on January 28, 1947: NSHSAH, Nds. 171, Lüneburg Uzn/ 11363, Bl. 107. Kunrat von Hammerstein, "Schleicher, Hammerstein," p. 167.
(30) Dorpalen, *Hindenburg*, p. 427.
(31) オットー・マイスナーは、ブロンベルクがシュライヒャーに知られないようにこの早い段階でベルリンに来るよう命令されていたと主張した。*Staatssekretär*, p. 266. しかし、ブロンベルクがそのときシュライヒャーと会ったという証拠がある。Bennett, *German Rearmament*, p. 295.
(32) Hermann Foertsch, *Schuld und Verhängnis* (Stuttgart, 1951), p. 29; IfZ, ZS 37, interview with Foertsch by Wolfgang Sauer, January 28 and 31, 1953; Geyer, *Aufrüstung oder Sicherheit*, pp. 192, 208–13.
(33) Thilo Vogelsang, "Hitlers Brief an Reichenau vom 4. Dezember 1932," *VfZ* 7 (1959), pp. 429–33; Vogelsang, *Reichswehr*, p. 375; Thomas Martin Schneider, *Reichsbischof Ludwig Müller* (Göttingen, 1993), pp. 78, 91f; Bennett, *German Rearmament*, pp. 296–301; Klaus–Jürgen Müller, *Das Heer und Hitler* (Stuttgart, 1969), pp. 49–52.
(34) Ribbentrop, *Zwischen*, p. 42.; Papen, *Gasse*, pp. 271f; Ewald von Kleist–Schmenzin, "Die letzte Möglichkeit," p. 91.
(35) Ribbentrop, *Zwischen*, p. 42.
(36) Schmidt–Hannover, *Umdenken*, pp. 329, 334; シュミット＝ハノーファーは、この会合の日付はデュスターベルクの回想録において、1 月 26 日と誤って記載されていると確信をもって述べている。*Der Stahlhelm und Hitler* (Wolfenbüttel and Hanover, 1949), pp. 38f.
(37) Kleist–Schmenzin, "Die letzte Möglichkeit," pp. 91f; Schmidt–Hannover, *Umdenken*, pp. 334–36; Papen, *Gasse*, p. 272.
(38) Ribbentrop, *Zwischen*, p. 42.
(39) Düsterberg, *Der Stahlhelm*, p. 39.
(40) Kleist–Schmenzin, "Die letzte Möglichkeit," p. 92.
(41) Lutz Graf Schwerin von Krosigk, *Es geschah in Deutschland* (Tübingen, 1951), p. 147.
(42) Meissner, *Staatssekretär*, p. 247.
(43) IfZ, ZS 217, Aktenvermerk, dated April 7, 1951, on interview with one of those present, Erich Freiherr von dem Bussche–Ippenburg, on March 30,1951; Bussche–Ippenburg's article, "Hammerstein und Hindenburg," *FAZ*, February 5, 1952 (#30); *AdRk*/ *KvS*, pp. 320, n. 4.
(44) Gottfried Treviranus, *Das Ende von Weimar* (Düsseldorf, 1968), pp. 347f.
(45) ハンマーシュタインはこの会合のことを 1935 年 1 月 28 日の「記録」の中で述べている。Bracher, *Die Auflösung*, pp. 733f. The quoted portion of a 1953 letter from Hammerstein's aide, Adolf–Friedrich Kuntzen, in Kunrat von Hammerstein, "Hammerstein, Schleicher," p. 165. ゲーリングは 1946 年 3 月 13 日のニュルンベルクにおける戦後の証言においてシュライヒャーに代わりハンマーシュタインによって伝えられた提案を回想している。IMT, *Der Prozess gegen die Hauptkriegsverbrecher vor dem Internationalen Militärgerichtshof* (Nuremberg, 1947), vol. 9, p. 283.
(46) Hammerstein, "Niederschrift," in Bracher, *Die Auflösung*, p. 734.
(47) *ibid.*; Goebbels, *TbJG*, part 1, vol. 2, pp. 355f.
(48) Papen, *Gasse*, p. 273; Meissner, Staatssekretär, p. 268.
(49) Düsterberg, *Der Stahlhelm*, pp. 39f; Kunrat von Hammerstein, *Spähtrupp* (Stuttgart, 1963), p. 59; Gereke, *Landrat*, pp. 226–28.
(50) Papen, *Gasse*, p. 273; Meissner, *Staatssekretär*, pp. 268f. マイスナーは誤って彼の本の中で以下のように述べている。――現職の法相フランツ・ギュルトナーは内閣のメンバーのリスト

に含まれていた。*ibid.*, p. 269.

(51) 後にパーペンは信じがたいことだが、以下のように主張した。——1月30日の朝、彼は議会多数派を確保するためにカトリック党を入閣させる約束をヒトラーから引き出した。Papen, *Gasse*, p. 276. しかし、ヒトラー内閣最初の閣議の数分間は、カトリック党を入閣させる意図は毛頭なかったことを表している。*Akten der Reichskanzlei: Regierung Hitler*, part 1, edited by Konrad Repgen and Hans Booms (Boppard, 1983), pp. 1–4.

(52) *DDF, 1932–1939*, series 1, vol. 2, p. 542.

(53) *AdRk/ KvS*, p. 321.

(54) *ibid.*, p. 322.

(55) *DBFP, 1919–1939*, 2d series, vol. 4, pp. 395–98.

(56) Schwerin von Krosigk's diary, *AdRk/ KvS*, p. 321.

(57) The testimony of the officer sent by Hammerstein to meet Blomberg, Major Adolf–Friedrich Kuntzen, on March 17, 1949, at the de–Nazification trial of Oskar von Hindenburg: NSHSAH, Nds. 171 Lüneburg Uzn/ 11363, Bl. 299–303.

(58) Schmidt–Hannover, *Umdenken*, p. 339.

(59) Schwerin von Krosigk's diary, *AdRk/ KvS*, p. 322.

(60) Schmidt–Hannover, *Umdenken*, pp. 338; Düsterberg, *Der Stahlhelm*, p. 39.

(61) *ibid.*

(62) Schmidt–Hannover, *Umdenken*, pp. 338f.

(63) *ibid.*, p. 338; Düsterberg, *Der Stahlhelm*, p. 39.

(64) *ibid.*

(65) *ibid.*, p. 34; Berghahn, *Der Stahlhelm*, pp. 239–43.

(66) *ibid.*, p. 248f.; Düsterberg, *Der Stahlhelm*, p. 40.

(67) *ibid.*, p. 40; Papen, *Gasse*, p. 275.

(68) *AdRk/ KvS*, pp. 322f.

(69) Düsterberg, *Der Stahlhelm*, pp. 40f.; Papen, *Gasse*, pp. 275f.; Meissner, *Staatssekretär*, pp. 269f.

(70) Düsterberg, *Der Stahlhelm*, p. 41.

(71) *AdRk/ KvS*, p. 323.

(72) "Hitler vereidigt," *G*, January 31, 1933 (#31).

(73) Hagen Schulze, ed., *Anpassung oder Widerstand?* (Bonn–Bad Godesberg, 1975), pp. 131–53.

(74) "Der Sprung," *VZ*, January 30, 1933 (#50).

(75) "Hitler—Papen Kabinett," *V*, January 30, 1933 (#50).

(76) "Kabinett Hitler–Papen–Hugenberg," *VZ*, January 30, 1933 (#50); "Die neuen Männer," *DB–Z*, January 31, 1933 (#26); Hans Zehrer, "Nationaler Sozialismus?" *TR*, January 31, 1933 (#26); *Der Deutsche*, quoted in: Josef Becker, " 'Der Deutsche' und die Regierungsbildung des 30. Januar 1933," *Publizistik* 6 (1961), p. 197; BAK, Sammlung Brammer, ZSg 101/ 26, "Informationsbericht vom 2. Februar 1933," by Georg Dertinger. 1933年2月4日、アウクスブルクの演説で第2次世界大戦後社会民主党の指導者となったクルト・シューマッハーは、フーゲンベルクが内閣の中心人物でヒトラーは飾りにすぎないと述べた。Josef and Ruth Becker (eds.), *Hitlers Machtergreifung* (Munich, 1983), pp. 45f.

(77) *DBFP, 1919–1939*, 2d series, vol. 4, p. 400, Rumbold to Simon, January 31, 1933; Ernst Lemmer, "Der Anfang einer neuen Entwicklung," *NFP*, January 31, 1933 (#24564); Walther Schotte, in *Der Ring*, February 3, 1933, quoted in Yuji Ishida, *Jungkonservativen in der Weimarer Republik* (Frankfurt, 1988), pp. 234f; *Deutsche Tageszeitung*, quoted in "Die Meinung der Anderen," *DAZ*, January 31, 1933 (#51); "Herr Hitler," *The Times* [London], January 31, 1933.

(78) "Es ist erreicht," *BT*, January 31, 1933 (#51).

(79) BA/ FA, Deulig Tonwoche Nr. 57 (1933).

(80) Curt Riess, *Das waren Zeiten* (Vienna, 1977), pp. 151f.
(81) Friedrich Stampfer, *Die vierzehn Jahre der ersten deutschen Republic* (Offenbach/ Main, 1947), p. 670.
(82) Diary of Camill Hoffmann for January 30, quoted in Johann Wilhelm Brügel and Norbert Frei, eds., "Berliner Tagebuch 1932–1934," *VfZ* 36 (1988), p. 159.
(83) *DBFP, 1919–1939*, 2d series, vol. 4, p. 399, Rumbold to Simon, January 30, 1933.
(84) Wickham Steed, "Can Hitler Do It?" *Sunday Times* [London], February 5, 1933.
(85) *DDF, 1932–1939*, series 1 vol. 2, p. 542.
(86) *ibid.*, p. 552.
(87) Quoted from the *Baseler Nachrichten* in: Gerd H. Padel, *Die politische Presse der deutschen Schweiz und der Aufstieg des Dritten Reiches 1933–1939* (Zurich, 1951), p. 15.
(88) ハインリヒ・ブリューニングによれば (*Memoiren*, p. 648), シュライヒャーは 1933 年 2 月 11 日、彼に以下のように述べたという。――ヒトラーはそうした考えを別れ際に口にした、あれはおそらく 1 月 30 日だった。この時シュライヒャーはヒトラーの首相任命後の短い最後の閣議を開くため首相府にやってきた。(*AdRk/ KvS*, pp. 319f.).

第 7 章

(1) Konrad Heiden, *Der Fuehrer* (Boston, 1944), p. 579.
(2) Kissenkoetter, *Gregor Strasser*, pp. 41–46.
(3) 以下を参照のこと。*Hitler—Memoirs of a Confidant*, ed. by H.A. Turner (New Haven, Conn., 1985), pp. 233, 238, 323; Henry Picker, *Hitlers Tischgespräche im Führerhauptquartier* (Stuttgart, 1976), p. 325.
(4) 最近の研究によれば、ヒトラー政府は経済回復の初期段階には何の影響も及ぼさず、経済はすでにヒトラーが首相になった時には軌道に乗っていたという。Christoph Buchheim, "Zur Natur des Wirtschaftsaufschwungs in der NS–Zeit," in *Zerissene Zwischenkriegszeit*, ed. by Harold James, Christoph Buchheim and Michael Hutter (Baden–Baden, 1994), esp. p. 104.
(5) Hambrecht, *Der Aufstieg*, pp. 370, 563, n. 58. "Bewegung im Abstieg," *Regensburger Anzeiger*, January 24, 1933 (#24).
(6) 以下を参照のこと。*Geissel des Jahrhunderts* (Berlin, 1989).
(7) Gaines Post, *Civil–Military Fabric*, pp. 98–100.
(8) Gerhard Paul, *Aufstand der Bilder* (Bonn, 1990), pp. 113, 236–39.
(9) たとえば以下を参照のこと。Robert M.W. Kempner (ed.), *Der verpasste Nazi–Stopp* (Frankfurt, 1983).
(10) quoted from the papers of the fellow German–National who recorded his words, Carl Goerdeler, in: Gerhard Ritter, *Carl Goerdeler und die deutsche Widerstandsbewegung* (Stuttgart, 1954), p. 60; Larry Eugene Jones, " 'The Greatest Stupidity of My Life'," *Journal of Contemporary History* 27 (1992), pp. 63–87.
(11) Dorpalen, *Hindenburg*, p. 483.
(12) Adenauer, *Briefe 1945–1947*, p. 350.
(13) Moritz J. Bonn, *Wandering Scholar* (New York, 1984), p. 336.
(14) Petzold, *Papen*, P. 273f.
(15) 非ナチ化裁判の決定により西ドイツでの出版は禁止されていたが、パーペンはフランコ・スペインの新聞に記事を発表した。出版禁止令が解除になって、彼はこれらの記事から選んだものをドイツで *Europa was nun?* (Göttingen, 1954) というタイトルで再出版した。
(16) 1959 年パーペンは教皇ヨハネス 23 世により教皇侍従に叙せられた。Adams, Rebel Patriot P.475.